夫妻财产分割模式

DIVISION MODEL OF MARITAL PROPERTY

王俊凯／著

- 14种夫妻财产分割模式
- 154种夫妻财产类型
- 162个经典案例
- 有效保障婚姻财产权益

图书在版编目(CIP)数据

夫妻财产分割模式/王俊凯著.—北京:北京大学出版社,2016.4
ISBN 978-7-301-26986-2

Ⅰ.①夫… Ⅱ.①王… Ⅲ.①离婚—家庭财产—计算—研究—中国
Ⅳ.①D923.904

中国版本图书馆 CIP 数据核字(2016)第 043734 号

书　　　名	夫妻财产分割模式 Fuqi Caichan Fenge Moshi
著作责任者	王俊凯　著
策 划 编 辑	陆建华
责 任 编 辑	陆建华
标 准 书 号	ISBN 978-7-301-26986-2
出 版 发 行	北京大学出版社
地　　　址	北京市海淀区成府路 205 号　100871
网　　　址	http://www.pup.cn　http://www.yandayuanzhao.com
电 子 信 箱	yandayuanzhao@163.com
新 浪 微 博	@北京大学出版社　@北大出版社燕大元照法律图书
电　　　话	邮购部 62752015　发行部 62750672　编辑部 62117788
印 刷 者	三河市博文印刷有限公司
经 销 者	新华书店 965mm×1300mm　16 开本　20.25 印张　300 千字 2016 年 4 月第 1 版　2017 年 3 月第 2 次印刷
定　　　价	49.00 元

未经许可,不得以任何方式复制或抄袭本书之部分或全部内容。
版权所有,侵权必究
举报电话:010-62752024　电子信箱:fd@pup.pku.edu.cn
图书如有印装质量问题,请与出版部联系,电话:010-62756370

序　如何高效阅读本书

十八世纪法国启蒙思想家霍尔巴赫提到："利益根本不是别的东西，只是我们每一个人视为幸福所必须的东西。"

离婚案件需要处理的问题有三个：一是婚姻关系的解除，二是子女抚养权的归属，三是财产分割。每一个问题都将可能成为当事人争议的焦点，每一个焦点的完美解决都可以给人带来霍尔巴赫所说的"幸福"；但不可否认，夫妻财产是种触手可及、直观可见的"幸福"，它能最大程度被最大数人理解为霍尔巴赫所说的"利益"。因此，夫妻财产分割在大部分离婚案件中都是当事人反复争夺的焦点。

本书旨在总结如何在夫妻财产分割的惊涛骇浪中辨明前进的方向，把握前行的技术，充当优秀的舵手，捍卫应得的财富。

无论普通读者还是专业律师，在阅读本书前请先简要了解如下几点。

一、关于"财产分割模式"的创设

本书依据《婚姻法》及有关司法解释，创造性提炼出了"十四大"财产分割模式，是其独特优点。称之为"模式"，是因为它们可以被广泛地运用于各种财产类型的分割。比如"婚后所得模式"，无论哪种财产类型，无论财产处于何种情形，这个模式都可以被考虑运用，可以说"婚后所得模式"是所有分割模式中的母模式。

其余十三种财产分割模式则是在"婚后所得模式"基础上衍生出来的子模式，它们在形式上大部分表现为法律对某种具体的财产类型的详细规定，我们在分割该类型财产时，可以直接适用法律规定，直接适用这些子模式来处理。比如住房公积金模式、养老保险模式、各种企业类型的分割模式（包含个人独资企业模式、合伙企业模式、有限责任公司模式、股份有限公司模式、有价证券模式),关于房屋的分割模式(包含父母出资购房模式、婚后父母出资购买不动产模式、按揭房模式)等。在某类财产的分割没有法律可以直接适用时,子模式具有参照适用的作用,即对与子模式所涉财产在形式、性质上相同的其他财产类型,可以参照子模式的原则、原理来处理,即进行类推适用的处理。

另外,有几类子模式也具有母模式的特点,它们不局限于某类财产类型,可以一定程度被广泛运用于其他财产类型分割中,但整体适用的广泛性还是弱于母模式。比如人身属性模式、不完全产权模式、婚后收益模式这三个模式,其中人身属性模式除了直接可以运用于人身损害赔偿产生的财产类型性质的认定和分割上之外,还可以运用于劳动法律关系、保险合同法律关系等法律关系中产生的财产分割;还比如婚后收益模式,可以运用于任何财产类型的分割上,它强调了财产与婚姻关系在时间上的关联性,讨论的是财产(夫妻个人财产或夫妻共同财产)在婚后产生的收益部分究竟是夫妻个人财产还是夫妻共同财产的问题,任何一种财产类型在分割中都会碰到这种情形。

本书经常会提到不同的财产分割模式,若需专门阅读,可对照文后"财产分割模式索引"迅速查询。

二、关于本书体系的构建

本书体系的构建也具有独创性。

首先,各章章名设计的最初灵感来源于法律规定。《婚姻法》第17条规定:"夫妻在婚姻关系存续期间所得的下列财产,归夫妻共同所有:(一)工资、奖金;(二)生产、经营的收益;(三)知识产权的收益;(四)继承或赠与所得的财产,但本法第十八条第三项规定的除外;(五)其他应当归共同所有的财产。夫妻对共同所有的财产,有平等的处理权。"这条规定给予笔者的启示是:第一项是关于劳动法方面的财产类型,第二项是关于经济、金融投资方面的财产类型,第三项是关于知识产权法方面的财产类型,第四项中的"继承"是关于继承法方面的问题,"赠与"是关于合同法方面的问题。

该条规定直接启发了笔者对婚姻法与其他各个部门法或其他法律进行梳理整合，为了这个灵感火花得以变为现实，事实上专门花费在框架设计上的时间至少有半年之久，最终形成夫妻财产分割与"侵权法""劳动法""合同法""企业法""房产法""物权法""金融法""知识产权法""继承法"和"财税法"相结合的体系。其中，"企业法""金融法"是个通俗的概括性名称，不是专业术语，与各节的内容不能严格对得上号，比如"与企业法结合"这章中，"个体户"明显不属于"企业"之范畴，它属于非法人组织，从"组织法"角度理解是可以的，但该章章名若表述成"夫妻财产分割与组织法的结合"就不容易为读者理解，用"企业"之词明显更贴切和通俗。这些情况还请读者们予以谅解，并提醒读者将重点放在具体的财产分割内容之上。

本书的主要内容是财产的分割模式，兼顾财产分割的其他实务问题。最后设置的"夫妻财产分割与程序法的结合"一章所提"程序法"不能称之为"部门法"，其主要目的是解决夫妻财产分割中难以避免的程序性问题。这种体系的搭建，更多的是从法律实务的角度去考虑，以期为婚姻律师提供一张深入掌握财产分割的"鸟瞰图"。

其次，关于各节标题的设计，初衷是能为普通读者提供一本方便查询的财产分割之"辞典"，因此各节标题尽量避免专业化，而直接采用通俗易懂的名称。比如，医疗费、工资、奖金、合伙企业、按揭房、宅基地使用权、土地承包经营权、基金、存单等。考虑到体系及表述的前后一致性，确实不宜直接采用财产名称作为标题命名方式的，大部分也都在术语后面注明了所要分割的财产。比如，"民办非企业单位（民办学校）""建筑物区分所有权（车位车库）""共同共有（赠送给'二奶'的财产）"等，普通读者对民办非企业单位、建筑物区分所有权、共同共有这些专业术语是没有直观印象的，但对括号后面的"民办学校""车位车库""赠送给'二奶'的财产"等表述就很容易理解。

综上，本书在目录设计和内容编排上，既满足了专业律师的需求，也兼顾了普通读者的需求，既突出了夫妻财产分割的实体性知识，又兼顾了夫妻财产分割的程序性知识。

三、关于拓展性财产的分析论述

本书并非仅仅是对法律规定的财产进行分析举例,在很多章节中,还对与法律规定的财产相关的其他财产类型进行了大幅度的扩充,无论是广度和深度都远超想象,可以说是一项"没有人进行过的工作"。这是本书的第三个独创性。

比如"夫妻财产分割与侵权法的结合"这一章,将侵权法中涉及的赔偿项目都做了提取和分析,涵盖了赔偿项目中的所有财产类型;比如"夫妻财产分割与劳动法的结合"这一章中"复员费、自主择业费、伤亡保险金等与军人有关的费用"这一节,将军人处于服役、退役、死亡等不同情形获得财产项目都做了提取和分析;比如在"夫妻财产分割与企业法的结合"这一章,对不同类型的外商投资企业中的夫妻财产权分割也做了重点提示,不仅仅限于法律规定的个人独资企业、合伙企业、有限责任公司等这些公司类型;还比如在"夫妻财产分割与房产法的结合"这一章,讨论分割的房屋类型不但包括了法律规定的按揭房,还对现实生活中常见的拆迁房、房改房、农村自建房、违章建筑等不同房屋类型的分割进行了阐述。

因为缺少法律规定,笔者常常对上述扩展性财产分割的分析陷入困境,常常产生这种分析讨论是否有意义的困惑,甚至多次产生放弃的念头。特别值得注意的是,在"夫妻财产分割与物权法的结合"这章第四节"用益物权"的部分,对地役权、典权、抵押权、质权和留置权法律关系中的夫妻财产权分割进行了分析,这些内容曾经在修改中多次被删除,又被添加进来。

之所以确定对上述扩展性财产内容给予保留,是因为这些财产在现实生活中确实大量存在,确实有分析解决的必要。法律具有稳定性和滞后性,它不可能对现实生活所有情形都作出规定,因此在法律规定中总会出现一些兜底性条款来包容没有明确提到的情形,比如《婚姻法》第17条第(五)项规定的"其他应当归共同所有的财产"就属于典型的兜底性条款,用以包容尚未提及的财产类型。既然本书专门讲财产分割,就不能局限于法律规定的财产,对法律没有规定的财产、对与法律规定的财产相关的其他财产进行补充和分析,就成为了本书应有之义。而且,经过调查,并没有发现较好进行了此项工作的书籍,不能不说是一种遗憾,保留扩展性财产的内容,也就成为一种责任和使命。

仅有思想指导还不行,如果分析不科学,不能让人信服,还是无法完成任务。幸运的是,在研究分析拓展性财产的过程中,笔者总能找到与之相似的"影子",这个"影子"就是前文提到的"财产分割模式",笔者发现总有些模式可以被参照运用到拓展性财产的分割处理上,这也是前文强调要重点掌握"财产分割模式"的根本原因。另外,笔者认为,表述只要不违背法律规定,只要言之有理,只要在法律框架之内进行阐述,能体现出独创性的,就应当给予保留和鼓励,就应当确认其合理存在,这种坚定的想法也成为坚持保留上述拓展性财产内容的动力。当然,表述过程中也许出现一些错误,希望大家多讨论并予批评指正。

另外,对本书书名中的"夫妻财产分割"应作广义理解,此处的财产既包括夫妻共同财产,又包括夫妻个人财产、家庭成员共同财产、第三人财产,甚至还涉及集体财产、国家财产,并不只局限于夫妻共同财产,即只要是和夫妻共同财产有关的财产,都是本书讨论的范畴。对于"分割",不但包括如何确定财产价值,如何分配财产数量,还涉及对财产性质的定性,甚至还包括财产具体如何计算的问题。在讨论夫妻财产分割的时候,有时是对上述各个方面各个角度都进行分析,有时只是对某个角度进行分析,这些都可以理解为本书所称之的"分割"。比如,对因侵权产生的赔偿项目,仅讨论了财产定性问题,只分析是属于夫妻个人财产还是属于夫妻共同财产,或者属于第三人财产。

四、关于本书涉及法律法规的简称、案例

因为本书跨越多个部门法,为节约篇幅,方便阅读,对部分法律规范性文件名称的表述进行了简化,可参见文后"法律规范性文件简全称对照表"。其中,《婚姻法》《婚姻法司法解释(一)》《婚姻法司法解释(二)》《婚姻法司法解释(三)》在本书被引用最多,也是构成婚姻法体系最重要的法律及司法解

释，因此在本书最后予以附录，方便读者对照阅读。

另外，本书收录的案例，都是实际发生过的案例，但因案情冗长，如果全盘照录将会极大膨胀书的篇幅，而且并不完全适合所讲到的知识点，因此只能对案例做适当加工。在此，对提供原始研究范本的各位同行及媒介表示诚挚感谢。

2016年3月8日

目录

第一章　法定财产制 ·· 001
第一节　夫妻共同财产 ··· 001
一、婚后所得财产 ·· 001
　　案例 1-1　婚后赠与对方婚前财产 ··· 002
　　案例 1-2　婚后买彩票、离后中大奖 ·· 003
二、财产分割的原因和原则 ·· 004
　　案例 1-3　四房如何平均分 ·· 005
　　案例 1-4　一方过错房怎分 ·· 006
　　案例 1-5　婚后赠与对方婚前财产并约定财产归对方所有 ······ 007
第二节　特殊情形的财产分割 ·· 008
一、事实婚姻 ··· 008
　　案例 1-6　事实婚姻关系的辨明和财产的分割 ························ 008
二、先同居再补办婚姻登记 ·· 009
　　案例 1-7　同居关系的辨明和财产的分割 ······························· 010
三、婚姻关系被宣布无效或被撤销 ··· 011
　　案例 1-8　无效婚姻关系的审理程序和财产的分割 ················ 012

第二章　夫妻财产分割与侵权法的结合 ····································· 014
第一节　人身侵权 ·· 014
一、医疗费、死亡赔偿金、精神损害抚慰金等费用 ····················· 014
　　案例 2-1　因交通事故死亡获得的精神损害抚慰金 ················ 017
　　案例 2-2　因交通事故死亡，经协商获得的赔偿金 ················ 018
二、丧事礼金、遗属津贴、抚恤金 ··· 019
　　案例 2-3　因公死亡，死者家属收取亲朋好友的礼金 ············ 019
　　案例 2-4　单位发放的抚恤金 ··· 020

第二节　夫妻侵权 ··· 021
  一、婚内夫妻侵权 ··· 021
    案例 2-5　夫妻一方对另一方殴打产生的赔偿 ··············· 021
  二、离婚过错赔偿 ··· 022
    案例 2-6　夫妻一方对另一方实施家庭暴力造成的损害
             赔偿 ·· 023

第三章　夫妻财产分割与劳动法的结合 ························ 024
第一节　劳动关系 ··· 024
  一、工资、奖金、津贴补贴(公车补贴)、提成 ··················· 024
    案例 3-1　银行流水账单上的工资收入 ······················ 025
    案例 3-2　国企总经理的年薪 ······························ 026
    案例 3-3　大学教授的政府特殊津贴专家补贴 ················ 028
  二、住房补贴、住房公积金 ··································· 029
  三、劳动经济补偿金、赔偿金、违约金 ························· 031
  四、破产安置费、工龄买断款 ································· 032
    案例 3-4　因国有企业破产清算获得的破产安置补偿费 ········ 032
    案例 3-5　军人名下的复员费、自主择业费 ·················· 034
第二节　社会保障 ··· 035
  一、养老保险 ··· 035
    案例 3-6　公司为夫妻一方投保的企业年金 ·················· 038
  二、工伤、失业、医疗、生育保险 ····························· 041
  三、复员费、自主择业费、伤亡保险金等与军人有关的费用 ······· 047
第三节　银行账户流水账 ······································· 051
  一、分割思路 ··· 051
    案例 3-7　已支取的银行存款 ······························ 052
    案例 3-8　如何筛选拟分割的银行资金 ······················ 053
  二、诉讼请求 ··· 056
    案例 3-9　银行账户中被转移的巨额资金 ···················· 057
    案例 3-10　离婚后发现一方转移巨额存款 ··················· 058
    案例 3-11　夫妻双方的银行账户流水账资金总额 ············· 059

案例3-12　如何证明夫妻对资金使用情况知情 …………… 060
　三、风险防范 ………………………………………………………… 061
　　　案例3-13　有文字摘要的银行账户明细清单之一 …………… 061
　　　案例3-14　有文字摘要的银行账户明细清单之二 …………… 062
　　　案例3-15　公司利用员工账户进行业务往来之一 …………… 063
　　　案例3-16　公司利用员工账户进行业务往来之二 …………… 064

第四章　夫妻财产分割与合同法的结合 ……………………………… 066
第一节　赠与合同 …………………………………………………… 066
　一、赠与所得 ………………………………………………………… 066
　　　案例4-1　一方婚前款项婚后存入对方的名下 ……………… 067
　　　案例4-2　婚后一方将在自己名下的父母存款提取出来归还
　　　　　　　父母 ………………………………………………… 067
　二、房产变更登记之前撤销赠与 …………………………………… 068
　　　案例4-3　婚前一方对另一方承诺给付婚姻保障金 ………… 069
　　　案例4-4　法院调解书中的房产赠与是否可以撤销 ………… 069
　三、父母为子女出资购房 …………………………………………… 070
　　　案例4-5　夫妻双方及父母共同出资购房之一 ……………… 070
　　　案例4-6　婚后夫妻双方及父母共同出资购房之二 ………… 071
　　　案例4-7　婚前父母出资购房登记在夫妻双方名下 ………… 072
　　　案例4-8　婚后以拆迁款购得房屋 …………………………… 072
　　　案例4-9　婚前向父母借款，婚后购房并登记在夫妻双方
　　　　　　　名下 ………………………………………………… 073
　四、婚后父母为子女出资购买不动产 ……………………………… 075
　　　案例4-10　卖掉赠与的旧房购买新房 ……………………… 076
　　　案例4-11　婚后父母出资购买汽车登记在夫妻一方名下 … 077
　五、彩礼 ……………………………………………………………… 077
　　　案例4-12　婚后没有共同生活，离婚时请求返还彩礼 …… 078
第二节　借贷合同 …………………………………………………… 079
　一、夫妻共同债务 …………………………………………………… 079
　　　案例4-13　婚后夫妻一方对外举债，夫妻双方共同承担债务 … 080

案例 4-14　赌债是否夫妻共同债务 ………………………………… 080
　　案例 4-15　为他人提供担保的金额是否属夫妻共同债务 ……… 081
　　案例 4-16　超生罚款是否属于夫妻共同债务 …………………… 081
　　案例 4-17　交通事故产生的赔偿款是否属于夫妻共同债务 …… 082
　　案例 4-18　夫妻一方向对方追偿垫付的借款 …………………… 083
　　案例 4-19　婚后经营产生的债务是否属于夫妻共同债务 ……… 083
　二、夫妻之间借款 ………………………………………………………… 085
　　案例 4-20　婚后一方以个人财产出借款项给对方 ……………… 085
　　案例 4-21　婚后一方向对方出具欠条产生的债务 ……………… 086
　三、家务补偿款、经济帮助款 …………………………………………… 087
　　案例 4-22　女方为家庭尽了较多义务是否一定可以获得家务
　　　　　　　　补偿 …………………………………………………… 087
　　案例 4-23　一方婚后患重大疾病是否应获得经济帮助款 ……… 089
第三节　书面约定 ……………………………………………………………… 089
　一、不以离婚为条件 ……………………………………………………… 089
　　案例 4-24　为移民而结婚,如何看待婚前签订的财产协定 …… 091
　　案例 4-25　AA 制、青春损失费、空床费、保证书、忠诚协议等 … 092
　二、以离婚为条件 ………………………………………………………… 095
　　案例 4-26　两份离婚协议书,以哪一份为准 …………………… 095
　三、诉讼类型 ……………………………………………………………… 096
　　案例 4-27　一方请求支付离婚协议中约定的股权转让费 ……… 096
　　案例 4-28　离婚协议书确定的财产被毁损而提起赔偿之诉 …… 098
　　案例 4-29　离婚后请求房产确权及协助过户 …………………… 099
　　案例 4-30　离婚后请求协助涂销房产抵押及协助过户 ………… 099
　　案例 4-31　离婚后请求交付汽车使用 …………………………… 100
　四、风险防范 ……………………………………………………………… 100
　　案例 4-32　协议约定房屋交给一方"永久使用" ……………… 101
　　案例 4-33　协议约定"一次性支付"100 万 …………………… 101
　　案例 4-34　协议约定男方放弃所有财产"净身出户" ………… 102
　　案例 4-35　协议约定没有财产需要处理 ………………………… 103

案例 4-36　协议约定财产已自行分清 …………………………… 103
　　　案例 4-37　协议约定各自名下财产归各自所有 …………………… 104
　　　案例 4-38　协议约定是属公司资产处理约定还是属股权
　　　　　　　　转让约定 …………………………………………………… 105

第五章　夫妻财产分割与企业法的结合 …………………………… 107
第一节　非法人组织 …………………………………………………… 107
　一、个人独资企业 …………………………………………………………… 107
　　　案例 5-1　一方经营的服装厂如何分割 ……………………………… 108
　二、合伙企业 ………………………………………………………………… 108
　三、个体工商户 ……………………………………………………………… 112
　　　案例 5-2　一方经营的日用品店如何分割 …………………………… 112
第二节　法人组织 ……………………………………………………… 113
　一、有限责任公司 …………………………………………………………… 113
　　　案例 5-3　有限责任公司中的股权不经双方协商是否可以
　　　　　　　　直接分割 …………………………………………………… 117
　　　案例 5-4　有限责任公司股权分割中的其他股东优先
　　　　　　　　购买权 ……………………………………………………… 117
　　　案例 5-5　有限责任公司股权分割中的代持股问题 ………………… 118
　　　案例 5-6　已转让了的股权如何分割之一 …………………………… 120
　　　案例 5-7　已转让了的股权如何分割之二 …………………………… 120
　二、一人有限责任公司 ……………………………………………………… 121
　　　案例 5-8　一方经营的旅游公司如何分割 …………………………… 122
　三、股份有限公司 …………………………………………………………… 122
　　　案例 5-9　股票及股票资金账户的分割 ……………………………… 124
　四、民办非企业单位（民办学校） …………………………………………… 125
　　　案例 5-10　夫妻双方经营的私立中学如何分割 …………………… 126
第三节　其他形式企业 ………………………………………………… 127
　一、外商投资企业 …………………………………………………………… 127
　二、乡镇企业（社区股份合作公司） ………………………………………… 130
　三、私募股权基金、众筹 …………………………………………………… 131

第六章 夫妻财产分割与房产法的结合 ……………………………… 133
第一节 按揭房 ……………………………………………………… 133
  一、补偿价值的计算 …………………………………………………… 133
    案例 6-1 婚前购房,婚后夫妻双方及父母共同还贷 ……………… 134
    案例 6-2 婚后购房,夫妻双方共同还贷 …………………………… 135
    案例 6-3 婚前购房,婚后夫妻双方共同还贷之一 ………………… 136
    案例 6-4 婚前购房,婚后夫妻双方共同还贷之二 ………………… 137
  二、出资购房的风险防范 ……………………………………………… 138
    案例 6-5 银行个人业务凭证的证明力 ……………………………… 138
    案例 6-6 将父母购房出资挪作他用 ………………………………… 139
第二节 房改房 ……………………………………………………… 140
  一、尚未取得完全所有权的房屋 ……………………………………… 140
    案例 6-7 夫妻一方购买的大学住房如何分割 ……………………… 140
  二、婚后用共同财产购买婚前承租的公房 …………………………… 141
    案例 6-8 婚后一方购买的公房如何分割之一 ……………………… 141
    案例 6-9 婚后一方购买的公房如何分割之二 ……………………… 142
  三、用夫妻共同财产出资购买父母名义参加的房改房 ……………… 143
  四、公房承租使用权 …………………………………………………… 143
    案例 6-10 一方居住的大学宿舍如何分割 ………………………… 144
  五、经济适用房、集资房、两限房 …………………………………… 144
    案例 6-11 婚前购买的经济适用房婚后共同还贷 ………………… 145
    案例 6-12 婚前双方共同出资购买集资房,婚后共同
              出资装修 …………………………………………………… 146
第三节 拆迁房 ……………………………………………………… 147
  一、城市拆迁房 ………………………………………………………… 147
    案例 6-13 卖掉婚前旧房换新房,新房被拆迁获补偿 …………… 148
    案例 6-14 婚后夫妻房屋被动迁获新房补偿之一 ………………… 149
  二、农村拆迁房 ………………………………………………………… 152
    案例 6-15 婚后夫妻房屋被动迁获新房补偿之二 ………………… 152

第四节　其他形式房产 ……………………………………………… 154
一、农村自建房 …………………………………………………… 154
案例 6-16　以夫妻双方及子女名义申请建房 ……………… 154
二、小产权房 ……………………………………………………… 154
案例 6-17　夫妻双方购买他人的小产权房是否有效 ……… 155
三、违章建筑 ……………………………………………………… 155
案例 6-18　婚后未经许可对房屋进行翻建 ………………… 156
四、军产房 ………………………………………………………… 157
案例 6-19　婚后使用夫妻双方的工龄购买军产房 ………… 157
案例 6-20　部队分配给军人使用的公寓住房 ……………… 158
案例 6-21　夫妻双方购买的军产房 ………………………… 159

第七章　夫妻财产分割与物权法的结合 ……………………………… 160
第一节　财产的认定 ……………………………………………… 160
一、高尔夫球会员证、画家画作、金牌奖牌、奥运火炬 ……… 160
案例 7-1　白领婚后购买的高尔夫球会员证 ……………… 160
案例 7-2　职业画家被拍卖的画作 ………………………… 161
案例 7-3　奥运冠军获得的金牌、奖金、捐款、广告收入 … 161
二、虚拟财产、淘宝网店 …………………………………………… 162
三、经登记的财产 ………………………………………………… 163
案例 7-4　车辆不过户，赠与行为是否成立 ……………… 166
第二节　所有权取得方式 ………………………………………… 166
一、生产、经营、投资、收益 ……………………………………… 166
案例 7-5　婚后将出租车转让，分割营运收入有争议 …… 168
案例 7-6　婚前购买出租车，婚后取得营运手续 ………… 169
案例 7-7　婚前持有股份婚后产生的分红是否可分割 …… 169
案例 7-8　一方婚前房屋在婚后收取的租金能否分割 …… 170
二、善意取得 ……………………………………………………… 170
案例 7-9　婚后一方擅自将房屋转卖给第三人 …………… 171
案例 7-10　一方擅自转让股权，受让方取得股权是否构成
　　　　　　善意取得 ………………………………………… 172

三、添附、占有、拾得漂流物、发现埋藏物或隐藏物 …………… 173
　第三节　所有权类型 ……………………………………………… 174
　　一、国家财产、集体财产、私人财产 …………………………… 174
　　二、建筑物区分所有权(车位车库) ……………………………… 175
　　　案例7-11　婚后一方购买车位使用权 …………………… 176
　　　案例7-12　婚后父母出资为子女购买车位 ……………… 176
　　三、共同共有(赠送给"二奶"的财产) …………………………… 177
　　　案例7-13　不履行约定将房产过户,儿子起诉父母 …… 177
　　　案例7-14　婚后一方擅自变卖房屋及车库 ……………… 179
　　　案例7-15　婚后一方将房屋赠与"小三"后反悔 ……… 180
　第四节　用益物权 ………………………………………………… 183
　　一、土地承包经营权 ……………………………………………… 183
　　　案例7-16　离婚时双方是否可以自行调整土地承包经营权 …… 184
　　　案例7-17　婚后一方取得农村土地使用权但不从事农业
　　　　　　　　生产 ………………………………………… 184
　　　案例7-18　婚前取得土地承包经营权,婚后土地被征用 …… 185
　　二、宅基地使用权 ………………………………………………… 186
　　　案例7-19　双方均是农业户口,宅基地使用权如何分割 …… 186
　　　案例7-20　非农户口一方能否分割农业户口一方享有的
　　　　　　　　宅基地补偿款 ……………………………… 186
　　　案例7-21　因征收宅基地而获得的生活补助费 ………… 187
　　　案例7-22　儿子落户村集体,后母亲出嫁儿子是否享有
　　　　　　　　土地补偿款 ………………………………… 187
　　三、建设用地使用权、地役权、典权 …………………………… 188
　　　案例7-23　婚后一方购买的土地使用权 ………………… 189
　　四、抵押权、质权、留置权 ……………………………………… 190
　　　案例7-24　设定抵押权的房屋能否分割 ………………… 191
第八章　夫妻财产分割与金融法的结合 …………………………… 194
　第一节　有价证券 ………………………………………………… 194
　　一、基金 …………………………………………………………… 194

案例8-1　婚后一方持有股票、基金的分割 ················· 195
　二、存款单 ··· 195
　　案例8-2　分割本息已取出来的定期存款单之一 ············· 195
　　案例8-3　分割本息已取出来的定期存款单之二 ············· 196
　三、仓单、提单、债券、票据 ······································· 197
第二节　金融投资 ·· 199
　一、信托 ·· 199
　　案例8-4　离婚协议中设计信托方案,保障孩子权益 ········ 201
　二、期货 ·· 201
　三、股票期权 ··· 202
第三节　保险合同 ·· 205
　一、人身保险合同 ·· 205
　　案例8-5　一方为未成年子女购买人身保险 ··················· 206
　　案例8-6　婚后一方为自己、为对方购买人身保险 ·········· 207
　　案例8-7　单位为夫妻一方购买人身保险 ····················· 207
　　案例8-8　婚前婚后一方为自己购买人身保险 ················ 208
　　案例8-9　一方为对方购买人身保险 ·························· 209
　　案例8-10　婚后夫妻为孩子购买人身保险 ···················· 209
　二、财产保险合同 ·· 210
　　案例8-11　涉及房屋和家具的保险合同如何分割 ············ 211
　　案例8-13　汽车发生事故,保险合同利益如何分割 ········· 211
　　案例8-14　汽车没有发生事故,保险合同利益如何分割 ···· 212
　　案例8-15　汽车因故被毁,财产保险合同"受益人"受质疑 ··· 213

第九章　夫妻财产分割与知识产权法、继承法的结合 ········· 216
　第一节　知识产权收益 ··· 216
　　案例9-1　一方投稿及出版作品获得的稿酬如何分割 ······· 218
　第二节　继承所得财产 ··· 219
　　案例9-2　未析出属夫妻一方的遗产份额不能在离婚时分割 ··· 220
　　案例9-3　死后留下房屋、住房公积金、养老保险金、重大疾
　　　　　　病险等如何分割 ·· 221

案例 9-4　遗产分割处理的四个关键时间点 ·············· 223
第十章　夫妻财产分割与财税法的结合 ····················· 226
　第一节　夫妻房屋产权变更的税费负担 ················· 226
　第二节　个人所得税的计算 ··························· 228
　　　案例 10-1　中巨额奖金应如何缴税 ················· 230
　　　案例 10-2　医生的工作收入如何缴税 ··············· 230
　第三节　财务凭证的运用 ····························· 231
　　　案例 10-3　公司账户资金进出频繁,辨别夫妻财产困难重重 ··· 231
　　　案例 10-4　判决书在分割财产的同时也处理税务问题 ······· 232

第十一章　夫妻财产分割与程序法的结合 ··················· 235
　第一节　诉讼费 ····································· 235
　　一、涉及财产的离婚案件 ··························· 235
　　　案例 11-1　标的 260 万元的离婚案件,诉讼费该缴纳多少 ···· 235
　　二、离婚后财产纠纷案件 ··························· 236
　　　案例 11-2　离婚后分割价值 120 万元的房产,诉讼费应当
　　　　　　　　缴纳多少 ··························· 236
　第二节　管辖权 ····································· 238
　　一、被告住所地标准 ······························· 239
　　　案例 11-3　因履行离婚协议产生纠纷的案件应由哪个
　　　　　　　　法院管辖 ··························· 239
　　二、财产所在地标准 ······························· 240
　　　案例 11-4　争议两套房屋位于不同地域,案件由哪个
　　　　　　　　法院管辖 ··························· 240
　第三节　第三人 ····································· 240
　　一、离婚案件中的第三人 ··························· 240
　　二、离婚后财产纠纷案件中的第三人 ················· 241
　　　案例 11-5　离婚时约定房屋归子女,离婚后子女起诉请求
　　　　　　　　确权之一 ··························· 241
　　　案例 11-6　离婚时约定房屋归子女,离婚后子女起诉请求
　　　　　　　　确权之二 ··························· 241

第四节　诉讼时效 …… 242
一、请求撤销财产约定 …… 242
二、请求履行财产约定 …… 243
　　案例 11-7 …… 243
三、离婚后请求分割新发现的夫妻共同财产 …… 244
　　案例 11-8 …… 244
四、离婚后请求分割离婚时尚未处理的财产 …… 245
　　案例 11-9 …… 245

第五节　司法鉴定 …… 246
一、笔迹鉴定 …… 246
　　案例 11-10　一方伪造借据制造虚假债务 …… 246
　　案例 11-11　一方利用信函空间地方伪造借据 …… 247
　　案例 11-12　一方伪造笔迹将对方婚前的房屋过户到夫妻双方名下 …… 248
　　案例 11-13　靠便笺记载内容一方诉讼取胜 …… 248
　　案例 11-14　离婚协议签名经鉴定真实,据此依法分割财产 …… 249
二、精神病鉴定 …… 249
　　案例 11-15　一方签订离婚协议时患精神病,财产重新分割 …… 249

第六节　确定财产价值 …… 251
一、评估 …… 251
二、审计 …… 256
三、拍卖 …… 259

第七节　固定财产证据 …… 260
一、自行收集、申请调查 …… 260
二、财产保全、证据保全 …… 269
　　案例 11-16　离婚诉讼中财产保全是否需要提供担保 …… 269

附录一　婚姻法及相关司法解释 …… 275
中华人民共和国婚姻法 …… 275
最高人民法院关于适用《中华人民共和国婚姻法》若干问题的解释(一) …… 280
最高人民法院关于适用《中华人民共和国婚姻法》若干问题的解释(二) …… 284

最高人民法院关于适用《中华人民共和国婚姻法》若干问题的
　　解释(三) ··· 288
最高人民法院关于人民法院审理离婚案件处理财产分割问题的
　　若干具体意见 ··· 291
附录二　法律规范性文件简全称对照表 ·················· 295
附录三　夫妻财产分割模式索引 ························· 297
附录四　财产类型主题词索引 ··························· 299
后记 ··· 303

第一章 法定财产制

第一节 夫妻共同财产

一、婚后所得财产

我国夫妻财产制度包括法定财产制和约定财产制,法定财产制是指法律对夫妻共同财产和夫妻个人财产的界定做出规定,约定财产制是指夫妻通过约定设定财产是属夫妻共同财产还是属夫妻个人财产。

(一) 婚后所得模式

《婚姻法》第 17 条规定:"夫妻在婚姻关系存续期间所得的下列财产,归夫妻共同所有:(一) 工资、奖金;(二) 生产、经营的收益;(三) 知识产权的收益;(四) 继承或赠与所得的财产,但本法第十八条第三项规定的除外;(五) 其他应当归共同所有的财产。夫妻对共同所有的财产,有平等的处理权。"

我们将此规定称为"婚后所得模式",在财产分割上应当注意如下要点:

1. "婚姻关系存续期间"为由婚姻登记开始到婚姻关系终止的期间,包括领结婚证后双方尚未共同生活的期间,分居的期间,正在诉讼离婚而法院尚未判决离婚或者离婚判决尚未生效的期间。

2. 除了法律特别规定或双方约定外,婚姻关系存续期间所得财产均为夫妻共同财产。《婚姻法》第 18 条规定:"有下列情形之一的,为夫妻一方的财产:(一) 一方的婚前财产;(二) 一方因身体受到伤害获得的医疗费、残疾人生活补助费等费用;(三) 遗嘱或赠与合同中确定只归夫或妻一方的财产;(四) 一方专用的生活用品;(五) 其他应当归一方的财产。"一些特别规定还散见于婚姻法司法解释,在往后的内容中将会涉及,此不赘述。

3. 夫妻个人财产不自动转化为夫妻共同财产包含两个方面：

（1）无论是婚前已存在的夫妻个人财产，还是婚后取得的夫妻个人财产，都不会自动转化为夫妻共同财产，除非双方有特别约定。

《婚姻法司法解释（一）》第19条规定："婚姻法第十八条规定为夫妻一方所有的财产，不因婚姻关系的延续而转化为夫妻共同财产。但当事人另有约定的除外。"可见法律已取消了夫妻个人财产自动转化为夫妻共同财产的规定，《财产分割意见》第6条"一方婚前个人所有的财产，婚后由双方共同使用、经营、管理的，房屋和其他价值较大的生产资料经过8年，贵重的生活资料经过4年，可视为夫妻共同财产"之规定已失效。

（2）婚后所得的财产由夫妻一方婚前财产转化而来，只是婚前财产在物质形态上发生了变化，仍属夫妻个人财产。比如以婚前的存款在婚后购买了房产、黄金、古董、债券、基金等，并不改变婚后购买产品的所有权归个人所有的属性。

以上两小点也属婚后所得模式中应有之义，不能单一地理解该模式的内容就是"婚后取得的财产属夫妻共同财产"，也包含着"婚前取得的财产属夫妻个人财产"的内容，体现了一个事物的两个方面。

婚后所得模式是夫妻财产分割中的"霸王模式"，被运用程度最广泛，模式的关键点在于财产取得时间在"婚后"，经审查夫妻之间没有特别约定后，就可直接适用该模式来认定财产属于夫妻共同财产。尤其在对具体财产性质无法判明的情况下，大都运用该模式来解决问题。

（二）"婚后所得模式"的运用

案例1-1　婚后赠与对方婚前财产

某房屋系男方婚前个人财产，婚后，男方将该房屋过户至女方名下。离婚时，女方主张房屋产权已全部赠与自己，离婚诉讼中女方请求法院将房屋确认归自己个人所有。

法院经审理认为，女方因男方的赠与取得该房屋所有权，夫妻间不动产更名行为发生在婚姻期间,不动产仍为夫妻双方共同占有、收益和使用,出让人并不因此丧失有关权利,房屋为夫妻共同财产。判决男女双方各占房屋50%的份额。

本案运用"婚后所得模式"来处理,夫妻之间没有特别约定,婚后取得的财产原则上属夫妻共同财产。该案判决双方各占一定份额,将财产的性质由共同共有转化为按份共有,无论是需要对房屋进行实际居住使用或者转让过户,双方离婚后仍会因房屋发生交集甚至纠纷,这种判决思路是否有意义值得磋商。

案例1-2 婚后买彩票、离后中大奖

男女双方因为感情不和准备协议离婚,男方平时有买双色球彩票的习惯,在办离婚手续前他买了几注南粤风采,殊不知中了大奖,在协议离婚之后获得奖金86.5万元。女方知道男方中奖情况后,起诉到法院,主张分割奖金。法院判决认定奖金属于夫妻共同财产,男方给予女方43.25万元补偿。

彩票是彩票购买人与彩票发行中心之间债权债务的凭证,彩票能否中奖是不确定的,只表示未来的一种期待利益,不能代表实际财产,学界称之为"射幸合同",原则上谁实际占有谁就享有权利。在没有证据证明彩票是男方以个人财产出资购买的情况下,应认定彩票是以夫妻共同财产购买,女方基于婚姻期间的共同出资行为而与男方共同享有要求彩票中心支付奖金的权利,因此女方在奖金中享有相应的权益。

该案运用了婚后所得模式来处理,以夫妻共同财产支付的彩票款,离婚后获得的奖金可看做彩票款在形态上发生变化(基于与彩票中心的合同而被扩大多倍金额),并没有改变奖金属于夫妻共同财产的性质。可见,婚后所得模式的一个重要特征是看重财产的来源,注重考究财产的历史渊源,并非一概将婚后所得的财产定性为夫妻共同财产。

二、财产分割的原因和原则

（一）夫妻共同财产分割的原因

基于如下原因,可以对夫妻共同财产进行分割:

1. 离婚

离婚是夫妻双方依照法律规定解除婚姻关系的法律行为,离婚方式分为在婚姻登记机关协议离婚和在法院诉讼离婚两种,登记离婚的时间以离婚证上登记时间为准,裁判离婚的时间以法院作出的调解书或判决书发生法律效力时间为准。

2. 夫妻一方死亡

夫妻一方死亡,意味着以夫妻关系为纽带的财产共有关系也终止,共有人可以主张分割共有财产。死亡包括自然死亡和宣告死亡。自然死亡也称生理死亡,一般以呼吸停止或心跳停止为标志,以死亡证上记载的死亡时间作为确定自然死亡的时间;宣告死亡必须经过诉讼程序来确认,以裁判文书发生法律效力的时间作为宣告死亡的时间。

3. 夫妻另行约定其他财产制

夫妻双方约定不再实行夫妻共有财产制,而实行分别所有制或其他财产制,在实行新的财产关系之前,也产生夫妻共同财产分割的问题。

4. 婚姻关系存续期间也可以分割夫妻共同财产的特殊情形

《婚姻法司法解释(三)》第4条规定:"婚姻关系存续期间,夫妻一方请求分割共同财产的,人民法院不予支持,但有下列重大理由且不损害债权人利益的除外:(一) 一方有隐藏、转移、变卖、毁损、挥霍夫妻共同财产或者伪造夫妻共同债务等严重损害夫妻共同财产利益行为的;(二) 一方负有法定扶养义务的人患重大疾病需要医治,另一方不同意支付相关医疗费用的。"

（二）夫妻共同财产分割的原则

1. 平均分割原则

平均分割原则是将夫妻共有财产调整分配,达到夫妻在双方取得财产的价值上完全对等或大致相当的效果。

案例 1-3　四房如何平均分

离婚案中，涉及以下夫妻共同财产：

A 房，已付清房款 70.2 万元，评估价为 80.91 万元；

B 房，已付清房款 54.84 万元，评估价为 72.46 万元；

C 房，已经付清房款 31.65 万元，评估价为 42.61 万元；

D 房，已付清房款 26.5 万元，评估价为 44.13 万元。

法院经审理后，判决 A 房、C 房归原告所有，D 房、B 房归被告所有，原告应付给被告房屋折价款 3.465 万元。

综合考量本案所有财产价值（房屋价值以离婚时评估价为准，而非购买价）基础上，将财产重新分配组合，双方取得房屋的价值相当，根据［(80.91 万 + 42.61 万) – (72.46 万 + 44.13 万)］÷ 2 的方式来计算出补偿价值。实际上，"平均分配"只是"相对平均"，很多案件在判决中并不要求财产价值"绝对平均"。

2. 照顾子女和女方权益原则

《婚姻法》第 39 条规定："离婚时，夫妻的共同财产由双方协议处理；协议不成时，由人民法院根据财产的具体情况，照顾子女和女方权益的原则判决。"对此条理解如下：

（1）照顾子女的权益。首先，不得将未成年人的合法财产列入夫妻共同财产加以分割；其次，应在分割夫妻共同财产时，给直接抚养未成年子女的一方适当多分财产。

（2）照顾女方的权益，是因为妇女为养儿育女，操持家庭做出了巨大贡献，为使得妇女离婚后生活有保障，女方应适当多分点财产，或在财产种类上将某些重要的财产如住房等分割给女方，或在男女双方条件等同的情况下，应照顾女方。

3. 物尽其效原则

根据《财产分割意见》第 8 条规定的规定，夫妻财产分割应根据生产、生活的实际需要和财产的来源等情况,具体处理时也可以有所差别。第10条规定:"属夫妻共同财产的生产资料,可分给有经营条件和能力的一方。分得该生产资料的一方对另一方应给予相当于该财产一半价值的补偿。"第11条规定:"对夫妻共同经营的当年无收益的养殖、种植业等,离婚时应从有利于发展生产、有利于经营管理考虑,予以合理分割或折价处理。"概而言之,哪方有利于财产的存续和创收,更有利发挥技术特长就考虑判该财产归其所有,由取得财产的一方给予对方补偿。这种分割原则常运用在企业股权、生产经营收益类财产的分割上。

4. 照顾无过错方原则

在《财产分割意见》前言中,首次提出法院审理离婚案件对夫妻共同财产分割时实行照顾无过错方的原则,《婚姻法》将该原则演变成为离婚过错方损害赔偿制度,在财产分割上则体现为对过错方的少分或不分财产,对过错方进行惩罚。

案例1-4 一方过错房怎分

婚后,男方被法院以重婚罪判处拘役6个月、缓刑6个月。离婚诉讼中,属夫妻共同财产的A、B和C房屋经评估,价值分别为483万元、456万元、342万元人民币。

法院经审理认为,男方婚后的重婚行为确为婚姻过错行为,在夫妻财产分割时应予以惩戒。判决B房屋产权归男方所有,A和C归女方所有,女方支付给男方房屋折价款人民币56.4万元。

本案若按平均分割原则,女方补偿给男方的价款应是184.5万元=[(483万+342万)-456万]÷2,但男方存在婚姻法上的过错,少获得了128.1万元=184.5万-56.4万,照顾无过错方原则得到了充分运用。当然,这个少获得的价值是法官行使自由裁量权的结果,是法官酌定的结果。

5. 约定优先原则

夫妻双方对财产处理有书面约定的,为尊重当事人意愿,分割财产时以约定为准,除非约定违背法律强制性规定,没有约定的,按法律规定的分割处理。

案例1-5　婚后赠与对方婚前财产并约定财产归对方所有

婚前,女方购买房屋一套,婚后将房屋过户至男方名下,离婚时男方称该房屋系女方赠与自己的,并提交婚后双方签署协议书,约定房屋产权属男方单独所有。离婚诉讼中,女方对协议书不予认可,并称房屋过户到男方名下是为了双方好好生活,房屋仍属夫妻共同财产,应予分割。

一审法院经审理认为,虽然房屋系女方婚前个人财产,但婚后已过户至男方名下,男方因赠与取得房屋所有权,房屋属夫妻共同财产,应予分割。

二审法院经审理认为,协议是双方对女方婚前财产的约定,内容不违法,女方对协议书真实性不予认可但未提交证据予以反驳,亦未申请对协议进行鉴定。女方将其婚前个人所有的房屋转移到男方名下,并约定房屋产权归男方单独所有,实质是将其婚前个人所有的房屋赠与男方,男方应取得房屋的单独所有权,该房屋属男方个人财产。判决驳回女方的诉讼请求。

二审法院最终依据夫妻双方在协议书中的特别约定,作了对男方有利的判决。两级法院在房屋的定性上完全不同,很明显,一审法院根据"婚后所得模式",婚后无论以谁的名义取得财产,除非夫妻之间有特别约定,不然原则上属于夫妻共同财产。二审法院则认为,夫妻一方将本属于自己所有的房屋登记在对方名下,属于一种特别约定的行为,证明该房屋被夫妻双方特别约定了归属,排除了属于夫妻共同财产的情况而归属于夫妻个人财产。二审法院判决其实遵循的仍然是"婚后所得模式",只不过判决寻找出存在夫妻双方特别约定的行为,背后反映出双方当事人诉讼策略的对抗性,即一方要主张财产属于夫妻共同财产,那么必须否定存在夫妻之间的特别约定,反之,一方主张财产属于夫妻个人财产,就必须极力证明夫妻双方存在特别约定。

第二节 特殊情形的财产分割

一、事实婚姻

事实婚姻,是指没有配偶的男女未办理结婚登记即以夫妻关系同居生活,周围群众亦认为是夫妻关系的婚姻状态。

根据《婚姻法司法解释(一)》第5条的规定,未按婚姻法第八条规定办理结婚登记而以夫妻名义共同生活的男女,起诉到人民法院要求离婚的,应当区别对待,如果1994年2月1日民政部《婚姻登记管理条例》公布实施以前,男女双方已经符合结婚实质要件的,按事实婚姻处理。故是否构成事实婚姻,以1994年2月1日作为时间界限,此时间点前发生的同居行为才可能被认定为事实婚姻。

事实婚姻期间所取得的财产性质是共同共有,参照夫妻共同财产来分割。

案例1-6 事实婚姻关系的辨明和财产的分割

男方1969年1月23日出生,女方1971年2月21日出生。双方自行相识,1989年12月18日举行了结婚仪式并开始同居生活,婚后没有补办结婚登记手续,共同生育二子。1994年共同购买土木结构厂房4间、砖木结构厂房2间,2012年又购买了安置房一套,并以男方名义对外借款1.8万元。女方有银行存款39 061.6元,以女方名义享有债权2万元。离婚诉讼中,双方为分割上述财产发生争议。

本案遵循如下思维过程处理:

第一步,同居行为是否始于1994年2月1日以前。双方当事人1989年12月18日举行了结婚仪式并开始同居,在长期共同生活中周围群众也认为他们是夫妻,符合这个条件。

第二步,1994 年以前同居时是否已经具备结婚的实质要件。结婚的实质要件即男女建立夫妻关系所必须具备的条件,依照《婚姻法》第 5 条、第 6 条、第 7 条、第 10 条的规定,这些实质要件包括:双方自愿结婚;双方均达到法定婚龄,男方 22 周岁,女方 20 周岁;双方均无配偶且不属直系血亲或者三代以内旁系血亲;未患有医学上认为不应当结婚的疾病。

特别要关注登记结婚的年龄限定,达到法定的结婚年龄的时间点才能作为计算事实婚姻开始的时间点。男方 1969 年 1 月 23 日出生,在 1991 年 1 月 24 日满二十二周岁;女方 1971 年 2 月 21 日出生,在 1991 年 2 月 22 日满二十周岁,因此双方最早在 1991 年 2 月 22 日才能登记结婚。

双方同居生活开始于 1989 年 12 月 18 日,这个时间不能作为认定事实婚姻关系的起算点,因为他们尚未达到登记结婚的法定年龄,1991 年 2 月 22 日才能作为事实婚姻关系的时间起算点,在这个时间之后所得的财产才作为夫妻共同财产来分割。

第三步,本案房屋、厂房、存款、债权债务等系 1991 年 2 月 22 日之后所取得,均为夫妻共同财产,应予分割。故法院判决 4 间土木结构瓦房与 2 间砖木结构厂房归男方所有,存款 39 061.6 元以及债权 2 万元归女方所有。

二、先同居再补办婚姻登记

最高人民法院 1989 年 11 月《关于人民法院审理未办结婚登记而以夫妻名义同居生活案件的若干意见》规定,未办理结婚登记而以夫妻名义同居生活的男女两性结合,可分为两种:一是事实婚姻关系;二是非法同居关系。该文件使用"非法同居"之表述不够规范,非法是指违反了法律规定的行为,而我国法律并没有明文限制或者禁止无婚姻关系者同居的规定,因此在《婚姻法司法解释(一)》第 5 条、《婚姻法司法解释(二)》第 1 条均采用了"同居关系"一词,不再出现"非法同居关系"的表述。

根据《婚姻法司法解释(一)》第 5 条的规定,1994 年 2 月 1 日民政部《婚姻登记管理条例》公布实施以后,男女双方符合结婚实质要件的,人民法院应当告知其在案件受理前补办结婚登记;未补办结婚登记的,按解除同居关系处理。即在离婚案件中,对 1994 年 2 月 1 日之后发生的同居行为不存在认定事实婚姻的问题,不补办婚姻登记的,只能认定为同居关系,本节所指的"同居关系",就是指 1994 年 2 月 1 日以后的"同居"行为。

我们一般以结婚证记载的时间作为划分夫妻共同财产与个人财产的时间点,这是思维惯式。但同居的男女双方依法补办婚姻登记后,婚姻关系开始的时间点追溯至同居关系期间,婚姻关系涵盖同居关系期间的部分甚至全部,同居期间所得财产由按份共有转化为共同共有,同居期间所得财产最终会按夫妻共同财产予以分割。可见,遵从思维惯式,会让当事人丧失应得的财产权益。

案例 1-7　同居关系的辨明和财产的分割

男方 1980 年 3 月 2 日出生,女方 1980 年 1 月 5 日出生。2001 年 6 月,双方在外务工时相识并同居生活,同年 7 月以女方名义购得汽车一辆,花费 12 万元;2002 年 8 月女方在老家新建二层房屋,花费 7 万元,房屋权属登记在女方名下。2004 年 10 月 8 日男女双方补办婚姻登记,2012 年男方起诉离婚,认为车辆及新建房屋均属夫妻共同财产,请求法院依法分割。

要将同居关系与夫妻财产分割衔接,首先要补办婚姻登记。补办了婚姻登记可以产生与合法婚姻关系同等效力之效果,将同居关系的部分或全部期间"转化"为婚姻期间。《婚姻法司法解释(一)》第 4 条规定:"男女双方根据婚姻法第八条规定补办结婚登记的,婚姻关系的效力从双方均符合婚姻法所规定的结婚的实质要件时起算。"

本案可遵循如下思维过程来处理:

第一步,界定婚姻关系起算时间点。男女双方在 2002 年 3 月 3 日(男方满 22 周岁的日期)同居生活时已经符合婚姻实质要件,虽然二人 2004 年 10 月 8 日补办结婚登记,但婚姻关系效力应从 2002 年 3 月 3 日起算,因为这是双方均符合婚姻法所规定的结婚的实质要件的起算时间点,这里的实质要件同样强调的是结婚年龄,指的是男方 22 周岁,女方 20 周岁的登记结婚年龄

(少数民族地区结婚年龄有所不同)。

第二步,对财产做出定性。婚姻关系的起算时间点为2002年3月3日,则2001年7月购买的汽车不属夫妻共同财产,2002年8月新建的登记在女方名下的房屋属夫妻共同财产。

从上看出,通过补办婚姻登记将婚姻登记日之前的房屋纳入了夫妻共同财产范畴,如果机械地按照结婚证上载明的日期作为判断夫妻共同财产的依据,将会让当事人丧失本应获得的财产权益。

第三步,车辆不是夫妻共同财产,那它属谁所有?

根据最高人民法院《关于人民法院审理未办结婚登记而以夫妻名义同居生活案件的若干意见》第10条的规定,解除非法同居关系时,同居生活期间双方共同所得的收入和购置的财产,按一般共有财产处理。此处的"一般共有"应理解为按份共有,因为我国民法理论中并无"一般共有"的概念。该规定将同居期间产生的财产视为共有财产,强调"共同所得"概念,这种"所得"系双方共同经营、共同管理、共担风险、共同劳动的收入所得,而不是一方劳动收入的所得,也不是同居生活期间的一切所得,且"购置的财产"为同居需要而购置的财产。

本案中,如有证据证明该汽车是为了同居生活需要而购置的财产,且该财产为双方同居期间以共同劳动收入所得购买,则汽车为双方共同所有财产,是按份共有财产。至于男女双方各自占据的财产比例,首先看双方有无对汽车的占有比例进行约定,有约定的从约定,没有约定的视各自在购买汽车中的出资比例、所作贡献大小等因素酌情确定分割比例,结果也可能是平均分割,但不能说汽车在性质上是属夫妻共同财产。

三、婚姻关系被宣布无效或被撤销

婚姻关系被宣布无效或被撤销,婚姻关系转化为同居关系,这种转化恰好与同居关系转化为婚姻关系相反,关系发生变动后的财产在性质上仍为共同共有,但无"夫妻"之名,故财产不能被称之为"夫妻共同财产",只能称为"共同共有财产",在财产分割上比照夫妻共同财产来处理。

（一）无效婚姻

无效婚姻,是指欠缺婚姻成立法定条件而不发生法律效力的婚姻关系。

关于无效婚姻的情形,《婚姻法》第 10 条规定:"有下列情形之一的,婚姻无效:(一)重婚的;(二)有禁止结婚的亲属关系的;(三)婚前患有医学上认为不应当结婚的疾病,婚后尚未治愈的;(四)未到法定婚龄的。"

《婚姻法司法解释(一)》第 15 条规定:"被宣告无效或被撤销的婚姻,当事人同居期间所得的财产,按共同共有处理。但有证据证明为当事人一方所有的除外。"因此,无效婚姻产生的财产是参照夫妻共同财产来分割。

案例 1-8　无效婚姻关系的审理程序和财产的分割

男方经人介绍与女方相识结婚,婚后购买房屋一套,登记在女方名下。不久男方因停药而致原精神分裂症复发,被送医院住院治疗,半个月后好转出院。另查明男方在结婚前一年首次出现精神失常,表现情绪不稳定,曾被诊断为精神分裂症,一直长期服药,为此男方父母一直对女方隐瞒了男方曾患有精神分裂症的事实。女方起诉到法院要求宣告双方婚姻无效,并请求分割房屋。

法院经审理认为,宣告婚姻无效的案件属于非诉案件,应参照《民事诉讼法》相关规定适用特别程序审理;请求分割房屋属于民事案件,适用一审普通程序审理,两案都是因婚姻关系产生的诉讼请求,诉讼主体都一样,因此可以合并审理。判决宣告男女双方的婚姻无效,房屋归女方所有,女方给予男方补偿 20 万元。

本案涉及宣告婚姻无效案件的特殊程序。《婚姻法司法解释(二)》第 4 条规定:"人民法院审理无效婚姻案件,涉及财产分割和子女抚养的,应当对婚姻效力的认定和其他纠纷的处理分别制作裁判文书。"《婚姻法司法解释(一)》第 9 条第 2 款规定:"人民法院审理宣告婚姻无效案件,对婚姻效力的审理不适用调解,应当依法作出判决;有关婚姻效力的判决一经作出,即发生法律效力。涉及财产分割和子女抚养的,可以调解。调解达成协议的,另行制作调解书。对财产分割和子女抚养问题的判决不服的,当事人可以上诉。"据此,对无效婚姻的认定和财产分割的处理虽然分别适用不同的诉讼程序予以处理,并就财产分割和子女抚养问题达成调解协议的情形下分别制作两份法律文书,这是程序上比较特别的地方。

另外,虽然法律规定了宣告婚姻无效案件适用特别程序审理,但并未禁止它与财产分割案件合并审理,故法院将两案合并审理没有不妥之处。

(二) 可撤销婚姻

可撤销婚姻,是指因受胁迫或限制人身自由而结合的婚姻。

关于可撤销婚姻的情形,《婚姻法》第11条规定:"因胁迫结婚的,受胁迫的一方可以向婚姻登记机关或人民法院请求撤销该婚姻。受胁迫的一方撤销婚姻的请求,应当自结婚登记之日起一年内提出。被非法限制人身自由的当事人请求撤销婚姻的,应当自恢复人身自由之日起一年内提出。"受胁迫或非法限制人身自由情形下登记的婚姻属可撤销婚姻,实际中,可撤销婚姻还包括包办婚姻、买卖婚姻、胁迫婚姻、婚姻登记有瑕疵等情形。

《婚姻法司法解释(一)》第15条规定:"被宣告无效或被撤销的婚姻,当事人同居期间所得的财产,按共同共有处理。但有证据证明为当事人一方所有的除外。"因此,可撤销婚姻产生的财产是参照夫妻共同财产来分割。

第二章 夫妻财产分割与侵权法的结合

第一节 人身侵权

一、医疗费、死亡赔偿金、精神损害抚慰金等费用

（一）人身属性模式

《婚姻法》第18条规定："有下列情形之一的，为夫妻一方的财产：（一）一方的婚前财产；（二）一方因身体受到伤害获得的医疗费、残疾人生活补助费等费用；（三）遗嘱或赠与合同中确定只归夫或妻一方的财产；（四）一方专用的生活用品；（五）其他应当归一方的财产。"

我们将此规定称为"人身属性模式"，在财产分割上应当注意如下要点：

1. 具有专属特定人身属性的财产一般都定性为夫妻个人财产。人身权包括人格权和身份权两类，前者如生命权，健康权，姓名权，名誉权，肖像权，隐私权等，后者如配偶权，亲属权等，它们不能被转让继承，只专属某一个人。

2. 不限于规定中的"医疗费""残疾人生活补助费"，其他很多项目也属夫妻个人财产，在接下来的内容中有详细论述。

3. 不限于规定中因"身体受到伤害"而产生赔偿，对因身体、精神上受到伤害而产生的赔偿也具有专属特定人身的属性，都属夫妻个人财产。

最高人民法院《关于审理人身损害赔偿案件适用法律若干问题的解释》（以下简称《人身损害解释》）将侵权赔偿项目作了统一，本章内容根据它来确定赔偿项目的财产性质。

人身损害赔偿费用的分割有如下方式：

1. 分析赔偿协议是否明确赔偿项目及计算结果，如果有，依据对财产项目的定性分析，属夫妻共同财产可以分割，属夫妻个人财产或者与夫妻个人

财产无关的财产项目不予分割。

2. 如果赔偿协议只有赔偿数额，则要根据法律规定的标准计算出每个赔偿项目各自的金额，再根据对财产的定性分析，属夫妻共同财产可以分割，属夫妻个人财产或者与夫妻个人财产无关的财产不予分割。

（二）不同人身损害赔偿项目的分割

1. 根据人身属性模式，人身损害赔偿中如下项目具有专属特定人身的属性，属夫妻个人财产，不予分割。

（1）医疗费：指当事人为接受医学上的检查、治疗与康复训练所必须支出的费用，包括已支付的医疗费用和后续医疗费。

（2）营养费：指当事人补养身体所必需的费用。

（3）残疾赔偿金：指由过错方向受害方支付的残疾赔偿费用。

（4）残疾辅助器具费：指侵权违法行为造成人身损害导致残疾，因残疾需要配置辅助功能器具而发生的费用。

2. 如下财产属夫妻共同财产，应予分割：

误工费：指当事人从遭受伤害到治愈期间，因无法从事正常的工作或者劳动而失去劳动收入的赔偿费用。运用婚后所得模式，误工费属《婚姻法》第17条规定的工资，属夫妻共同财产，应予分割。

3. 可能属夫妻个人财产也可能属第三人财产的项目：

（1）护理费：指当事人在医治疗中因缺乏生活自理能力而需雇用专人进行生活护理而产生的费用。

护理费的获得可以是夫妻一方或第三人。如护理人员是夫妻一方，运用人身属性模式，护理费具有专属特定人身的属性，属夫妻个人财产，不予分割；如护理人员是第三人，护理费属第三人财产，与夫妻无关。

（2）交通费：指受害人及陪护人员因就医或者转院治疗实际发生的费用。

从交通费的定义可以看出，交通费获得的人员可以是受害人及必要的陪护人员。如夫妻一方作为受害人取得该费用，运用人身属性模式，该费用具有专属特定人身的属性，属夫妻个人财产，不予分割；如系陪护人员获得该费用,则属第三人财产,与夫妻无关。

(3) 住宿费:指当事人确有必要到外地治疗,因客观原因不能住院,受害人本人及陪护人员实际发生的必要的住宿费用。

从住宿费的定义看出,住宿费获得的人员可以是受害人及陪护人员。如夫妻一方作为受害人取得该费用,运用人身属性模式,该费用具有专属特定人身的属性,属夫妻个人财产,不予分割;如系陪护人员获得该费用,则属第三人财产,与夫妻无关。

(4) 伙食费:指当事人在住院就医期间补助伙食所必需的费用。

伙食费获得的人员可以是受害人及陪护人员。如夫妻一方作为受害人取得该费用,运用人身属性模式,该费用具有专属特定人身的属性,属夫妻个人财产,不予分割;如系陪护人员获得该费用,则属第三人财产,与夫妻无关。

(5) 精神损害抚慰金:指因侵权违法行为给夫妻一方造成巨大的心灵创伤和痛苦,过错方向受害方支付的精神赔偿金。

侵权行为致使夫妻一方残疾的,运用人身属性模式,精神损害抚慰金具有专属特定人身的属性,属夫妻个人财产,不予分割。

侵权行为致使夫妻一方死亡的,精神损害抚慰金是给死者近亲属精神上的抚慰,属死者近亲属的共同财产,不应将其作为夫妻共同财产来分割。根据《侵权责任法》第18条第1款的规定,被侵权人死亡的,其近亲属有权请求侵权人承担侵权责任,因此死亡赔偿金的请求主体只能是死者的近亲属。《民法通则意见》第12条规定:"民法通则中规定的近亲属,包括配偶、父母、子女、兄弟姐妹、祖父母、外祖父母、孙子女、外孙子女。"据此条确定精神抚慰对象范围后,同时要根据亲缘的远近,与死者的生活密切程度,生者所受精神影响大小,是否需要扶养等因素对精神抚慰金进行合理分割,并非一律平均分割。

4. 既不属夫妻共同财产,也不属夫妻个人财产,而是属第三人财产的项目:

(1) 死亡赔偿金。《人身损害解释》第29条规定的"死亡赔偿金",是指当事人因侵权行为而死亡,法律考虑到死者在其未来生存年限中丧失了一定量的收入,而该收入却是用于家庭共同消费或者家庭积累,死者家庭却失去了可以获得继承部分财产的可能,该损失就由死亡赔偿金来补偿,即理论上所称的"继承丧失说"。

最高人民法院《关于空难死亡赔偿金能否作为遗产处理的复函》规定:"空难死亡赔偿金是基于死者死亡对死者近亲属所支付的赔偿。获得空难死亡赔偿金的权利人是死者近亲属,而非死者。故空难死亡赔偿金不宜认定为遗产。"这也印证了死亡赔偿金是对死者有关亲属的赔偿,属死者近亲属的共同共有财产,不宜作为夫妻共同财产来分割。

(2) 丧葬费:指夫妻一方死亡时所有家属支付的处理后事的费用。如果该费用可通过有关部门报销回来,该费用属死者家属所有,不宜作为夫妻共同财产来分割。

(3) 被扶养人生活费:指受害人全部丧失劳动能力,由加害方向受害人所扶养(抚养)的无劳动能力的人支付的用于维持生活的费用。被扶养人生活费属被扶养人的财产,不应将其作为夫妻共同财产来分割。

(三) 人身属性模式的运用

案例 2-1　因交通事故死亡获得的精神损害抚慰金

婚后,男方王某死于一场交通事故,经协商,肇事方赔偿了 21 万元,其中精神损害抚慰金为 5 万元。婆婆和媳妇(女方)为分割精神损害抚慰金产生分歧,婆婆认为她应当多分,女方要求平分,协商不下,女方诉至法院请求分割。请问,精神损害抚慰金属如何分配?

前文已分析过,精神损害抚慰金不是对死者的抚慰,而是对生者的抚慰,是对与死者有着特定亲属关系的人的抚慰,因此它属于特定的抚慰对象所有,抚慰谁,谁就有权获得抚慰金,如果将其视为遗产进行分割,无疑侵犯了抚慰对象对抚慰金的所有权。根据最高人民法院《关于确定民事侵权精神损害赔偿责任若干问题的解释》第 18 条的规定,自然人因侵权行为致死,其近亲属可以向人民法院起诉请求赔偿精神损害。死者近亲属之范围,也就是精神损害抚慰金的抚慰对象范围,可以参照《民法通则意见》第12条"民法通则中规定的近亲属,包括配偶、父母、子女、兄弟姐妹、祖父母、外祖父母、孙子女、外孙子女"的规定来确定。本案中的婆婆和女方在获得抚慰金的权利上是平等的,她们都是精神损害抚慰金的所有权人的,但这并不意味着分割时就得实行平均主义,而是由法官酌情分配。

案例2-2 因交通事故死亡,经协商获得的赔偿金

2015年6月,男方在交通事故中当场身亡,男方家属与事故责任方签署了赔偿协议,总共获得赔偿款150万元。另,死者48岁,有深圳市户口,有两个未成年子女需要抚养,女儿13岁,儿子11岁,还有72岁的母亲需要赡养,死者有六兄弟姐妹。请问男方的配偶可以获得多少赔偿款?

我们先提取深圳市2015年的三个数据,这在下文计算中将运用到:城镇居民人均可支配收入40 948元/年;城镇居民人均消费性支出28 852.77元/年;城镇、国有单位在岗职工平均工资108 192元/年。

依案情产生如下赔偿费用:

(1)死亡赔偿金:按照受诉法院所在地上一年度城镇居民人均可支配收入或者农村居民人均纯收入标准,按20年计算。但60周岁以上的,年龄每增加1岁减少1年;75周岁以上的,按5年计算,故:40 948元×20 = 818 960元。

(2)丧葬费:按照受诉法院所在地上一年度职工月平均工资标准,以6个月工资总额计算,故:108 192元÷12×6 = 54 096元。

(3)被扶养人生活费:根据扶养人丧失劳动能力程度,按照受诉法院所在地上一年度城镇居民人均消费性支出和农村居民人均年生活消费支出标准计算。被扶养人为未成年人的,计算至18周岁;被扶养人无劳动能力又无其他生活来源的,计算20年。60周岁以上的,年龄每增加1岁减少1年;75周岁以上的,按5年计算,故:

① 13岁的女儿:28 852.77元×(18 - 13) = 144 263.85元。

② 11 岁的儿子:288 52.77 元×(18-11)=201 969.39 元。

③ 72 岁的母亲:28 852.77 元×[20-(72-60)]=230 822.16 元,死者有六兄弟姐妹,死者生前本应赡养母亲的费用为 230 822.16 元÷6=38 470.36 元。

(4) 精神损害抚慰金:酌情确定 100 000 元。

(5) 家属及其他人员因本案产生的交通费、伙食费:酌情确定 20 000 元。

以上各项费用合计 1 377 759.6 元,本案协议赔偿总金额为 150 万,属于双方家属自愿协商结果,超出的部分法律不予干涉。

根据上述分析,款项中没有单纯属于夫妻共同财产的项目,大部分属于包含死者配偶在内的家属共同所有的财产,剔除抚养扶养小孩老人的专门费用,配偶实际适当可以参与分配的财产金额总数是 1 115 296.4 元(1 500 000 元-144 263.85 元-201 969.39 元-38 470.36 元),配偶本人从中实际可以获得多少赔偿款,取决于法官的酌情认定。

总而言之,当事人签署的赔偿协议往往只有一个总的赔偿数额,缺少具体赔偿项目和各自的金额,这种情况下懂得赔偿项目的计算和辨别各自的财产性质尤为重要。如果赔偿数额是法院判决作出,在判决书中都会逐项计算出赔偿的数额、项目名称和依据,让分割财产具有确定性。

二、丧事礼金、遗属津贴、抚恤金

(一) 丧事礼金

丧事礼金,是指死者的亲朋好友向死者近亲属所赠送的现金,收礼金者在办理丧事完毕之后或者在送礼者操办丧事时返还一定量的货币,包含了人情往来的因素。在财产性质上,丧事礼金一般认定为对死者近亲属的赠与。

案例 2-3 因公死亡,死者家属收取亲朋好友的礼金

2013 年,男方因公死亡,在为其办丧事中,女方收得礼金 56 000 元。请问,礼金属夫妻共同财产吗?如果不属于,礼金如何分割?

婚后所得模式有个重要特征是,财产取得的时间发生在婚姻期间。丧事礼金是夫妻一方死亡后获得财产,而夫妻一方死亡,婚姻关系就自然终止,故丧事礼金取得已不在婚姻期间范围之内,根据时间这个标志很容易将丧事礼金属于夫妻共同财产的性质排除。丧事礼金要区分礼金的来源不同而作不同分割:死者亲友赠送的礼金,由死者的近亲属所共同共有,可按份平均分配;死者父母的亲友赠送的礼金,由死者的父母共同共有;死者子女的亲友赠送的礼金,由子女按份共有,可按各自的份额分割;死者的配偶亲友赠送的礼金,由死者的配偶单独所有;死者的兄妹亲友赠送的礼金,由死者的兄妹所有,可按各自份额分割。

(二) 遗属津贴、抚恤金

抚恤金是具有特定身份的人所享有的财产权,如革命军人牺牲,职工因公死亡,或退休后因病和非因公死亡,有关单位依照有关规定给予死者家属的抚慰和经济补偿,由死亡者的近亲属享有。根据《劳动法》第73条第2款的规定,劳动者死亡后,其遗属依法享受遗属津贴。这里的"遗属津贴"与抚恤金具有同等的含义和性质。

案例 2-4 单位发放的抚恤金

男女双方登记结婚后,未有生育,只收养了两个女儿,均已成年。后男方因病去世,同年单位发放一次性抚恤金29 500元,两个继女在女方不知情的情况下将该款擅自全部领走。女方多次索要未果,只得将继女诉至法院请求分割抚恤金。请问,抚恤金属夫妻共同财产吗?如果不属于,抚恤金如何分割?

夫妻共同财产是指在婚姻期间所得的财产,抚恤金是夫妻一方死亡后获得的财产,抚恤金并非在婚姻期间取得,不属夫妻共同财产。抚恤金既然不属于遗产,就不应按照继承法的有关规定分割,而应当根据抚恤金的性质,以照顾、优抚、救济死者生前需要扶养的丧失劳动能力的亲属、考虑与死者的感情关系密切程度、兼顾其他亲属为原则进行分割。本案中,法院最终判决抚恤金的一半归女方享有,抚恤金在性质上不属于夫妻共同财产,"一半归女方享有"是法官酌情确定的一个分割比例。

第二节 夫妻侵权

一、婚内夫妻侵权

婚内夫妻侵权赔偿,是指婚姻期间,夫妻一方对另一方实施侵权行为,受害方所获得的赔偿。

运用"人身属性模式",婚内夫妻侵权产生的赔偿款具有专属特定人身属性,属夫妻个人财产,不予分割。

案例2-5 夫妻一方对另一方殴打产生的赔偿

女方在离婚诉讼中提出,男方在婚姻期间打她,要求男方赔偿医疗费6 245.5元,挂号费204元,误工费4 478元,治疗期间的伙食补助费3 750元,继续治疗费7 000元,精神抚慰金50 000元。

法院经审理认为,女方提出请求男方赔偿其侵权产生的误工费、治疗期间的伙食补助费、继续治疗费,因本案不是人身损害赔偿纠纷,而是离婚诉讼纠纷,婚姻期间难以区分这几项请求数额,故不予认定。判决男女双方离婚,驳回女方其他诉讼请求。

本案对婚内侵权赔偿问题不做处理,值得磋商。我国现行法律并没有将夫妻间的损害赔偿责任排除在侵权责任之外,没有对侵权主体作限制性规定,也没有对侵权人与受害人之间的关系作限制性规定,更没有将侵权人与受害人之间存在的特殊关系作为排除侵权人承担侵权损害赔偿责任的条件,侵权人不能因与受害人之间存在婚姻关系而享有侵权豁免权,夫妻一方侵犯了对方的权利,须按民法承担相应责任,因此在离婚案件中处理赔偿问题不存在法律上的障碍。

二、离婚过错赔偿

离婚过错赔偿,指夫妻一方因为过错实施法律规定的违法行为,过错方对无过错方应当承担的损害赔偿责任。

《婚姻法》第46条规定:"有下列情形之一,导致离婚的,无过错方有权请求损害赔偿:(一)重婚的;(二)有配偶者与他人同居的;(三)实施家庭暴力的;(四)虐待、遗弃家庭成员的。"《婚姻法司法解释(一)》第28条规定:"婚姻法第四十六条规定的"损害赔偿",包括物质损害赔偿和精神损害赔偿。涉及精神损害赔偿的,适用最高人民法院《关于确定民事侵权精神损害赔偿责任若干问题的解释》的有关规定。"

对几个名词作下简要解释:

(1)重婚:即有配偶者又与他人登记结婚,或明知他人有配偶又与之登记结婚的违法行为,其中包括法律重婚和事实重婚。

(2)有配偶者与他人同居:即有配偶者与婚外异性不以夫妻名义,持续、稳定地共同居住。

(3)家庭暴力、虐待:《婚姻法司法解释(一)》第1条规定:"家庭暴力是指行为人以殴打、捆绑、残害、强行限制人身自由或者其他手段,给其家庭成员的身体、精神等方面造成一定伤害后果的行为。持续性、经常性的家庭暴力,构成虐待。"

(4)遗弃家庭成员:指家庭成员中负有赡养、扶养、抚养义务的成员对需要赡养、扶养和抚养的成员不履行其应尽义务的违法行为。

因发生上述离婚过错情形而获得赔偿款,运用"人身属性模式",该款具有专属特定人身属性,属夫妻个人财产,不予分割。

《婚姻法司法解释(一)》对提起精神损害赔偿程序做了特别规定:

(1)法院判决不准离婚的案件,对当事人基于该条提出的损害赔偿请求,不予支持。也就是判不离婚,那么财产分割、孩子抚养、损害赔偿等都不处理。

（2）婚姻期间，不起诉离婚而单独依据该条规定提起损害赔偿请求的，法院不予受理。也就是无过错方作为原告基于该条规定向人民法院提起损害赔偿请求的，必须在离婚诉讼的同时提出。

（3）无过错方作为被告的离婚诉讼案件，如果被告不同意离婚也不基于该条规定提起损害赔偿请求的，可以在离婚后一年内就此单独提起诉讼。也即当事人作为被告而且是无过错方，在离婚诉讼中不同意离婚，但法院还是判决了离婚，当事人可以在离婚后一年内单独提起精神损害赔偿。

（4）无过错方作为被告的离婚诉讼案件，一审时未基于该条提出损害赔偿请求，二审期间提出的，人民法院应当进行调解，调解不成的，告知当事人在离婚后一年内另行起诉。这意味着仍然给当事人救济的途径，但不会将案件发回重审。

（5）协议离婚后，可以该条为由向法院提出损害赔偿请求，但应在离婚登记手续一年内提出；如果超过这个时间段，或者双方在协议离婚时已经明确表示放弃赔偿请求，都不会得到法院的支持。

案例2-6　夫妻一方对另一方实施家庭暴力造成的损害赔偿

恋爱期间及婚后初期，男女双方感情较好，后来双方时常为家庭琐事争吵，甚至打架，造成女方全身多处受伤，被鉴定为轻微伤。女方提出离婚诉讼，认为男方的行为构成家庭暴力，要求其赔偿精神损害抚慰金20 000元。

法院经审理认为，在婚姻期间，男方对女方殴打，造成了女方轻微伤的严重后果，构成家庭暴力，男方在离婚中存在过错。判决男女双方离婚，男方赔偿女方精神损害抚慰金15 000元。

家庭暴力以造成一定后果为构成要件。本案中，男方对女方实施殴打行为造成女方轻微伤的后果，构成家庭暴力。根据《婚姻法》第46条的规定，男方在婚姻中存在过错，应当承担损害赔偿责任，婚姻过错赔偿包括物质损害赔偿和精神损害赔偿。女方提出男方承担精神损害赔偿金的请求依法有据，法院支持了女方的诉讼请求，只是对赔偿数额做了适当的调整。

第三章　夫妻财产分割与劳动法的结合

第一节　劳 动 关 系

一、工资、奖金、津贴补贴(公车补贴)、提成

根据《婚姻法》第17条的规定,夫妻在婚姻关系存续期间所得的工资、奖金归夫妻共同所有。法律将工资和奖金区分列举,本节也将它们单独列出阐述。

（一）工资

工资,是指用人单位依据国家有关规定或劳动合同的约定,以货币形式直接支付给本单位劳动者的劳动报酬,它是劳动者劳动收入的主要组成部分。

根据《劳动法意见》第53条的规定,劳动者的以下劳动收入不属于工资范围:单位支付给劳动者个人的社会保险福利费用,如丧葬抚恤救济费、生活困难补助费、计划生育补贴等;劳动保护方面的费用,如用人单位支付给劳动者的工作服、解毒剂、清凉饮料费用等;按规定未列入工资总额的各种劳动报酬及其他劳动收入,如根据国家规定发放的创造发明奖、国家星火奖、自然科学奖、科学技术进步奖、合理化建议和技术改进奖、中华技能大奖等,以及稿费、讲课费、翻译费等。

国家统计局《〈关于工资总额组成的规定〉若干具体范围的解释》第4条、《关于工资总额组成的规定》第11条均规定了不属工资总额的项目,在此不再列举。

工资的分割有如下方式:

1. 不予分割。工资作为劳动者生活的保障来源,往往到手不久就消耗在家庭共同生活中,包括购置物品,供养小孩,赡养父母等,在没有证据证明

其还存在的情况下,工资将不被分割。

2. 直接分割。离婚时,有证据显示工资仍停留在账户上,或仍被夫妻一方实际持有的,由取得工资的一方给予另一方相应的补偿。

3. 酌情分割。夫妻双方工资收入很高,而共同生活花费远低于工资收入,在没有证据证明工资实际支出的情况下,可根据案情酌情分割。

案例 3-1　银行流水账单上的工资收入

离婚诉讼中,有多份银行账户流水账清单反映出男方在婚后不同时段的工资收入状况:证据一,银行账户流水账明细交易注释为"工资"款项共计 68 536 元;证据二,工资单显示工资收入为 86 307 元;证据三,工资单显示工资收入总额为 24 000 元;证据四,工资收入共计 117 081.29 元。同时,亦有银行账户流水清单反映女方在婚后不同时段工资收入状况:证据一,银行账户流水账明细交易交易注释为"工资"款项共计 31 812.55 元;证据二,银行账户流水账明细交易摘要为"工资"款项共计 72 425.13 元。离婚诉讼中,双方为分割工资产生分歧。

法院经审理认为,男女双方共同生活已有多年,对于日常生活及工作状态,只有当事人相对清楚,根据现有证据材料及双方当事人的陈述,结合男女双方工作收入、当地生活水平等因素考虑,扣除男女各自及家庭合理的日常开销,酌情确定男方应补偿女方折价款为 12 万元。

本案中将男女双方银行流水账单的工资收入总数做个比较,考虑到工资的日常消耗性,酌情确定补偿款。实务中,证明工资收入可以有如下几种途径:

第一种途径,单位出具工资收入证明。它既没有反映出劳动者是否收到工资,也没有反映是否存在劳动事实。只要夫妻一方提出异议,该证据很容易不被采信。

第二种途径,申请法院查询工资银行账户,通过账户流水账单来查看工资收入情况,账单交易注释最好有"工资"字眼,明确该款项为工资收入。

第三种途径,通过法院调取"劳动合同+社保缴费明细+工资表+银行账户+个人所得税证明"。社保缴费明细中的养老保险项目、个人所得税证明可以计算出月平均工资的缴费基数,据此判断出关于诉争的工资是否真实可靠。

(二) 奖金

奖金,是指支付给职工的超额劳动报酬和增收节支的劳动报酬。

《工资总额组成规定的解释》第2条对奖金的范围做了详细规定,包括:(1) 生产(业务)奖,包括超产奖、质量奖、安全(无事故)奖、考核各项经济指标的综合奖、提前竣工奖、外轮速遣奖、年终奖(劳动分红)等。(2) 节约奖,包括各种动力、燃料、原材料等节约奖。(3) 劳动竞赛奖,包括发给劳动模范、先进个人的各种奖金和实物奖励。(4) 其他奖金,包括从兼课酬金和业余医疗卫生服务收入提成中支付的奖金等。

奖金的分割有如下方式:

1. 直接分割。有证据显示奖金已发放,但没有证据显示其用于家庭共同生活或其他合理支出,由取得奖金的一方给予对方相应的补偿。

2. 酌情分割。如男女双方属普通工薪阶层,没有确凿证据奖金已消耗掉,即使三五千元的奖金也将可能作为夫妻共同财产被分割。反之,有证据显示双方经常处于高消费状况,几万元的金额也可能被当做合理支出而予酌情分割。

案例3-2　国企总经理的年薪

男方系某国企总经理。离婚诉讼中,女方主张分割婚后以男方名义购买的房屋三套,轿车一辆,同时主张分割男方2013年的年薪所得。

法院经审理认为,根据男方所在的船务代理有限公司出具《关于班子成员年薪考核兑现的通知》显示:"……2013年的年薪由个人缴纳所得税,并要扣除本人在考核期内已领取的部分。年薪发放后制单归档,根据公司的财务报表,领到的应发年薪为281 610元。"男方无法讲清年薪去向,且时间较短,应作为夫妻共同财产分割。判决男方支付给女方年薪补偿款 140 805 元 (281 610 元 ÷ 2)。

本案依据"婚后所得模式",认定年薪是在婚姻期间所得财产,在没有特别约定的情况属于夫妻共同财产。年薪虽然已由男方领取,但其无法合理说明年薪是否已消费完毕,视为年薪仍然存在,应予直接分割。

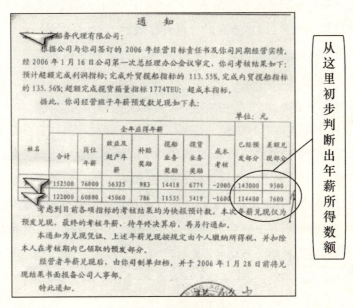

图 3-1　发放年薪的通知

（三）津贴补贴（公车补贴）

津贴和补贴在工资构成中占据了大部分比例,属工资的一部分,因此在婚姻期间取得津贴补贴属夫妻共同财产,应予分割。

《工资总额组成规定》第 8 条规定了津贴和补贴的定义,并概括了津贴和补贴的范围。该条规定,津贴和补贴,是指为了补偿职工特殊或额外的劳动消耗和因其他特殊原因支付给职工的津贴,以及为了保证职工工资水平不受物价影响支付给职工的物价补贴。津贴包括补偿职工特殊或额外劳动消耗的津贴,保健性津贴,技术性津贴,年功性津贴及其他津贴;物价补贴包括为保证职工工资水平不受物价上涨或变动影响而支付的各种补贴。

依据国家统计局《〈关于工资总额组成的规定〉若干具体范围的解释》第3条第2项的规定,补贴包括为保证职工工资水平不受物价上涨或变动影响而支付的各种补贴,如肉类等价格补贴、副食品价格补贴、粮价补贴、煤价补贴、房贴、水电贴等。

关于公车补贴,中共中央办公厅、国务院办公厅印发两份文件,即《关于全面推进公务用车制度改革的指导意见》和《中央和国家机关公务用车制度改革方案》(以下简称《改革方案》)予以详尽规定。

对于公车补贴的数额,《改革方案》中改革方式部分第2条规定:"按照节约成本、保证公务、便于操作、简化档次的要求,合理确定各职级工作人员公务交通补贴标准。具体为:司局级每人每月1 300元,处级每人每月800元,科级及以下每人每月500元。各单位可根据实际情况,从公务交通补贴中划出一定比例作为单位统筹部分,集中用于解决不同岗位之间公务出行不均衡等问题,比例原则上不超过补贴总额的10%。统筹资金使用要公开透明,具体管理办法由各单位自行制定。"第3条规定:"公务交通补贴属改革性补贴,列入财政预算,在交通费中列支、按月发放,用于保障公务人员普通公务出行。适时适度调整公务交通补贴标准。"

公车补贴相当于交通费,婚姻期间产生的公车补贴为夫妻共同财产,由取得公车补贴的一方给予另一方相应的补偿。

案例3-3 大学教授的政府特殊津贴专家补贴

男方是大学教授,2015年新增选为享受省政府特殊津贴专家。离婚诉讼中,女方提出,《2015年省享受政府特殊津贴专家补贴分配方案》显示:"2015年省享受政府特殊津贴专项经费需支出3 175.84万元,其中:一、发放2015年享受政府特殊津贴专家补贴2 985.84万元。我省现有2000年及以前特贴专家4 147人。依此测算,2015年度特贴专家生活补贴专项经费小计2 985.84万元(4 147人×600元/月×12个月)。二、发放2014年度省新增选享受政府特殊津贴专家一次性补贴160万元(人数160人,发放标准1万元/人)。"据此知道男方在2015年应获得的补贴数额为1万元,女方主张该款属于夫妻共同财产请求法院分割。

法院经审理认为,特殊津贴虽然还没发放到男方手中,但属于婚姻期间可以确定取得的夫妻共同财产,应予分割。判决男方补偿给女方5 000元。

本案运用婚后所得模式,专家补贴系在婚姻期间取得财产,属夫妻共同财产,应予分割。为了避免离婚后再次诉讼的麻烦,减少诉讼资源,补贴虽未实际取得,但属"确定可以取得"的财产,在离婚案件中作出分割是正确的。

(四)提成

现实中还存在各种形式的"提成","提成"作为一种薪酬福利的管理方式已被各个行业广泛应用。提成的取得完全由用人单位与劳动者双方协商确定,提成的名目、比例以及取得方式有非常大的弹性。只要有证据证明夫妻一方在婚后取得"提成",运用婚后所得模式,可以认定为夫妻共同财产予以分割,在此不再举例。

二、住房补贴、住房公积金

我国自1998年开始进行城镇住房制度改革,其内容为"停止住房实物分配,逐步实行住房分配货币化",1998年底后按"新人新办法,老人老办法"来执行:对1998年底之后参加工作的新职工,逐步发放住房补贴,这就是住房公积金;1998年之前的参加工作的老职工,购房时享受的待遇叫"一次性住房补贴"。

根据《婚姻法司法解释(二)》第11条的规定,婚姻关系存续期间,男女双方实际取得或者应当取得的住房补贴、住房公积金属《婚姻法》第17条规定的"其他应当归共同所有的财产"。

我们将此规定称为"住房公积金模式",在财产分割上应当注意如下要点:

1. 不问费用来源,即不区分个人缴费还是单位缴费。

2. 只要在婚姻期间取得的住房补贴和住房公积金，无论是否可以提取，都应作为夫妻共同财产来分割。界定出婚姻关系的起止时间是分割住房公积金和一次性住房补贴的关键。

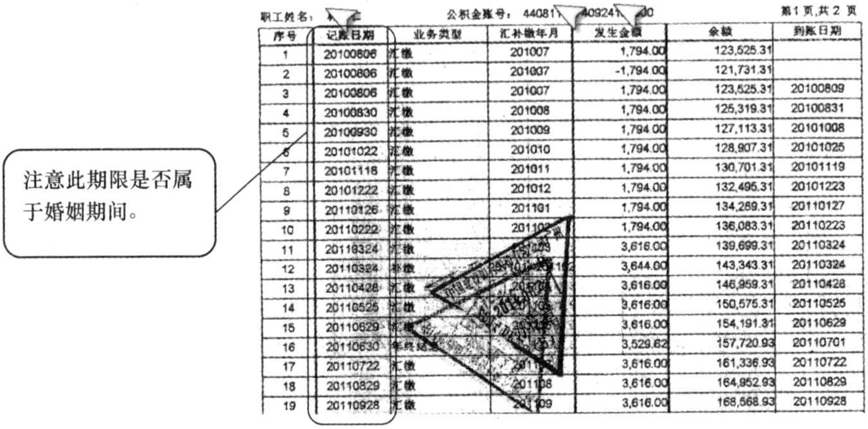

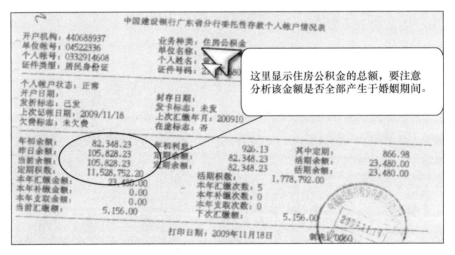

图 3-2　从银行打印的住房公积金清单

图 3-3　从银行打印的住房公积金总额

三、劳动经济补偿金、赔偿金、违约金

（一）劳动经济补偿金

劳动经济补偿金，是指解除劳动关系后，用人单位给劳动者经济上的补助费。

劳动合同经济补偿对劳动者失去工作岗位后的继续生存具有重要的保障作用，与劳动者个人身份有严格、密切的依附关系。运用"人身属性模式"，劳动经济补偿金具有专属特定人身的属性，属夫妻个人财产，不予分割。

（二）劳动赔偿金

劳动赔偿金，指在用人单位与劳动者构成的劳动合同关系中，有过错的一方基于自己的过错给对方造成损失，为弥补对方的损失而给予对方的相应补偿。

劳动赔偿金是双向的，即可以是用人单位对劳动者的赔偿，也可以是劳动者对用人单位的赔偿，我们这里说的是用人单位向劳动者的赔偿。

适用人身属性模式，劳动赔偿金具有专属特定人身的属性，属夫妻个人财产，不予分割。

（三）劳动违约金

劳动违约金，是指用人单位或劳动者在履行劳动关系过程中，因违背法律规定或双方合同约定而向对方支付的金额。与劳动赔偿金一样，它是双向的，可以是用人单位向劳动者支付违约金，也可以是劳动者向用人单位支付违约金。

《劳动合同法》第25条规定："除本法第二十二条和第二十三条规定的情形外，用人单位不得与劳动者约定由劳动者承担违约金。"法律只限制劳动者向用人单位支付违约金的情形，对用人单位向劳动者支付违约金情形并无限制。

当用人单位依法向劳动者支付违约金，此款具有专属特定人身的属性，属夫妻个人财产，不予分割。

四、破产安置费、工龄买断款

(一) 破产安置费

破产安置费,是职工因企业破产解除劳动合同,依法或者依据劳动合同,对企业享有请求的权利,由企业依法向职工支付安置补助费。

根据《婚姻法司法解释(二)》第 11 条的规定,婚姻关系存续期间,男女双方实际取得或者应当取得的养老保险金、破产安置补偿费属《婚姻法》第 17 条规定的"其他应当归共同所有的财产"。

可见法律将破产安置费认定为夫妻共同财产,实际上,破产安置费不能一概而论属于夫妻共同财产。根据《企业破产法》第 113 条第 1 款所列举,破产安置补偿费应包括破产企业破产人所欠职工的工资和医疗、伤残补助、抚恤费用,所欠的应当划入职工个人账户的基本养老保险、基本医疗保险费用,以及法律、行政法规规定应当支付给职工的补偿金。这些费用的财产性质可以参考第二章第一节"人身损害赔偿费用"及第三章第一节第三小节"劳动经济补偿金、赔偿金、违约金"部分内容,在此不重复。

破产安置费的分割有如下方式:

1. 厘清破产安置费包含的具体项目,根据项目性质确定是否应予分割。

2. 通过被安置方的婚龄与其工龄的比例来计算安置补偿费中属于共同财产的数额,比例大于 1 的,所取得的破产安置补偿费均作为共同财产予以分割;比例小于 1 的,破产安置补偿费中相同比例部分为共同财产。

案例 3-4 因国有企业破产清算获得的破产安置补偿费

男女双方登记结婚 5 年。男方在国有企业上班,工龄 15 年,企业现正在破产清算。离婚诉讼中,男方已拿到 9 万元的破产安置补偿费,女方认为费用是婚姻期间得到的夫妻共同财产,应分一半。男方认为结婚时间短,9 万元是他奋斗十几年的补偿,应为个人财产,女方无权分割。请问:如何分割本案的破产安置补偿费?

如果按照《婚姻法司法解释（二）》第 11 条第 3 项规定的"婚姻关系存续期间实际取得或应当取得的破产安置补偿费应为夫妻共同所有"来认定破产安置费属于夫妻共同财产，男方补偿给女方 4.5 万元，处理就很简单。但考虑到夫妻婚姻存续时间较短，以及破产安置补偿费的具体构成包含非工资补偿或安置补偿内容等情形，将安置补偿费一概作为共同财产处理有失公平，我们不妨从这个角度进行处理：男女双方婚龄为 5 年，丈夫的工龄为 15 年，婚龄与工龄的比例为 1∶3，则 9 万元破产安置费中有 1/3 即 3 万元为男女双方的共同财产，离婚时女方可以从 3 万元破产安置补偿费中分得其中的 1.5 万元，显然，这样分割的结果更容易让人接受。

（二）买断工龄款

买断工龄款，是指企业与员工之间因解除劳动关系而向员工支付的经济补偿，是对员工本人今后生活工作各方面的救济和补偿。

买断工龄款的分割有如下方式：

1. 买断工龄款不属夫妻共同财产，不予分割。

最高人民法院 1999 年 11 月 29 日《全国民事案件审判质量工作座谈会纪要》中关于婚姻家庭纠纷案件的处理问题部分指出，对在婚姻关系存续期间夫妻一方买断工龄款是何种性质的财产，应当如何界定其归属，可采取类推解释的方法，根据其与养老保险金或医疗保险金等所共同具有的专属特定人身的性质，确定其在财产分割中的法律适用原则，不作为夫妻共同财产。

2. 参照"军人复员费、自主择业费"分割方式来分割。

2011 年最高人民法院发布的《全国民事审判工作会议纪要》（法办［2011］442 号）第 51 条规定："对夫妻一方因企业改制等原因获得的'工龄买断款'，可以参照《关于适用〈中华人民共和国婚姻法〉若干问题的解释（二）》第十四条确立的原则处理。"这等于认定了一定情形下（因企业改制等原因）而获得的工龄买断款属于夫妻共同财产，并参照发放到军人名下的复员费、自主择业费等一次性费用来分割。

《婚姻法司法解释（二）》第 14 条规定："人民法院审理离婚案件，涉及分割发放到军人名下的复员费、自主择业费等一次性费用的,以夫妻婚姻关系存续年限乘以年平均值,所得数额为夫妻共同财产。前款所称年平均值,是指将发放到军人名下的上述费用总额按具体年限均分得出的数额。其具体年限为人均寿命七十岁与军人入伍时实际年龄的差额。"下面通过案例理解这种分割方式是怎样的:

案例3-5 军人名下的复员费、自主择业费

男女双方2001年2月28日登记结婚,2014年4月男方起诉离婚。男方自1991年3月起在部队服役至2010年12月以选择自主择业方式退役。男方自主择业费为88 463元,2012年、2013年的每月退役金标准分别为3 552.2元、4 252.6元。请问这些费用如何分割?

本案中,男女双方登记结婚期限为2014 - 2001 = 13年,男方入伍期限为2010 - 1991 = 19年。男方获得的自主择业费为22 549.4元[88 463元 ÷ (70年 - 19年) × 13年],2012年退役金42 626.4元(3 552.2元 × 12月)、2013年退役金51 031.2元(4 252.6元 × 12月),均属于夫妻共同财产,应予分割。男方应向女方补偿58 103.5元[(22 549.4元 + 42 626.4元 + 51 031.2元) ÷ 2]。

(三)抚恤金

在前所述的工伤各种情形的赔偿中,实为企业职工伤亡抚恤金,本部分内容是关于如下两类群体的抚恤金:

1. 国家机关工作人员、人民警察伤亡所获得的抚恤金

根据民政部发布《关于国家机关工作人员、人民警察伤亡抚恤有关问题的通知》(民函[2004]334号)文件规定,国家机关工作人员、人民警察因战因公负伤致残、牺牲、病故等,死亡一次性抚恤金标准适用《军人抚恤优待条例》和《伤残抚恤管理暂行办法》的有关规定办理执行。

运用人身属性模式,该抚恤金具有专属人身的专有属性,属夫妻个人财

产,不予分割。

2. 其他群体因特定原因负伤获得的抚恤金

根据《伤残抚恤管理办法》第2条的规定,该办法除了适用退役军人、人民警察、国家机关工作人员外,还适用下列中国公民:因参战、参加军事演习、军事训练和执行军事勤务致残的预备役人员、民兵、民工以及其他人员;为维护社会治安同违法犯罪分子进行斗争致残的人员;为抢救和保护国家财产、人民生命财产致残的人员;法律、行政法规规定应当由民政部门负责伤残抚恤的其他人员。

适用人身属性模式,该抚恤金具有专属人身的专有属性,属夫妻个人财产,不予分割。

第二节 社会保障

一、养老保险

养老保险,指国家为保障劳动者在达到一定年龄,或丧失劳动能力退出劳动岗位后的基本生活而建立的社会保险制度,它是社会保险中最重要的险种之一。

(一) 养老保险模式

《婚姻法司法解释(三)》第13条规定:"离婚时夫妻一方尚未退休、不符合领取养老保险金条件,另一方请求按照夫妻财产分割养老保险金的,人民法院不予支持;婚后以夫妻共同财产缴付养老保险费,离婚时一方主张将养老金账户中婚姻关系存续期间个人实际缴付部分作为夫妻财产分割的,人民法院应予支持。"

我们将此规定称为养老保险模式,在财产分割上应当注意如下要点:

1. 区分养老保险金和养老保险费。养老保险金指退休时所领取的生活保障费;养老保险费指为了享受保险待遇而缴纳的费用。

2. 离婚时尚未符合退休条件的,养老保险账户中婚姻期间个人缴付的部分属夫妻共同财产,应予分割。

3. 区分实际取得和应当取得的养老保险金。实际取得的养老保险金,因数额确定,已储存在个人工资账户中,在分割时争议不大。对于何为"应当取得"的养老保险金,比如办理了退休手续,养老保险金正在核发当中,取得保险金只是时间上的问题,因此按照实际取得的养老保险金处理。"应当取得"的条件是否成就还取决于法官的主观判断。

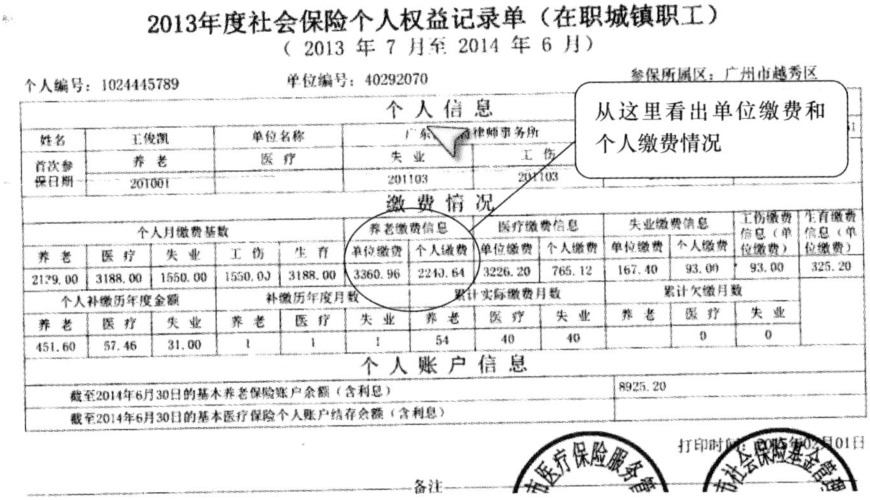

图 3-4 养老保险缴纳情况

(二)不同类型养老保险的分割

1. 企业职工基本养老保险

企业职工基本养老保险也称为国家基本养老保险,是指国家统一政策强制实施的为保障广大离退休人员基本生活需要的一种养老保险制度。

(1)退休情形

① 基本养老金:也称退休金或退职生活费,按月领取,从退休的第二个月发放至该职工死亡为止。

② 医疗补助费:即职工领取退休金、退职生活费期间,依法可享受如下

两类医疗补助费：

第一类，因病或者非因工死亡的，其遗属可以领取丧葬补助金和抚恤金。

第二类，在未达到法定退休年龄时因病或者非因工致残完全丧失劳动能力的，其本人可以领取病残津贴。

③ 职工死亡时，其家属有权依法领取丧葬补助和抚恤金。

上述财产项目中，运用养老保险模式，在婚姻期间取得的基本养老金属夫妻共同财产，应予分割；对于第②③项，要区分看待，如系非死亡情况下产生的病残津贴、抚恤金，具有专属特定人身的属性，属夫妻个人财产，不予分割；如系死亡情况下产生的丧葬补助金和抚恤金，丧葬补助金相当于丧葬费，属交付给第三人的财产，抚恤金是对死者近亲属的抚慰金，属死者近亲属共同所有。

（2）未退休情形

《社会保险法》第10条规定："职工应当参加基本养老保险，由用人单位和职工共同缴纳基本养老保险费。无雇工的个体工商户、未在用人单位参加基本养老保险的非全日制从业人员以及其他灵活就业人员可以参加基本养老保险，由个人缴纳基本养老保险费。公务员和参照公务员法管理的工作人员养老保险的办法由国务院规定。"

可见企业职工基本养老保险缴费视不同的群体，存在由单位和职工共同缴纳、公民个人自行全部缴纳两种情况，无论何种情况都存在个人缴付保险费部分。依据养老保险模式，在婚姻期间养老账户中的个人缴费部分属夫妻共同财产，应予分割。

2. 企业补充养老保险

企业补充养老保险，指企业根据自身经济实力，在国家规定的实施政策和实施条件下为本企业职工所建立的一种辅助性的养老保险，可以由企业完全承担，也可以由劳资双方协议按比例承担。

（1）退休情形

企业补充养老保险项目主要是企业年金，参加企业年金缴纳的企业职工，退休后一次性或定期领取到一笔属补充养老保险金的收入，按婚姻期间取得的养老保险金实际数额来分割。

（2）未退休情形

案例3-6　公司为夫妻一方投保的企业年金

离婚诉讼中，一方主张供电公司为另一方投保的企业年金10万元应作为夫妻共同财产予以分割。

法院经审理认为，根据《企业年金试行办法》第12条规定："职工在达到国家规定的退休年龄时，可以从本人企业年金个人账户中一次或定期领取企业年金，职工未达到国家规定的退休年龄的，不得从个人账户中提前提取资金；出境定居人员的企业年金个人账户资金，可根据本人要求一次性支付给本人。"企业补充保险与企业年金属供电公司为夫妻一方交纳的补充保险，在职工违法、违纪时，企业将予以收回，退休时才能领取，现不符合领取条件，对此不予处理。

根据《企业年金试行办法》第9条的规定，企业年金基金由企业缴费、职工个人缴费、企业年金基金投资运营收益三部分组成，而且这三部分都计入职工企业年金个人账户。可见在分割的时候企业年金时是不需考虑区分单位缴纳部分与个人缴费部分的，这与我们前面提到的住房公积金模式有类似的地方，因此企业年金不能提取并不意味着不能分割，可以运用住房公积金模式，认定个人账户中婚姻期间产生的企业年金数额属夫妻共同财产，应予分割。

3. 个人储蓄养老保险

个人储蓄养老保险，指由职工自愿参加、自愿选择经办机构的补充保险形式。

（1）退休情形

该保险的缴纳费用计入养老保险个人账户，并按不低于同期城乡居民储蓄存款利率计算利息，该利息也计入个人账户，本息均归个人所有。职工离退休后,凭个人账户将储蓄型养老保险金一次性或分期支付给个人,因此可以分割个人账户中婚姻期间产生的养老保险金的本息。

(2) 未退休情形

此种情形下,依据婚后所得模式,个人账户中婚姻期间产生的所有存款属夫妻共同财产,应予分割。

4. 机关事业单位养老保险

《社会保险法》第13条规定:"国有企业、事业单位职工参加基本养老保险前,视同缴费年限期间应当缴纳的基本养老保险费由政府承担。基本养老保险基金出现支付不足时,政府给予补贴。"该费用虽由政府承担,可运用养老保险模式,在婚姻期间养老账户中的个人缴费部分属夫妻共同财产,应予分割。

5. 新型农村社会养老保险

(1) 退休情形

《关于开展新型农村社会养老保险试点的指导意见》中"六、养老金待遇"部分规定:"养老金待遇由基础养老金和个人账户养老金组成,支付终身。中央确定的基础养老金标准为每人每月55元。地方政府可以根据实际情况提高基础养老金标准,对于长期缴费的农村居民,可适当加发基础养老金,提高和加发部分的资金由地方政府支出。个人账户养老金的月计发标准为个人账户全部储存额除以139(与现行城镇职工基本养老保险个人账户养老金计发系数相同)。参保人死亡,个人账户中的资金余额,除政府补贴外,可以依法继承;政府补贴余额用于继续支付其他参保人的养老金。"

新型农村社会养老保险区分基础养老金和个人账户养老金,国家财政全额支付最低标准基础养老金相当养老保险金中的单位缴纳部分,可运用养老保险模式,在婚姻期间个人账户养老金中的缴费部分属夫妻共同财产,应予分割。

(2) 未退休情形

《关于开展新型农村社会养老保险试点的指导意见》在"五、建立个人账户"部分规定:"国家为每个新农保参保人建立终身记录的养老保险个人账户。个人缴费,集体补助及其他经济组织、社会公益组织、个人对参保人缴费的资助,地方政府对参保人的缴费补贴,全部记入个人账户。个人账户储存额目前每年参考中国人民银行公布的金融机构人民币一年期存款利率计息。"

此处的分割对象仅限于个人账户部分,可以运用养老保险模式,婚姻期间所得的个人账户里的金额可以作为夫妻共同财产来分割。

6. 城镇居民养老保险

(1) 退休情形

《关于开展城镇居民社会养老保险试点的指导意见》(以下简称《指导意见》)中"六、养老金待遇"规定:"养老金待遇由基础养老金和个人账户养老金构成,支付终身。中央确定的基础养老金标准为每人每月55元。地方人民政府可以根据实际情况提高基础养老金标准,对于长期缴费的城镇居民,可适当加发基础养老金,提高和加发部分的资金由地方人民政府支出。个人账户养老金的月计发标准为个人账户储存额除以139(与现行职工基本养老保险及新农保个人账户养老金计发系数相同)。参保人员死亡,个人账户中的资金余额,除政府补贴外,可以依法继承;政府补贴余额用于继续支付其他参保人的养老金。"

在分割上,与新型农村社会养老保险分割一样,分割对象仅限于个人账户部分,可以运用养老保险模式,在婚姻期间所得的个人账户里的金额可以作为夫妻共同财产来分割。

(2) 未退休情形

《指导意见》中"五、建立个人账户"规定:"国家为每个参保人员建立终身记录的养老保险个人账户。个人缴费、地方人民政府对参保人的缴费补贴及其他来源的缴费资助,全部记入个人账户。个人账户储存额目前每年参考中国人民银行公布的金融机构人民币一年期存款利率计息。"

可以运用"养老保险模式",城镇居民养老保险在婚姻期间所得的个人账户里的金额可以作为夫妻共同财产来分割。

二、工伤、失业、医疗、生育保险

(一) 工伤保险

工伤,指职工在工作过程中因工作原因受到事故伤害或者患职业病。工伤保险,指因职工而致伤、病、死亡,依法获得经济赔偿和物质帮助的社会保险制度。

1. 发生工伤情形

(1) 工伤医疗期

《工伤保险条例》第30条规定:"职工因工作遭受事故伤害或者患职业病进行治疗,享受工伤医疗待遇。……职工住院治疗工伤的伙食补助费,以及经医疗机构出具证明,报经办机构同意,工伤职工到统筹地区以外就医所需的交通、食宿费用从工伤保险基金支付,基金支付的具体标准由统筹地区人民政府规定。……工伤职工到签订服务协议的医疗机构进行工伤康复的费用,符合规定的,从工伤保险基金支付。"第33条规定:"职工因工作遭受事故伤害或者患职业病需要暂停工作接受工伤医疗的,在停工留薪期内,原工资福利待遇不变,由所在单位按月支付。停工留薪期一般不超过12个月。伤情严重或者情况特殊,经设区的市级劳动能力鉴定委员会确认,可以适当延长,但延长不得超过12个月……"

运用"人身属性模式",医疗费、康复费具有专属特定人身的属性,属夫妻个人财产,不予分割。

伙食补助费、交通费和食宿费可能属夫妻个人财产也可能属第三人财产,视不同情况决定是否可以分割。参见第二章第一节"人身损害赔偿费用"部分阐述。

停工留薪费,是指职工因工负伤、患职业病需要接受工伤治疗而暂停工作,由用人单位继续发给原工资福利待遇。运用"婚后所得模式",停工留薪费属婚姻法第17条规定的"工资"范畴,属夫妻共同财产,应予分割。

(2) 工伤致残

① 生活护理费

《工伤保险条例》第 34 条规定:"工伤职工已经评定伤残等级并经劳动能力鉴定委员会确认需要生活护理的,从工伤保险基金按月支付生活护理费。生活护理费按照生活完全不能自理、生活大部分不能自理或者生活部分不能自理 3 个不同等级支付,其标准分别为统筹地区上年度职工月平均工资的 50%、40% 或者 30%。"

获得生活护理费可以是夫妻一方或第三人。运用"人身属性模式",如护理人员是夫妻一方,护理费具有专属特定人身的属性,属夫妻个人财产,不予分割;如护理人员是第三人,护理费属第三人财产,与夫妻无关。

② 一级至四级伤残的工伤费用

《工伤保险条例》第 35 条规定:"职工因工致残被鉴定为一级至四级伤残的,保留劳动关系,退出工作岗位,享受以下待遇:(一)从工伤保险基金按伤残等级支付一次性伤残补助金,标准为:一级伤残为 27 个月的本人工资,二级伤残为 25 个月的本人工资,三级伤残为 23 个月的本人工资,四级伤残为 21 个月的本人工资;(二)从工伤保险基金按月支付伤残津贴,标准为:一级伤残为本人工资的 90%,二级伤残为本人工资的 85%,三级伤残为本人工资的 80%,四级伤残为本人工资的 75%。伤残津贴实际金额低于当地最低工资标准的,由工伤保险基金补足差额;(三)工伤职工达到退休年龄并办理退休手续后,停发伤残津贴,按照国家有关规定享受基本养老保险待遇。基本养老保险待遇低于伤残津贴的,由工伤保险基金补足差额。职工因工致残被鉴定为一级至四级伤残的,由用人单位和职工个人以伤残津贴为基数,缴纳基本医疗保险费。"

运用"人身属性模式",一次性伤残补助金、伤残津贴均具有专属特定人身的属性,属夫妻个人财产,不予分割。

③ 五级、六级伤残的工伤费用

《工伤保险条例》第 36 条规定:"职工因工致残被鉴定为五级、六级伤残的,享受以下待遇:(一)从工伤保险基金按伤残等级支付一次性伤残补助金,标准为:五级伤残为18个月的本人工资,六级伤残为16个月的本人工资;(二)保留与用人单位的劳动关系,由用人单位安排适当工作。难以安排工作的,由用人单位按月发给伤残津贴,标准为:五级伤残为本人工资的70%,六级伤残为本人工资的60%,并由用人单位按照规定为其缴纳应缴纳的各项社会保险费。伤残津贴实际金额低于当地最低工资标准的,由用人单位补足差额。经工伤职工本人提出,该职工可以与用人单位解除或者终止劳动关系,由工伤保险基金支付一次性工伤医疗补助金,由用人单位支付一次性伤残就业补助金。一次性工伤医疗补助金和一次性伤残就业补助金的具体标准由省、自治区、直辖市人民政府规定。"

运用"人身属性模式",一次性伤残补助金、伤残津贴、一次性工伤医疗补助金、一次性伤残就业补助金均具有专属特定人身的属性,属夫妻个人财产,不予分割。

④ 七至十级伤残的工伤费用

《工伤保险条例》第37条规定:"职工因工致残被鉴定为七级至十级伤残的,享受以下待遇:(一)从工伤保险基金按伤残等级支付一次性伤残补助金,标准为:七级伤残为13个月的本人工资,八级伤残为11个月的本人工资,九级伤残为9个月的本人工资,十级伤残为7个月的本人工资;(二)劳动、聘用合同期满终止,或者职工本人提出解除劳动、聘用合同的,由工伤保险基金支付一次性工伤医疗补助金,由用人单位支付一次性伤残就业补助金。一次性工伤医疗补助金和一次性伤残就业补助金的具体标准由省、自治区、直辖市人民政府规定。"

运用"人身属性模式",一次性伤残补助金、一次性工伤医疗补助金、一次性伤残就业补助金均具有专属特定人身的属性,属夫妻个人财产,不予分割。

(3)工伤致死

《工伤保险条例》第39条规定:"职工因工死亡,其近亲属按照下列规定从工伤保险基金领取丧葬补助金、供养亲属抚恤金和一次性工亡补助金:(一)丧葬补助金为6个月的统筹地区上年度职工月平均工资;(二)供养亲属抚恤金按照职工本人工资的一定比例发给由因工死亡职工生前提供主要生活来源、无劳动能力的亲属。标准为:配偶每月40%,其他亲属每人每月30%,孤寡老人或者孤儿每人每月在上述标准的基础上增加10%。核定的各供养亲属的抚恤金之和不应高于因工死亡职工生前的工资。供养亲属的具体范围由国务院社会保险行政部门规定;(三)一次性工亡补助金标准为上一年度全国城镇居民人均可支配收入的20倍。伤残职工在停工留薪期内因工伤导致死亡的,其近亲属享受本条第一款规定的待遇。一级至四级伤残职工在停工留薪期满后死亡的,其近亲属可以享受本条第一款第(一)项、第(二)项规定的待遇。"

上述规定的丧葬补助金为家属为安葬死者向第三方支付的费用,该费用如果通过有关部门报销回来,则属死者家属共同所有的财产,不宜作为夫妻共同财产来分割;供养亲属抚恤金、一次性工亡补助金是对近亲属抚慰和保障其生活的费用,属死者近亲属共同所有的财产,死者配偶可分得其中一部分。

2. 未发生工伤情形

《社会保险法》第33条规定:"职工应当参加工伤保险,由用人单位缴纳工伤保险费,职工不缴纳工伤保险费。"可见工伤保险费只需由单位缴纳,不存在个人缴纳部分,因此不宜运用"养老保险模式"来分割,在未发生工伤情形下,工伤保险不存在分割的基础。

(二) 失业、医疗、生育保险

1. 失业保险

失业保险,指国家对失业而暂时中断生活来源的劳动者提供物质帮助,以保障其基本生活并促进其再就业的一种社会保障制度。

(1) 发生失业情形

① 失业保险金

《社会保险法》第46条规定:"失业人员失业前用人单位和本人累计缴费满一年不足五年的,领取失业保险金的期限最长为十二个月;累计缴费满五年不足十年的,领取失业保险金的期限最长为十八个月;累计缴费十年以上的,领取失业保险金的期限最长为二十四个月。重新就业后,再次失业的,缴费时间重新计算,领取失业保险金的期限与前次失业应当领取而尚未领取的失业保险金的期限合并计算,最长不超过二十四个月。"

运用"人身属性模式",失业保险金是失业者依法在规定的期间内领取生活费,具有专属特定人身的属性,属夫妻个人财产,不予分割。

② 医疗补助金

《失业保险条例》第19条规定:"失业人员在领取失业保险金期间患病就医的,可以按照规定向社会保险经办机构申请领取医疗补助金。医疗补助金的标准由省、自治区、直辖市人民政府规定。"

运用"人身属性模式",医疗补助金具有专属特定人身的属性,属夫妻个人财产,不予分割。

③ 丧葬补助金和抚恤金

《失业保险条例》第20条规定:"失业人员在领取失业保险金期间死亡的,运用当地对在职职工的规定,对其家属一次性发给丧葬补助金和抚恤金。"《社会保险法》在第49条中也规定:"失业人员在领取失业保险金期间死亡的,运用当地对在职职工死亡的规定,向其遗属发给一次性丧葬补助金和抚恤金。所需资金从失业保险基金中支付。个人死亡同时符合领取基本养老保险丧葬补助金、工伤保险丧葬补助金和失业保险丧葬补助金条件的,其遗属只能选择领取其中的一项。"

丧葬补助金和抚恤金属死者遗属共同所有的财产,不属夫妻共同财产,但死者的配偶可分得其中一部分。

④ 一次性生活补助费

《失业保险条例》第21条规定:"单位招用的农民合同制工人连续工作满1年,本单位并已缴纳失业保险费,劳动合同期满未续订或者提前解除劳动合同的,由社会保险经办机构根据其工作时间长短,对其支付一次性生活补助金。补助的办法和标准由省、自治区、直辖市人民政府规定。"

运用"人身属性模式",仅限于发放给农民合同制工人的一次性生活补助费具有特定人身属性,属夫妻个人财产,不予分割。

(2) 未发生失业情形

《社会保险法》第 44 条规定:"职工应当参加失业保险,由用人单位和职工按照国家规定共同缴纳失业保险费。"可见,失业保险缴费区分个人缴费部分和单位缴费部分,在分割上可以有两种思路:

其一,运用"养老保险模式",将失业保险中婚姻期间已经发生的个人缴费部分当做夫妻共同财产来分割。

其二,运用"人身属性模式",失业保险是提供给失业者在失业期间的生活保障,具有专属特定人身的属性,属夫妻个人财产,不予分割。

2. 医疗保险

医疗保险,指为保障劳动者及其供养亲属非因工患病或负伤后在医疗上获得物质帮助的一种社会保险制度。

(1) 发生医疗保险事故情形

我国医疗保险体系包括城镇职工基本医疗保险(其中包含职工基本医疗保险、企业补充医疗保险和职工个人储蓄医疗保险)、城镇居民基本医疗保险、新型农村合作医疗保险三大类,在发生医疗保险事故时产生的财产项目均为医疗保险金。

运用"人身属性模式",医疗保险金具有专属特定人身的属性,属夫妻个人财产,不予分割。

(2) 未发生医疗保险事故情形

《社会保险法》第 23 条规定:"职工应当参加职工基本医疗保险,由用人单位和职工按照国家规定共同缴纳基本医疗保险费。无雇工的个体工商户、未在用人单位参加职工基本医疗保险的非全日制从业人员以及其他灵活就业人员可以参加职工基本医疗保险,由个人按照国家规定缴纳基本医疗保险费。"可见医疗保险的缴费由个人缴费和单位缴费两部分组成(特殊情况下由个人全部缴纳),在分割上可以有两种思路:

第一种思路,运用"养老保险模式",将失业保险中婚姻期间已经发生个人缴费部分作为夫妻共同财产来分割。

第二种思路,运用"人身属性模式",医疗保险金只能用于被保险人的医疗费用,具有专属特定人身的属性,属夫妻个人财产,不予分割。

3. 生育保险

生育保险,是指国家对生育子女的劳动者给予物质帮助的一项社会保障制度。生育保险的享受对象为参保职工和参保职工的未就业配偶。

(1) 发生生育情形

① 生育的医疗费用:包括妊娠后的产前检查费、产时住院医疗费、因生育引起流、引产医疗费和妊娠期间至产后一段时间因生育并发疾病的住院医疗费。

② 计划生育的医疗费用:包括参保职工及其未就业配偶怀孕,分娩期间及实施节育手术时所实施放置(取出)宫内节育器、流产术、引产术、绝育及复通等手术所发生的医疗费用。

③ 生育津贴:也被称为产假工资,是指依照国家法律规定,在女职工因生育而离开工作岗位期间,所给与的生活费方面的现金补助。

运用"人身属性模式",上述生育的医疗费用、计划生育的医疗费用具有专属特定人身的属性,属夫妻个人财产,不予分割。

运用"婚后所得模式",生育津贴属《婚姻法》第17条规定的"工资"范畴,属夫妻共同财产,应予分割。

(2) 未发生生育情形

《社会保险法》第53条规定:"职工应当参加生育保险,由用人单位按照国家规定缴纳生育保险费,职工不缴纳生育保险费。"可见生育保险费只需由单位缴纳,不存在个人缴纳部分,因此不宜运用"养老保险模式"来分割,在未发生生育情形下,生育保险不存在分割的基础。

三、复员费、自主择业费、伤亡保险金等与军人有关的费用

分割与军人有关的优抚费用,要视军人不同阶段职业状态(现役、退役、死亡等)产生不同的财产项目来作具体分析。

(一) 军人服役情形

1. 等级工资

《现役军官法》第37条规定:"军官实行职务军衔等级工资制和定期增

资制度,按照国家和军队的有关规定享受津贴和补贴,并随着国民经济的发展适时调整。具体标准和办法由中央军事委员会规定。军官按照规定离职培训、休假、治病疗养以及免职待分配期间,工资照发。"

等级工资属工资的一种,运用"婚后所得模式",根据《婚姻法》第17条的规定,在婚姻期间取得的等级工资属夫妻共同财产,应予分割。

2. 住房补贴

《现役军官法》第39条规定:"军官住房实行公寓住房与自有住房相结合的保障制度。军官按照规定住用公寓住房或者购买自有住房,享受相应的住房补贴和优惠待遇。"

运用"住房公积金模式",在婚姻期间取得的住房补贴属夫妻共同财产,应予分割。

3. 军人残疾保险金

《军人保险法》第8条规定:"军人因战、因公、因病致残的,按照评定的残疾等级和相应的保险金标准,给付军人残疾保险金。"

运用"人身属性模式",同时根据《婚姻法司法解释(二)》第13条的规定,"军人的伤亡保险金、伤残补助金、医药生活补助费属个人财产"。故军人残疾保险金属夫妻个人财产,不予分割。

(二) 军人退役情形

1. 退役养老保险补助费

《军人保险法》第13条规定:"军人退出现役参加基本养老保险的,国家给予退役养老保险补助。"它不发放到退役军人手里,而是国家财政将相应的资金连同军人退役养老保险关系转入地方社保系统。

该费用相当于养老保险费,运用"养老保险模式",养老金账户中婚姻期间个人实际缴付的退役养老保险补助费属夫妻共同财产,应予分割。

2. 退役医疗保险补助费

《军人保险法》第20条规定:"参加军人退役医疗保险的军官、文职干部和士官应当缴纳军人退役医疗保险费,国家按照个人缴纳的军人退役医疗保险费的同等数额给予补助。义务兵和供给制学员不缴纳军人退役医疗保费,国家按照规定的标准给予军人退役医疗保险补助。"它不发放到退役军人手里,而是国家财政将相应的资金连同军人退役医疗保险关系转入地方社保系统。

该费用相当于职工医疗保险费,运用"养老保险模式",养老金账户中婚姻期间个人实际缴付的退役医疗保险补助费部分属夫妻共同财产,应予分割。

3. 随军未就业的军人配偶保险补助费

《军人保险法》第25条规定:"国家为随军未就业的军人配偶建立养老保险、医疗保险等。随军未就业的军人配偶参加保险,应当缴纳养老保险费和医疗保险费,国家给予相应的补助。随军未就业的军人配偶保险个人缴费标准和国家补助标准,按照国家有关规定执行。"该费用发放的对象是军人配偶,款项不发放到随军未就业的军人配偶手里,由国家财政将相应的资金连同其养老保险、医疗保险关系转入地方社保系统。

该费用相当于职工医疗保险费,运用"养老保险模式",养老金账户中婚姻期间个人实际缴付的退役医疗保险补助费部分属夫妻共同财产,应予分割。

4. 退役金

《现役军官法》第49条规定:"军官退出现役后,采取转业由政府安排工作和职务,或者由政府协助就业、发给退役金的方式安置;有的也可以采取复员或者退休的方式安置。"

运用"人身属性模式",退役金是为了保障劳动者就业所作的补偿,与劳动经济补偿金类似,具有专属特定人身的属性,属夫妻个人财产,不予分割。

5. 医药生活补助费

医药生活补助费由医药补助费和生活补助费两部分组成。《婚姻法司法解释(二)》第13条规定:"军人的伤亡保险金、伤残补助金、医药生活补助费属个人财产。"同时运用"人身属性模式",退役金具有专属特定人身的属性,该费用属夫妻个人财产,不予分割。

6. 复员费、转业费、自主择业费。《财产分割意见》第3条规定:"在婚姻关系存续期间,复员、转业军人所得的复员费、转业费,结婚时间10年以上的,应按夫妻共同财产进行分割。复员军人从部队带回的医药补助费和回乡生产补助费,应归本人所有。"故复员费、转业费、自主择业费原则上被认定为夫妻共同财产(实践审判中已不受结婚10年时间的限制)运用"人身属性模式";回乡生产补助费具有专属特定人身的属性,该费用属夫妻个人财产,不予分割。

(三) 军人因公因殉职情形

1. 军人死亡保险金

《军人保险法》第7条规定:"军人因战、因公死亡的,按照认定的死亡性质和相应的保险金标准,给付军人死亡保险金。"

《婚姻法司法解释(二)》第13条规定:"军人的伤亡保险金、伤残补助金、医药生活补助费属个人财产。"可见军人死亡保险金属死者遗留的个人财产,应按遗产处理,不能作为夫妻共同财产来分割。

2. 烈士褒扬金

《烈士褒扬条例》第11条规定:"国家建立烈士褒扬金制度。烈士褒扬金标准为烈士牺牲时上一年度全国城镇居民人均可支配收入的30倍。战时,参战牺牲的烈士褒扬金标准可以适当提高。烈士褒扬金由颁发烈士证书的县级人民政府民政部门发给烈士的父母或者抚养人、配偶、子女;没有父母或者抚养人、配偶、子女的,发给烈士未满18周岁的兄弟姐妹和已满18周岁但无生活来源且由烈士生前供养的兄弟姐妹。"

可见,烈士褒扬金指定发放给"烈士遗属",是给予烈士遗属的抚慰金和生活保障费用,为烈士遗属共同共有的财产,不能将其作为夫妻共同财产来分割,死者配偶可以适当分得其中一部分。

3. 因公牺牲一次性抚恤金+一次性工亡补助金+烈士遗属特别补助金

《烈士褒扬条例》第12条规定:"烈士遗属除享受本条例第十一条规定的烈士褒扬金外,属《军人抚恤优待条例》以及相关规定适用范围的,还享受因公牺牲一次性抚恤金;属《工伤保险条例》以及相关规定适用范围的,还享受一次性工亡补助金以及相当于烈士本人40个月工资的烈士遗属特别补助金。不属前款规定范围的烈士遗属，由县级人民政府民政部门发给一次性抚恤金，标准为烈士牺牲时上一年度全国城镇居民人均可支配收入的20倍加40个月的中国人民解放军排职少尉军官工资。"

　　同样，因公牺牲一次性抚恤金、一次性工亡补助金、烈士遗属特别补助金也是指定发放给"烈士遗属"，均属烈士遗属共同共有的财产，不能将其作为夫妻共同财产来分割，死者配偶可以适当分得其中一部分。

　　4. 定期抚恤金

　　《烈士褒扬条例》第13条规定："符合下列条件之一的烈士遗属，享受定期抚恤金：（一）烈士的父母或者抚养人、配偶无劳动能力、无生活来源，或者收入水平低于当地居民的平均生活水平的；（二）烈士的子女未满18周岁，或者已满18周岁但因残疾或者正在上学而无生活来源的；（三）由烈士生前供养的兄弟姐妹未满18周岁，或者已满18周岁但因正在上学而无生活来源的。符合前款规定条件享受定期抚恤金的烈士遗属，由其户口所在地的县级人民政府民政部门发给定期抚恤金领取证，凭证领取定期抚恤金。"

　　《烈士褒扬条例》第14条规定："烈士生前的配偶再婚后继续赡养烈士父母，继续抚养烈士未满18周岁或者已满18周岁但无劳动能力、无生活来源且由烈士生前供养的兄弟姐妹的，由其户口所在地的县级人民政府民政部门运用烈士遗属定期抚恤金的标准给予补助。"

　　可见，定期抚恤金亦是指定发放给"烈士遗属"，属烈士遗属共同共有的财产，不能将其作为夫妻共同财产来分割，死者配偶可以适当分得其中一部分。

第三节　银行账户流水账

一、分割思路

　　（一）整体酌情分割

　　婚姻期间所发生的银行存取款行为，仅说明夫妻共同财产曾经存在，当事人一般无法对每一笔经济收支的合理性进行解释,法官也无法对每一笔经济收支的必要性进行审查,进出款项存在重复的可能,因此全部分割款项不合理,全部不分割款项也不合理,只能酌情认定部分资金作为分割的基数。

案例 3-7　已支取的银行存款

婚姻期间,男方名下的工商银行账户在起诉离婚前两年共发生取款 21 笔,最大一笔取款 52 000 元,最小取款金额 1 000 元,取款共计 250 006 元。

法院经审理认为,男方主张上述取款已使用,提交了三份书面证言,但三个证人与其均是亲戚,具有利害关系,对证人证言不采信;考虑到男方的父亲及女儿患病的事实,确需长期治疗的情况及日常生活支出,酌情认定其中 50 000 元为合理支出,余 200 006 元应予分割。判决由男方补偿 100 003 元给女方。

本案中拟分割的男女双方的银行取款跨越时间长,每笔金额不算太大,总数也不算多,符合一个普通家庭正常支出的状况,在这种情况下要分割这些款项,必须先剔除某些合理的支出,尽管这些支出没有证据显示,但有支出的事实作为基础(比如本案中父亲及女儿患病的事实),剩余款项才作为酌情分割的基数。这与之前提到的工资中的酌情分割方式是一致的,只不过工资是作为银行流水的一种具体形式出现。

(二) 分割某一笔或几笔款项

可以从如下角度来筛选要分割的款项:

1. 感情出现裂痕时间节点之后的款项,可以认定为夫妻共同财产予以分割。如果有多次起诉离婚记录,以某次起诉离婚的时间作为分割银行账户流水账开始的时间点。因为离婚此段时间夫妻感情已经处于不稳定状态,夫妻一方单独控制着资金,另一方没法享有使用资金,对资金去向也不清楚,请求分割这些款项胜诉的可能性很高。

2. 款项较大且不能说明钱款的具体去向，也没有相关证据证明其合理支出，可以认定为夫妻共同财产予以分割。此情形下不受上述第1点关于感情裂痕时间节点的限制，只要在婚姻期间发生此种情形，可以考虑主张分割。

3. 账户的余额。银行账户余额是现实存在的财产，只要是婚姻期间产生账户余额，就可以作为夫妻共同财产分割。

4. 相同金额的数笔款项在不同账户之间走动，时间、银行柜员号均相同，且发生在婚姻期间，只认定为一笔款项来分割为宜，不然会造成重复分割财产。

5. 款项有明确的去向，且可以合理解释款项用途的，基于已消耗完毕的事实，不作为夫妻共同财产来分割。

6. 部分款项发生在某笔较大款项提取之后才陆续接着发生变动，部分款项金额之和与该笔较大款项金额基本一致，可视为对较大笔款项的分批支取，只认定较大一笔款项作为夫妻共同财产来分割，否则可能导致重复分割。

案例3-8　如何筛选拟分割的银行资金

某一离婚案中，从对银行流水账单中的进出资金中筛选拟分割的款项时，可先制作表格来做个宏观分析：

第一类：邮政储蓄银行账户：6＊2320

序号	转移金额	转移时间	转移方式	账单页码/备注
1	45 000	2006/01/02	现金支取	2

此类追究的金额为45 000元

第二类：农业银行账号9＊5411

序号	转移金额	转移时间	转移方式	账单页码/备注
1	30 000	2006/02/21	现金支取	3
2	45 000	2006/03/10	转账	3
3	90 000	2006/07/20	现金支取	4

此类追究金额165 000元。

第三类:农业银行账号 6＊6015

序号	转移金额	转移时间	转移方式	账单页码/备注
1	10 000	2006/05/19	现金支取	8 不予追究
2	100 000	2006/05/28	现金支取	8 买房,不予追究
3	63 000	2006/06/07	现金支取	8 买房,不予追究
4	49 900	2006/06/12	现金支取	8 买房,不予追究
5	20 550	2006/06/14	现金支取	9 不予追究
6	25 050	2006/06/14	现金支取	9 不予追究
7	31 000	2006/06/20	现金支取	9
8	102 000	2006/06/26	现金支取	9
9	82 000	2006/06/28	现金支取	9 装修,不予追究
10	95 000	2006/07/09	现金支取	10 装修,不予追究
11	200 100	2006/07/31	现金支取	10
12	10 000	2006/08/02	现金支取	10 不予追究
13	219 800	2006/08/09	消费	10 买车,不予追究
14	15 000	2006/08/13	现金支取	11 不予追究
15	86 000	2006/08/13	现金支取	11 家具,不予追究
16	40 000	2006/08/13	现金支取	11
17	240 700	2006/08/14	转账	11
18	60 100	2006/08/16	现金支取	11
19	70 000	2006/08/16	现金支取	11
20	30 000	2006//08/24	现金支取	11
21	108 760	2006//08/27	现金支取	11
22	80 000	2006/08/28	现金支取	11
23	64 000	2006//08/30	现金支取	12
24	50 000	2006//08/31	现金支取	12
25	84 000	2006//09/01	现金支取	12

（续表）

序号	转移金额	转移时间	转移方式	账单页码/备注
26	20 000	2006//09/21	现金支取	12 不予追究
27	61 000	2006//09/26	现金支取	12
28	100 000	2006//09/28	转账	12
29	10 000	2006/10/20	现金支取	13 不予追究
30	10 000	2006/11/01	现金支取	13 不予追究
31	90 000	2006/11/27	转账	13
32	88 500	2007/01/12	转账	14
33	71 100	2007/01/15	转账	14
34	23 000	2007/01/28	现金支取	14 不予追究
35	90 500	2007/01/28	转账	14
36	49 350	2007/02/13	现金支取	14
37	108 700	2007/02/20	现金支取	15
38	20 000	2007/03/18	转账	15 不予追究
39	110 000	2007/03/21	转账	15
40	110 300	2007/03/25	转账	15
41	49 990	2007/04/29	现金支取	16
42	20 000	2007/04/30	现金支取	16 不予追究
43	110 100	2007/05/04	转账	16
44	10 000	2007/05/04	现金支取	16 不予追究
45	80 000	2007/05/19	转账	16
46	46 000	2007/05/26	现金支取	16
47	10 000	2007/07/05	现金支取	17 不予追究
48	400 000	2007/07/05	转账	17
49	20 000	2007/08/03	现金支取	17 不予追究

此类追究金额 2 727 100 元。

对以上银行账单的说明：

（1）银行流水账单反映的是2006年1月1日至2007年8月3日（协议离婚日），即被告在离婚前一年半时间内的财产转移情况；因复印银行流水账单左边显示的时间日期模糊，经与法院原件核对后，将时间日期标注在右边便于查看。

（2）原告此次诉讼追究的被告转移财产数额，是依据银行流水账单以如下标准提取计算出来的：

① 10 000元以下的数额，合计至少有126 000元，原告不作追究，视为离婚前一年半时间内对小孩抚养、夫妻共同生活正常的需要所支出之费用。（注：因该费用项目众多、琐碎，本清单没有罗列，请查银行账单核对）

② 10 000元以上30 000元以下的数额，合计213 600元，考虑到夫妻生活中额外的需要及被告工作的需要，原告也将离婚前一年半时间内这些数额不小的支出视为用于夫妻共同生活而给予最大限度的剔除，不予追究。（注：系列表中单独标有"不予追究"四个字眼的项目）

③ 30 000元以上的数额，考虑到离婚前买房、装修、购置家具、买车这几项重大事项，合计694 900元，给予剔除，不予追究。（注：系列表中标有诸如"买车，不予追究"说明字眼的项目）

对银行账单中反映的以上三项不予追究的金额合计984 500元。

④ 没有特别注明"不予追究"的，无论是以现金提取方式，还是以转账方式转移，被告没有证据证明其用于夫妻共同生活，原告均视为被告转移藏匿夫妻共同财产行为而给予追究，追究金额合计2 937 100元。

通过以上的分析，原告得出合计诉讼标的金额为：

第一类45 000元＋第二类165 000元＋第三类2 727 100元＝2 937 100元

二、诉讼请求

（一）诉讼请求的提出

1. 确定分割银行流水账单的时间点

银行账户流水账跨越时间长，进出频繁，可以先根据上节内容确定某个时间段的流水账单作为分割基数。

案例3-9　银行账户中被转移的巨额资金

离婚诉讼中，经查，男方名下的工商银行账户在离婚前两年发生巨额资金转移，单笔万元以上的资金总计约563万元；另外一个工商银行账户在离婚前两年该账户万元以上转账约297万元，男方无法对上述账户资金去向进行合理解释。

法院经审理认为，应以双方分居后到离婚起诉这一年的时间作为分割银行流水账户的时点，自起诉离婚一年之内男方工商银行账户中大笔支出金额总计为2 624 500元，属夫妻共同财产，应予分割。判决男方补偿女方该笔共同财产的一半即1 312 250元。

确定分割银行账户流水账单的起算时间点，是为了缩小分割范围，抓住重点，但在部分案例中很难确定分割的时间点，要计算具体的诉讼标的就存在问题。解决问题的办法有如下：

（1）全部支出的款项简单相加。凭借账户的流水清单，将账户内的全部支出相加，该算法优点是简单易行，弊端在于可能导致重复计算支出，推高了资产总值，结果难以让人信服。

（2）将流水账单中金额较大的款项相加，抛弃小金额，抓大放小。

2. 明确要分割款项的具体时间、金额，明确要分割哪几笔款项。

在立案时不清楚对方的银行流水账单情况，但又想提出分割请求，怎么办？可在起诉状的诉讼请求中单独列出对流水账单的分割请求，可以表述为"关于存款申请法院调查，请求法院对调查结果依法进行分割"，同时在立案时提交调查取证申请书，申请法院对银行账户流水账进行调查。开庭前银行会将流水账单反馈给法院，当事人将调查结果复印后进行研究，再确定要分割的具体款项和总的诉讼标的。

3. 不轻易主张转移隐匿财产的观点

转移隐匿夫妻财产的后果是可能被少分甚至不分财产，相对应，没有转移隐匿夫妻财产的一方可以多分甚至分得全部财产，这也成为离婚案件中一种常见的诉讼策略，但需知道，单纯的流水账异动不能证明夫妻一方进行了转移财产，证明不了钱款的去向，也不能据此推导出财产被转移，还是需要承担转移隐匿财产的举证责任。为避免举证不能而被驳回诉讼请求的风险，有效办法是直接主张全部或部分流水账明细就是夫妻共同财产请求予以分割，对是否转移财产避开不谈。

案例 3-10　离婚后发现一方转移巨额存款

男女双方协议离婚后不久，女方经调查得知，男方在诉讼前隐匿并转移了数额巨大的银行存款，于是提起诉讼主张分割转移隐匿的财产。经查，男方名下的两个账号资金在协议离婚前一年出入流水清单共存入款项32笔，合计总额为4 778 300元，其中3万元以上的取款或转账支出有47笔，女方主张扣除数额为994 900元的离婚买房、装修、购置家具、购买车辆费用后，余额应作为被告隐匿、转移的夫妻共同财产而予以主张分割。

法院经审理认为，男方的账户中支出和存入的款项和次数相当，女方主张支出的款项均为被告隐匿、转移的夫妻共同财产，这种推理不合逻辑，没有事实和法律依据。女方在庭审中承认男方经营油品生意，因此男方存在利用该账户作为其资金来往平台的可能性，该账户有大笔资金出入，应属正常的交易情形，女方认为应由男方举证证明支出款项的用途，但主张支出的款项属被告隐匿、转移的夫妻共同财产的意见是女方提出的，根据民事诉讼"谁主张，谁举证"的证据规则，该项举证责任由女方承担，但女方未能提供证据证明上述主张，应承担举证不能的后果。判决驳回女方诉讼请求。

对是否转移隐匿财产，法院可以从银行流水账异动情况，结合当事人职业背景，庭上当事人的陈述综合作出判断。女方在诉讼中存在一种认识误区，认为只要打印出银行流水账单，只要不清楚资金使用情况，男方只要无法合理地解释资金去向,就可以认为其存在转移隐匿财产行为,并且转移财产的举证责任应当在男方,结果女方缴纳了很多诉讼费还是败诉。

(二)如何对分割银行账户流水账进行抗辩

1. 抗辩思路之一:夫妻财产已合理消耗完毕

银行流水账单资金进出频繁,累计金额巨大,一方想按一定金额来作为夫妻财产来分割,另一方则想办法证明拟分割的资金已合理消耗完毕。

案例 3-11　夫妻双方的银行账户流水账资金总额

离婚诉讼中,男方申请法院对女方的银行账户流水账进行查询,经查,女方名下的银行存款自起诉离婚前半年之内已支取款项累计 155 000 元,男方请求法院判决支取总额的 50% 即 77 500 元归其所有。女方同样申请法院对男方的银行账户流水账进行查询,经查属男方名下的银行存款自起诉前一年之内已经支取的款项合计 142 300 元,女方请求法院判决支取总额的 50% 即 76 150 元归其所有。

法院经审理认为,双方当事人主张其支取的款项用于正常生活或经营之需,但均未能就此举证证实,考虑相应款项已实际支出使用,且双方支取的数额相当,故法院认定所支取的款项归各自所有,无需再行分割处理。

本案对银行流水账单资金不予分割处理,一方面是因为夫妻双方账户进出的资金总量大致相当,另一方面是考虑到这些资金已全部用于家庭生活,已消耗完毕,不存在分割的前提,这个与之前谈到的工资中的"不予分割"方式也是一致的。提示我们平常注意对生活票据的收集。对某些票据必须附上产生票据事实的证据,比如提供医院的医疗费发票,必须同时提供住院证明、诊断证明等,否则该证据很可能不被支持。还可以提供证人证言来佐证,证人最好能出庭作证。这些证据能收集的就尽量收集,也许不一定能将证据收集完整,法院也可能酌情确定一定金额作为成本支出,客观上达到减少分割财产的效果。

2. 抗辩思路之二：查询对方的银行账户流水账单进行冲抵

因为夫妻双方互有账单，数额相抵，也就不存在分割的必要。

3. 抗辩思路之三：财产归夫妻一方所有

分析离婚协议书是否约定已将财产约定归一方所有，或者要将讼争的财产合理解释成属"其他财产范围之内"，与对方无关。

4. 抗辩思路之四：离婚时财产已处理完毕

根据案情，可以通过双方签订的书面财产约定、离婚协议、法院调解书、判决书等证据来判断争议的财产是否已处理完毕。

5. 抗辩思路之五：对方知情

夫妻一方主张另一方存在转移隐匿财产行为，另一方可以从对方知情的角度进行抗辩。要证明对方知情，最好的证据种类是书证。

案例3-12　如何证明夫妻对资金使用情况知情

离婚诉讼中，女方主张对男方名下的几个银行账户的存款进行分割。男方提供了银行个人信贷基本信息及还款明细、个人经营贷款申请表、共同承担债务承诺、银行核保书、告知书、公司股东会决议、银行个人贷款借款凭证、借款合同、商业汇票银行承兑清单、承兑合同、公司领付款凭证、缴纳社保明细单等证据，来证明夫妻实际对资金情况是清楚的，对方对财产状况是知情的。

法院经审理认为，女方主张男方在离婚时隐匿夫妻共同财产，应当举证证明男方实施了隐匿夫妻共同财产的行为。男方将涉案工商银行作为归还双方共同借款的还款账户，并曾使用涉案农业银行账户向女方汇款，女方又称其离婚后从家中找到了有关银行账户的相关材料，由此可知，男方在对外进行经济往来时并未隐瞒该些账户的存在，且将其银行账户相关材料随意放置在双方共同居所，其并无隐匿的主观意图。其次，男方举证在婚姻期间存在三笔借款，且借款期限均于双方离婚后数月即届满，女方作为共同借款人应当知晓夫妻共同财产应足以归还上述借款，即女方应知晓男方的账户中留存的钱款金额应与借款金额相当。第三，男方经营三家公司，男女双方婚后也购买了房产车辆若干,可见经济收入颇丰,双方名下必然拥有一定数额的存款,女方称除双方在离婚协议中列明的共同财产外,"其他共同财产"仅指家中的家具家电等,其并无证据证明,也与常理不符,女方应当承担举证不能的后果。判决驳回女方的诉讼请求。

本案判决从多个角度对"知情"进行了阐述,令人信服。

三、风险防范

(一) 银行账户流水账上最好有文字摘要、交易注释

银行账户流水账标注了交易注释,在财产分割中可免除部分举证责任。

案例3-13 有文字摘要的银行账户明细清单之一

离婚诉讼中,男方主张对女方名下银行账户及证券股东账户资金进行分割。证据显示,女方名下股东账户上总资产为67 562.82元;起诉前两年,女方分12次转金额168 790.75元至其名下银行卡,账户支出金额约40多万元,离婚时余额为4 225元。

法院经审理认为,女方名下证券股东账户上资产、银行卡余额属男女双方的共有财产;168 790.75元已被支出,文字摘要为"第三方存管保证金转活期",属夫妻共同财产;支出的其他金额合计298 190.59元,大部分为双方分居后的收入,账户明细清单摘要显示部分支出用途,文字摘要表现为"工资、双薪、过节费、报销、餐费、机票、还税款"等,每笔数额基本为5 000元以下,双方分居后,女方亦必然有生活等方面支出,结合账户持续稳定的存取款记录,不符合转移存款的特征。男方主张女方转移了298 190.59元的观点不成立。判决已支取的168 790.75元、余额4 225元属夫妻共同财产,女方补偿男方86 507.9元[(168 790.75元 + 4 225元) ÷ 2]。

本案除了根据资金进出的特征来判断是否属转移财产外,最重要的是依据支出的交易注释免除了女方对资金去向解释的麻烦和举证的困难。

案例3-14 有文字摘要的银行账户明细清单之二

男方名下银行卡的历史明细显示：离婚诉讼前两年，该卡中每月均既有钱款存入也有支取，每月月初余额均归零，离婚时该卡中余额为0元，存入的方式有直付通交易（网上交易）、CDS存款（柜员机存款）、柜台现存，主要的支取方式为信用卡、银联ATM（柜员机取款）、客户转账、直付通交易（网上交易），大笔金额支出前先通过柜台或柜员机存款入卡，绝大多数资金通过客户转账支出，大多明确显示转账用途（如水电费、货款、退款、印刷费、十月工资、团购素材等）及客户姓名。男方认可近两年该卡用于家用的支出为145 253元。离婚诉讼中，女方主张男方擅自转移了银行卡款项50万元，应予分割。

法院经审理认为，男方名下银行卡提取的款项，每月均有存入和支出，且月存入与月支出基本持平，在大笔支出前大都先通过柜台或柜员机存款入卡，且交易明细中已明确了大部分款项支出的用途和客户姓名，可认定该卡除了用于家庭日常开销外，也用于公司业务开支。结合银行卡交易明细中资金往来情况，考虑男方收入情况、家庭合理开销、公司开支因素，女方主张男

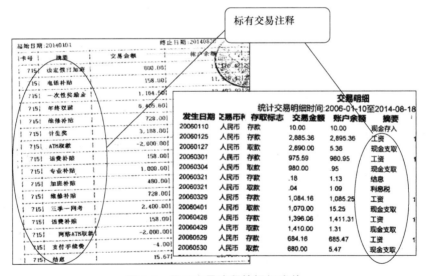

图3-5 显示交易注释的银行账单

方恶意转移银行卡中存款的依据不足。判决驳回女方的诉讼请求。

本案男方之所以胜诉,仍然是因为银行账户流水账收支有交易注释,免除了自身的举证责任。

交易日期	币种	钞/汇	注释	借/贷	发生额	结余	地区号	网点	柜员	交易代码	对方账号
20060730	人民币	钞	支取	支出	7700.00	17.97	2015	251	1882	2701	
20060801	人民币	钞	汇款	存入	60000.00	60017.97	2015	293	2438	2713	
20060801	人民币	钞	支取	支出	50000.00	10017.97	2015	251	1797	2701	
20060801	人民币	钞	支取	支出	10000.00	17.97	2015	251	1797	2701	
20060807	人民币	钞	退保	存入	5000.00	5017.97	2015	299	2	2420	
20060808	人民币	钞	支取	支出	5000.00	17.97	2015	290	1108	2701	
20060810	人民币	钞	退保	存入	7000.00	7017.97	2015	299	2	2420	
20060813	人民币	钞	支取	支出	7000.00	17.97	2015	229	2593	2701	
20060830	人民币	钞	退保	存入	35000.00	35017.97	2015	299	2	2420	
20060830	人民币	钞	支取	支出	20050.00	14967.97	2015	240	1946	2701	
20060830	人民币	钞	支取	支出	4800.00	10167.97	2015	251	1882	2701	
20060901	人民币	钞	支取	支出	10000.00	167.97	2015	290	1485	2701	

图 3-6 没有显示交易注释的银行账单

(二)避免单位资金经过个人账户

有些企业常使用员工的个人账户来进行公司业务来往,长时间下来,资金进出记录相当频繁,要花费很大时间精力才能辨认出哪些是公司单位的资金,对员工尤其是高级管理人员而言,在离婚时财产分割就会产生很大麻烦。

面对这类走动着大量单位资金的个人账户,要根据资金进出的期间长短、频率、金额大小、当事人职业背景、工作性质等角度综合分析,证明流水账明细符合公司单位业务来往特征(也就证明了不符合家庭消费习惯),不应作为夫妻共同财产来分割。无法根据流水账特征来解释的资金,需要申请法院向单位相关人员调查来确定资金的性质。

案例3-15 公司利用员工账户进行业务往来之一

离婚诉讼中,男方名下的银行客户对账单及银行账户交易明细清单显示,男方在离婚诉讼前一年内共取款256 000元。对银行卡的取款记录,男方辩称该卡系其所在公司员工工资发放卡及公司资金往来卡,该份清单上摘要一栏中亦可以反映除代发工资属男方的工资外其余均属公司业务。同时男方甲对银行卡内所有现金存入款来源均称不清楚。

法院经审理认为,银行客户对账单显示该卡每月有多笔大额存取款记录,而多笔款项存取款时间均非常接近,金额相近,符合公司业务往来特征,并不符合一般家庭的积蓄习惯。女方在庭上亦认可男方是一名普通的公司员工,其年收入不到 5 万元,该张卡上的现金流入额远超过男方的收入水平,而对该张卡上的现金流入无合理解释,故男方辩称符合客观实际,予以采信。判决驳回女方关于分割该项财产的诉讼请求。

本案判决将夫妻一方的收入与银行账户流水账金额相比较,结果相差悬殊,得出进出账户的是单位资金,不失为一种新颖的角度。

案例 3-16　公司利用员工账户进行业务往来之二

婚姻期间,男方名下的银行工资账户曾从香港转入美元 49 484.69 元。男方将美元 49 484.69 元取出并以职工报酬和赡家款的名义兑换成人民币 330 310.31 元再存入同一账户,同时取现 330 310.31 元。在该款转入前和转出后,账户余额均为 14 266.94 元。另,男方同一账户再次从香港转入美元 49 940.38 元,其也将美元全部取出并以前述相同名义兑换成人民币 328 775.27 元,同时转入案外人刘某的账户。在该款转入前和转出后,男方账户余额均为 12 860.67 元。另查,男方曾经是货运公司的负责人。货运公司出具证明称,上述香港分公司分两次汇入当时本公司员工男方的中国银行的个人账户款项,其分别将美金兑换成人民币交给了公司空运部的经理和转账至公司前负责人,这两笔美金系公司香港业务临时借用男方的个人银行账户所发生的周转资金,而非男方的个人收入所得。离婚诉讼中,女方主张对两笔金额 330 310.31 元、328 775.27 元进行分割。

法院经审理认为,经法院致电该公司财务、总经理、空运部经理等相关人员对于证明内容进行核实,结合两笔款项取款、转账前后的账户情况以及刘某时为货运公司负责人的事实,对男方提供的上述证明予以认定。女方主张将该两笔款项作为夫妻共同财产分割缺乏事实根据,不予支持。判决驳回女方诉讼请求。

　　本案中,当事人申请法院对银行账户资金状况进行调查,查清个人账户中大量进出资金实属单位业务来往资金的事实,这种借助法院调查的策略是案件中经常要考虑到使用到的。在笔者办理的一个离婚案中也出现类似的情况,男方认为,银行账户流水账单进出资金频繁,数额累计庞大,有具体的消费或支出费用地点,与普通家庭支出情况完全不相符合,男方请求单位向法院出具书面说明,最终法院对男方名下的银行账户流水账不予分割。

附:

说　明

　　鉴于2012年3月总部监审部对我司进行资金安全检查提出的整改意见,要求我司报销员工的成本费用都要通过集团的结算中心网上银行支付,不得以现金形式支付,所以,我司为总经理开设的用于开展业务开支的中国银行借记卡,储蓄本账号:＊＊＊。从2013年4月份开始至今,总经理所有开展业务的成本费用,我司都是通过网银支付到他的工资储蓄卡。

公司财务部
2013年10月22日

第四章　夫妻财产分割与合同法的结合

《合同法》第2条规定:"本法所称合同是平等主体的自然人、法人、其他组织之间设立、变更、终止民事权利义务关系的协议。婚姻、收养、监护等有关身份关系的协议,适用其他法律的规定。"据此,有人认为与婚姻关系有关的财产协议是有关身份关系的协议,不适用合同法的规定。随着民法理论的深入发展,目前普遍认为,《合同法》第2条中的身份合同仅指没有财产内容的身份合同,婚姻关系是种身份关系,通常不受合同法的调整,但婚姻关系领域内涉及财产分割的合同与一般民事合同并无本质差别,如不适用《合同法》,婚姻法中关于夫妻财产分割的很多问题就难得到解决。因此在法律适用上,婚姻法、继承法中有特别规定的,遵从其规定,没有规定的,适用《合同法》的规定。

第一节　赠 与 合 同

一、赠与所得

《婚姻法》第17条规定:"夫妻在婚姻关系存续期间所得的下列财产,归夫妻共同所有:……(四)继承或赠与所得的财产,但本法第十八条第三项规定的除外……"同时第18条规定:"有下列情形之一的,为夫妻一方的财产:……(三)遗嘱或赠与合同中确定只归夫或妻一方的财产……"

赠与财产的分割有如下方式:

1. 婚后,无论是第三人对夫妻一方赠与财产,还是夫妻一方以个人财产赠与给配偶,财产原则上属夫妻共同财产,应予分割。

2. 有证据证明财产赠与给夫妻一方的,无论是婚前赠与还是婚后赠与,财产属夫妻个人财产,不予分割。

案例 4-1　一方婚前款项婚后存入对方的名下

婚前,女方工作多年,留下积蓄 30 万元。婚后女方将钱款以男方的名义存入银行,男方对此事并不知晓。离婚时,男方发现存款后,主张该款是女方赠与他的,请求法院判决该款属其个人所有。

法院经审理认为,女方既未告知男方存款的事实,也没有在事后以书面或口头方式明确表示将存款赠与男方,不能将存款在男方名下当做是赠与意思表示;男方直到离婚时才知道女方以他的名义存款事实,表明男方还没有成为受赠方,更不存在接受赠与款项的问题,因此赠与合同不成立,该存款仍属女方个人财产,不予分割。判决驳回男方的诉讼请求。

本案判决没有生硬套用"婚后所得模式",将婚后夫妻一方取得存款认定为夫妻共同财产,而是分析了存款来源于婚前,认定钱款的存放地方虽然出现变化,并未改变钱款归属个人的性质。判决从赠与的意思表示角度入手,一方没有受赠与的意思表示,认定赠与不成立,从而辨别出赠与财产的性质。

案例 4-2　婚后一方将在自己名下的父母存款提取出来归还父母

婚后,男方从其母亲的银行账户中代取 61 350 元,并于当日存入自己名下,离婚诉讼前两个月,男方将该款取走,称该款是其帮母亲存的,现已还给其母。离婚诉讼中,女方主张该款是夫妻共同财产,请求依法分割。

一审法院经审理认为,款项系男方从其母亲账户内取出,并在银行取款凭证上标明"给儿子的钱",男方虽否认是其母亲赠与,称是帮代存,但由男方母亲亲笔书写,该款应认定为男方母亲赠与男方,且该款于取出之日已存入男方账户,该赠与已成立并生效,该款属男方的个人财产,不予分割。

二审法院经审理认为,经查明,男方母亲首先以其个人名义在银行存款60 000元,存期一年,约定利息1 350元。后男方代其母亲将该款本息61 350元取出后存入男方账户内,因该款的存款时间发生在男女双方结婚之前,故该款应为男方的个人财产。女方主张该款为夫妻共同财产,没有事实和法律依据。同时因男方否认系其母亲赠与的款项,且男方母亲亦未明确将该款赠与给男方,现男方主张已将该款取出后归还给其母亲,赠与合同不成立,一审仍将该款认定为男方母亲赠与给男方的款项不当,该款为男方母亲的个人财产。法院判决驳回女方的诉讼请求。

上述两个案例,均涉及如何判断赠与成立的问题。《合同法》第185条规定:"赠与合同是赠与人将自己的财产无偿给予受赠人,受赠人表示接受赠与的合同。"赠与法律关系的成立,是分割赠与财产的前提。判断赠与是否成立的要件之一是,赠与人存在自愿将其财产无偿给与受赠人的意思表示,受赠人也存在表示愿意接受其财产的意思表示,也就是说双方意见表示一致,赠与才能成立。"意思表示"成为判断赠与法律关系是否成立的一个重要入口。

二、房产变更登记之前撤销赠与

《婚姻法司法解释(三)》第6条规定:"婚前或者婚姻关系存续期间,当事人约定将一方所有的房产赠与另一方,赠与方在赠与房产变更登记之前撤销赠与,另一方请求判令继续履行的,人民法院可以按照合同法第一百八十六条的规定处理。"《合同法》第186条规定:"赠与人在赠与财产的权利转移之前可以撤销赠与。具有救灾、扶贫等社会公益、道德义务性质的赠与合同或者经过公证的赠与合同,不适用前款规定。"在适用上应当注意如下几点:

1. 标的:房产。
2. 产权:房产没有办理产权变更手续。
3. 主体:赠与行为发生在夫妻之间。
4. 《合同法》第186条规定的是赠与的任意撤销权。《合同法》第192

条、第193条还规定了赠与的法定撤销权,它是指基于法定事由出现时对赠与行为所行使的撤销权。

不属《婚姻法司法解释(三)》第6条规定的赠与财产情形的,可依据合同法任意撤销理论、法定撤销权理论来行使赠与的撤销权。

案例4-3　婚前一方对另一方承诺给付婚姻保障金

婚前,男方承诺将现金15万元作为"婚姻保障金"存入女方的名下账户归其所有和支配。直到离婚时男方还没有履行承诺,离婚诉讼过程中,女方要求法院判决男方赔偿15万元给女方。

法院经审理认为,钱款作为动产的一种形式,没有交付给女方,钱款的所有权没有转移,没有被女方占有,因此男方可以撤销赠与。判决驳回女方的诉讼请求。

本案依据《合同法》第186条规定的任意撤销权理论作出了判决。根据该条规定,赠与人在赠与财产的权利转移之前可以撤销赠与;具有救灾、扶贫等社会公益、道德义务性质的赠与合同或者经过公证的赠与合同,不适用前述规定。

案例4-4　法院调解书中的房产赠与是否可以撤销

离婚诉讼中,男女双方在法院主持下达成调解协议:小汽车归男方所有,车的按揭贷款由男方承担;房屋一套归孩子所有;其他财产归女方所有;各人其他的债权由各人享有,各人其他的债务由各人自行承担。离婚后,女方起诉要求撤销调解书中的房产赠与。

法院经审理认为,调解协议中房产赠与孩子的约定,在未成年子女没有表示承诺的情况下,不符合赠与合同的构成要件,并不形成房产赠与合同,房产仍属夫妻共同财产。判决驳回女方的诉讼请求。

本案判决的理由是赠与关系不成立,故赠与财产性质没有变化,判决依据的事实是"未成年子女没有表示承诺",遵循的仍是我们之前提及的判定赠与是否成立中的"意思表示"标准,如果未成年子女在庭审中明确表示接受赠与呢?这种判决的理由就值得磋商。我们可以寻求到一个更好的支持撤销赠与的理由,就是财产权利转移标志问题。《合同法》第187条规定:"赠与的财产依法需要办理登记等手续的,应当办理有关手续。"如果是动产,以交付作为权利转移的标志。不动产,则以登记过户作为权力转移的标志。本案中,房屋没有办理过户登记手续,所有权尚未转移,赠与房屋的夫妻一方可以主张撤销财产的赠与。

三、父母为子女出资购房

(一)父母出资购房模式

《婚姻法司法解释(二)》第22条规定:"当事人结婚前,父母为双方购置房屋出资的,该出资应当认定为对自己子女的个人赠与,但父母明确表示赠与双方的除外。当事人结婚后,父母为双方购置房屋出资的,该出资应当认定为对夫妻双方的赠与,但父母明确表示赠与一方的除外。"

我们将此规定称为"父母出资购房模式",在财产分割上应当注意如下要点:

1. 时间:区分婚前和婚后。婚前出资的,原则上视为对自己子女的个人赠与;婚后出资的,原则上视为对夫妻双方的共同赠与。出资属借贷关系的,先将借贷金额扣除后再将剩余价值作为分割基数。

2. 标的:房屋。

3. 出资人:夫妻双方的父母。

(二)父母出资购房模式的运用

案例4-5　夫妻双方及父母共同出资购房之一

婚后,以男方名义购买房屋一套,总价款315 568元,产权登记在女方名下。离婚诉讼中,男方主张,房屋的首付款155 568元,由男女双方共同出资,自筹资金15 568元,向女方父亲借款14万元;贷款16万元由双方共同偿还。女方则主张,首付款155 568元,由女方父亲出资,支付定金1万元付现金,首付款14万元从女方父亲的存折支取,其余5 568元付现金;贷款16万由女方独自偿还。

庭审中,女方申请其父亲作为证人出庭作证,其父在法庭上明确表示,诉争房屋他出资15万余元,并非男方所述借贷,诉争房屋登记在女方一人名下仅仅是对女方个人的赠与。经评估,房屋价值654 583元。

法院经审理认为,男方主张为借贷,但其并未提供证据予以证明且女方的父亲出庭表示否认,实际生活中,父母出资为子女购买房屋,一般不会考虑子女婚姻解体的情况,按照习惯也不会与子女签署书面协议,如将诉争房屋认定为夫妻共同财产,违背了父母为子女购房的意愿,也侵害父母利益。女方父亲的出资行为发生在双方结婚后,且诉争房屋登记在女方名下,结合证人证言,故女方父亲的出资为对女方个人的赠与。房屋在婚后由男方签订购房合同并支付房款,属夫妻共同财产,考虑到产权登记在女方名下,女方父母对房屋出资占了购房款大部分比例,女方给予男方的补偿款应酌情调整为宜。判决房屋归女方所有,女方补偿男方28万元。

本案运用父母出资购房模式认定赠与的性质,即当事人结婚后,父母为双方购置房屋出资的,该出资应当认定为对夫妻双方的赠与,但父母明确表示赠与一方的除外。本案是通过在庭审过程中申请女方父亲作为证人身份出庭作证的证言的方式,来判断女儿父亲的出资这个行为性质系对其女儿的单方赠与。

案例4-6　婚后夫妻双方及父母共同出资购房之二

婚后,男女双方出资28.8万元共同购买了一套房屋,另外男方的父母出资14万元。离婚诉讼中,双方均要求依法分割房屋。

法院经审理后认为,房屋系婚后共同出资购买,应认定为夫妻共同财产。男方父母出资的初衷是希望双方能持久稳定地维系婚姻关系,出资应当认定为对双方的赠与。判决房屋归男方所有,男方支付女方房屋价款 194 750 元。

本案运用父母出资购房模式来判决,即当事人结婚后,父母为双方购置房屋出资的,该出资应当认定为对夫妻双方赠与,但父母明确表示赠与一方的除外。房屋补偿款不完全按平均分割[(28.8 万元 + 14 万元) ÷ 2]的方式来处理,而是考虑了案中其他因素对补偿金额做了稍微调整。

案例 4-7　婚前父母出资购房登记在夫妻双方名下

婚前,由男方父母出资 159 000 元购买房屋一套,产权证登记在男女双方名下。离婚诉讼中,双方认可房屋价值为 400 000 元,但在分割房屋上产生争议。

法院经审理认为,诉争房产虽系男方父母出资购买,但婚后登记在夫妻双方名下,属夫妻共同财产,应予分割。判决房屋归男方,由男方补偿女方 20 万元。

本案运用了父母出资购房模式来判决,即当事人结婚前,父母为双方购置房屋出资的,该出资应当认定为对自己子女的个人赠与,但父母明确表示赠与双方的除外。房屋系婚前男方父母购买,但登记在夫妻双方名下,视为父母对夫妻双方的共同赠与,原本属男方个人财产的房屋转化为了夫妻共同财产。

案例 4-8　婚后以拆迁款购得房屋

婚后,男方、女方、男女双方的女儿、男方母亲、女方母亲五人作为被动迁一方(货币补偿安置对象),与动迁公司签订了拆迁补偿安置协议,原拆迁的房屋折算成人民币 585 897 元,货币安置总额为 2 070 193 元。之后,由男女双方与安置公司签订合同,以 1 370 193 元回购房屋,确定房屋为双方共同共有,男女双方确认房屋 A 价值 300 万元。离婚诉讼中,男女双方均主张分割房屋。

法院经审理认为，房屋虽登记权利人为男女双方，但来源于动迁回购，在分割时应当考虑房屋所有权的取得途径。动迁所得款项应当扣除原来房屋的价值部分，剩余部分为动迁安置款项，在动迁安置协议没有特别注明的情况下，应当由被安置对象均等分得。房屋权利人为男女双方，女方母亲所得的动迁安置款部分，应视为婚后一方父母出资为子女购买的不动产，产权登记在出资人子女名下，视为对自己子女一方的赠与；男方父母所得的动迁安置款部分亦同理。按照双方确认的房屋价格，支付男方该房屋相应的折价款，从房屋的取得、各方所得产权比例大小、折价款支付等因素考量，判决房屋产权归女方所有，男方协助女方办理房屋过户手续，过户相关费用由女方承担；女方支付男方房屋 A 折价款 1 299 990 元。

本案运用"婚后所得模式"，婚后产权登记在夫妻双方名下，认定属于夫妻共同财产，在计算补偿款上考虑了房屋的取得途径，即该房屋来源于含有父母权益的房屋拆迁所得后购买所得，再根据父母出资购房模式，认定"婚后一方父母出资为子女购买的不动产，产权登记在出资人子女名下，视为对自己子女一方的赠与"，将父母出资转化为对子女一方的赠与。

案例 4-9　婚前向父母借款，婚后购房并登记在夫妻双方名下

婚前男方向父母出具借条一张，借款 60 万元用于购买婚房，借条由男方一人签署，但未实际出借款项。婚后，男女双方购置了一套价值约为 80 万元左右的商品房，其中 60 万元的房款系男方父母按照婚前与男方签署的借条支付，另 20 万元的房款由女方用婚前个人财产支付，无贷款，房屋产权登记为男女双方共同共有。离婚诉讼中，男女双方就分割房屋产生争议。

法院经审理认为，《婚姻法司法解释（二）》第 22 条的规定，当事人结婚后，父母为双方购置房屋出资，该出资应当认定为对夫妻双方的赠与，但父母明确表示赠与一方的除外。本案中，父母未明确表示赠与一方。男方提供的借条出具于婚前，借款实际出借日为婚后，没有证据证明该借款征得女方的同意，因此借款属于男方个人债务，不属于夫妻共同债务。但鉴于该借款用

于购买双方共同共有的房屋,依据《物权法》第 102 条之规定,"因共有的不动产或者动产产生的债权债务,在对外关系上,共有人享有连带债权、承担连带债务,但法律另有规定或者第三人知道共有人不具有连带债权债务关系的除外;在共有人内部关系上,除共有人另有约定外,按份共有人按照份额享有债权、承担债务,共同共有人共同享有债权、承担债务。偿还债务超过自己应当承担份额的按份共有人,有权向其他共有人追偿。"女方作为该房屋共有权人,仍应就该 30 万元的男方个人债务承担连带清偿责任。女方清偿了该笔债务后,有权向男方追偿。关于房屋的性质,依据房地产登记资料显示共同共有,可以推定男、女双方就共同共有该房屋达成了一致的合意,且婚后购买的房屋,系婚后所取得的财产,故该房屋属于夫妻共同财产。判决该房屋归男方所有,男方补偿女方 40 万元,男女双方对于 30 万元债务承担连带清偿责任。

本案提出了如何辨别父母出资的性质属赠与还是属借款的问题。判断是否构成赠与,要从双方是否具有赠与、接受赠与的意思表示来认定,特殊财产类型比如不动产还要判断是否已履行登记手续,这在前面我们已经详尽叙述。判断是否构成借款关系,最重要的证据无疑是借据借条,这与审理借贷案件没有区别。夫妻向父母借款购房有特殊性,即碍于情面在很多情况下并未签订借据,这就要结合其他证据来认定。构成赠与的,夫妻任何一方都无须返还出资部分,构成借款的,原则上由借款人承担清偿责任,在计算补偿款时先予扣除该借款再做补偿计算。本案于认定父母出资属男方个人债务的同时,因女方也享有出资带来的利益,故对男方个人债务也承担连带清偿责任,这在逻辑上是矛盾的。其实可以基于出资款已用于购买房屋,房屋登记在男女双方名下,视为夫妻对承担共同债务达成了合意,推断女方认可该债务,据此认定父母出资属夫妻共同债务,女方应对债务承担连带清偿责任,这样思路似乎更直接明了,前后也不矛盾。

四、婚后父母为子女出资购买不动产

（一）"婚后父母出资购买不动产模式"

《婚姻法司法解释（三）》第 7 条规定："婚后由一方父母出资为子女购买的不动产，产权登记在出资人子女名下的，可按照婚姻法第十八条第（三）项的规定，视为只对自己子女一方的赠与，该不动产应认定为夫妻一方的个人财产。由双方父母出资购买的不动产，产权登记在一方子女名下的，该不动产可认定为双方按照各自父母的出资份额按份共有，但当事人另有约定的除外。"

我们将此规定称为"婚后父母出资购买不动产模式"，在财产分割上应当注意如下要点：

1. 标的：限于不动产（如房产，土地使用权等）。

2. 时间：限于婚姻期间；如果是婚前购买则适用《婚姻法司法解释（二）》第 22 条的规定。

3. 目的：出资目的是"为子女"，而非为父母本身。如果父母仅仅用子女的名义登记产权，则财产实际是父母的财产。

4. 比例：一方父母出资且产权登记在出资人子女名下这种情形，是父母全额出资而非部分出资。

5. 主体：区分夫妻一方父母出资和夫妻双方父母出资两种情况。

6. 产权：父母出资购买的不动产属夫妻一方财产或夫妻双方财产的，均须以登记为前提。

7. 性质：该条规定衍生出三种财产性质：

（1）由一方父母出资为子女购买的不动产，产权登记在出资人子女名下的，不动产属夫妻个人财产。

（2）由双方父母出资购买的不动产，产权登记在一方子女名下的，不动产属以夫妻双方各自父母的出资份额为比例的按份共有财产。

（3）由双方父母出资购买的不动产，产权登记在双方子女名下的，不动产为夫妻共同共有财产。

不属《婚姻法司法解释(三)》第 7 条规定的情形的,要考虑适用《婚姻法司法解释(二)》第 22 条规定,或运用"婚后所得模式"来处理。《婚姻法司法解释(三)》第 7 条强调父母出资所购买不动产的归属问题(是否属夫妻共同财产),《婚姻法司法解释(二)》第 22 条强调父母为子女购房的出资性质问题(是否构成赠与),两处规定的落脚点不同。

(二)"婚后父母出资购买不动产模式"的运用

案例 4-10　卖掉赠与的旧房购买新房

婚后,男方与母亲签订《房地产买卖合同》,将其母亲名下的房屋 A 转让给男方,并约定了付款方式,产权已变更登记为男方一人。后来男方将房屋 A 出售给第三人,出售款为 175 000 元,男方以出售款项购买了房屋 B,购买价为 12 万元。离婚诉讼中,女方认为房屋 B 是夫妻共同财产,应予分割,男方则主张该房屋是其个人财产。

法院经审理认为,男方提供了房地产买卖合同等证据,无论从房屋买卖的时间、还是从出售和购买价格上判断,男方提供的证据较女方具有优势,确认房屋 B 的购房款来源于房屋 A 的出售款,房屋 A 虽以买卖合同的形式过户至男方名下,但合同仅是形式,女方并未提供充分有效的证据证明男方为取得房屋 A 支付了对价,且房屋登记在男方个人名下,故应认定房屋 A 是男方母亲对男方的个人赠与。用房屋 A 的出售款购买涉案房屋 B,只是财产形式发生变化,财产性质未发生变化,故房屋 B 应属男方个人财产,不予分割。判决驳回女方的诉讼请求。

本案运用"婚后父母出资购买不动产模式",即"婚后由一方父母出资为子女购买的不动产,产权登记在出资人子女名下的,可按照婚姻法第 18 条第(三)项的规定,视为只对自己子女一方的赠与,该不动产应认定为夫妻一方的个人财产"得出该案中母亲出资是对男方个人赠与,房屋 B 属男方个人财产之结论。本案中,夫妻一方虽与母亲签有买卖合同,因为没有支付购房款,同时也基于母子这种特殊关系,因此属于一种名为买卖,实为赠与的法律关系,法院对此认定是正确的。对于父母的"出资"形式,我们要突破传统理解,银行转款单据固然证明了出资,卖掉赠与的旧房换新房也应视为"出资"的一种形式。

案例 4-11 婚后父母出资购买汽车登记在夫妻一方名下

婚后,男方父母出资购买汽车一辆,供男女双方共同使用,车辆权属登记在男方名下。离婚诉讼中,女方认为汽车属夫妻共同财产,应予分割。男方认为汽车是父母对其个人赠与,不同意分割。经评估,汽车价值 16 万元。

法院经审理认为,男方主张父母将汽车单独赠与自己,虽然提供了车辆产权证,但没有证据证明父母有赠与给其个人的意思表示,应视为是对夫妻双方的赠与。判决汽车归男方所有,男方补偿女方 8 万元。

本案中,男方父母未明确赠与的对象,不应根据权属登记推定受赠人,更不应根据权属登记推定出父母有赠与的意思表示。正确做法是申请父母作为证人出庭作证,通过庭审问话判断出父母出资的主观意图,很遗憾,男方没有做这一步工作。本案标的是汽车,不属房产,也不属其他不动产,既不能类推运用父母出资购房模式认定车辆的产权归属,也不能运用"婚后父母出资购买不动产模式"来判断父母出资是否构成赠与,因为类推适用的前提是不存在法律依据。本案完全可以根据"婚后所得模式"来解决,将汽车作为婚后所得财产来认定为夫妻共同财产而予以分割。

五、彩礼

彩礼是男女双方以将来结婚为目的而事先互相交换的钱物。

《婚姻法司法解释(二)》第 10 条规定:"当事人请求返还按照习俗给付的彩礼的,如果查明属以下情形,人民法院应予以支持:(一)双方未办理结婚登记手续的;(二)双方办理结婚登记手续,但确未共同生活的;(三)婚前的行为导致给付人生活困难的。适用前款第(二)、(三)项的规定应当以离婚为条件。"故彩礼的返还区分未登记结婚和已登记结婚两大情形,已登记结婚的又区分共同生活和未共同生活两种情形,彩礼的返还有各自条件。

2011年最高人民法院发布的《全国民事审判工作会议纪要》(法办[2011]442号)第50条规定:"婚约财产纠纷案件中,当事人请求返还以结婚为条件而给付的彩礼,如果未婚男女双方确已共同生活但最终未登记结婚,人民法院可以根据双方共同生活的时间、彩礼数额并结合当地农村的风俗习惯等因素,确定是否返还及返还数额。《关于适用〈中华人民共和国婚姻法〉若干问题的解释(二)》第十条第一款第(一)项规定针对的是双方并未共同生活的情形。"因此没有结婚的,原则上全部返还彩礼;已结婚或未结婚但已共同生活的,视情况适当返还彩礼。

彩礼一般被定性为附条件的赠与,以缔结婚姻关系作为赠与法律关系成立的条件。

案例4-12　婚后没有共同生活,离婚时请求返还彩礼

男女双方经媒人介绍举行了订亲仪式和结婚仪式,不久登记结婚。订婚前男方给付女方相家钱1000元,订亲时男方给付女方现金20000元,叫爹叫妈钱3000元,递手绢钱1000元,一枚价值2600元的黄金戒指,礼钱19999元。举行结婚仪式时,男方给付女方现金30000元,拜钱6000元。登记结婚前,男方给付女方下小礼钱2000元。陪送财物有挂式空调机一台、蚕丝被两个、台灯一台,还有物品若干等在女方处。结婚双方共同生活了半年多时间,因性格不合,女方回娘家居住。离婚诉讼中,男方请求返还上述彩礼50000元。法院支持了男方诉讼请求。

给付彩礼的证据由两方面的证据构成:

第一是彩礼存在的证据。比如购买物品的销售单或发票,发票抬头需有原告的名字,发票里面有物品名称、数量、金额、购买时间,其中购买时间一般是要求在登记结婚时间点之前。

第二是彩礼给付并且对方收取了的证据。比如媒人、亲属的证言证实对方收取了彩礼,这是从证言证词的角度,因为彩礼的人情来往因素浓厚,双方的家庭成员或多或少都参与其中,是双方恋爱关系及婚约彩礼关系的见证人,具有较高的证明力,其证言证词是必不可少的;比如视频录音资料,通过视频可以看到对方手上有无戴着金银首饰,通过录音确定对方是否收到并保管了彩等,同时还可以通过婚礼的照片上体现出是否戴着给付的彩礼等。

因为返还区分不同情形,如是否登记结婚;登记结婚了是否共同生活。本案双方当事人登记结婚,因此还要证明其没有共同生活。比如双方分居证据(租房合同,租金票据)、双方感情不合的证据,这些都可反映出双方没有共同生活。

如果证明不了双方共同生活,则可选择证明给付彩礼后导致生活困难的证据角度,比如提供解除劳动关系通知书,证明其失去了工作机会;提供失业证,证明其失业接受国家救济的事实;借条,证明为了准备彩礼不得不向别人举债,导致目前生活困难,同时借条还包括为度过目前拮据的状态而向他人举债;提供村民委员会、居民委员会、街道办事处等证词,证明其生活困难。

第二节 借贷合同

夫妻债务包括夫妻共同债务和夫妻个人债务,可以因夫妻双方或一方与第三人之间的债权债务关系而产生,也可以因夫妻内部之间的债权债务关系而产生,债务问题影响到一方获得夫妻共同财产的多少,夫妻债务被视为一种消极的财产。在离婚案件中,只要夫妻一方对债务不予认可,就难以查清真正的债务事实,从保护债权人角度出发,法院对夫妻债务问题一般不作处理,由债权人就债务问题提出诉讼另案解决。

一、夫妻共同债务

夫妻共同债务,是指在婚姻期间夫妻为维持家庭共同生活所引起的债务。

《婚姻法》第41条规定:"离婚时,原为夫妻共同生活所负的债务,应当共同偿还。……"《婚姻法司法解释(二)》第26条规定:"夫或妻一方死亡的,生存一方应当对婚姻关系存续期间的共同债务承担连带清偿责任。"

双方都死亡的,根据《继承法》规定,应当清偿被继承人依法应当缴纳的税款和债务后,所剩余遗产才进行分配处理,因此生前产生的夫妻共同债务不会因夫妻双方死亡而消除。

案例 4-13　婚后夫妻一方对外举债,夫妻双方共同承担债务

近几年来,男方以资金周转困难和购买商品房等为由多次向债权人借款,并立下借款 120 万元及利息按每个月 8 000 元计付的借据。债权人起诉男方,并在诉讼中追加男方的妻子作为共同被告,要求男女双方对债务承担共同责任。

法院经审理认为,男方借款行为及立下借据时间均在婚姻期间,借款用于购房等,属夫妻共同债务,应由男女双方共同承担。约定的利息每月 8 000 元没有超过法定标准,应予支持。判决男女双方向债权人偿还本金 120 万元(利息按每个月 8 000 元从本金拖欠之日至债务清偿完毕止)。

本案涉及判断是否构成夫妻共同债务的问题。除非可以完成某些举证责任,原则上,只要该债务是在婚姻期间以夫妻一方或双方名义产生,都判定为夫妻共同债务,由夫妻双方连带承担偿还责任,对于夫妻共同债务,实践采取的是比较宽松的认定标准,目的还是为了维护债权人的利益,但客观上却对不知情的配偶一方的合法权益造成了损害。不知情的配偶可以收集夫妻双方分居的证据,包括居委会证明、邻居和物业人员的证词等,证明自己对借款毫不知情,没有使用到借款,借款也从未用于家庭共同生活,这样才有可能被免除共同承担债务。

案例 4-14　赌债是否夫妻共同债务

婚后,男方为了偿还赌债,多次向赌友借款十万余元。离婚诉讼中,男方提出该款系夫妻共同债务,要求女方分担,女方拒绝分担债务。

法院经审理认为，离婚时，原为夫妻共同生活所负的债务，应当共同偿还。借款系被告赌博所欠，该借款不能认定为夫妻为共同生活所负的债务，属男方个人债务，故驳回男方诉讼请求。

本案涉及将"用于家庭共同生活"作为判断债务实质要件问题。"家庭生活"包括抚养子女、赡养老人、医疗疾病、建房购房、合法经营等行为，婚后因这些行为引起的债务一般属夫妻共同债务。如果从事非法活动，活动不是由双方共同参与，或虽由夫妻一方从事但另一方反对，产生的债务为夫妻个人债务。

根据《财产分割意见》第17条的规定，如下情形属夫妻个人债务：夫妻双方约定由个人负担的债务，但以逃避债务为目的的除外；一方未经对方同意，擅自资助与其没有扶养义务的亲朋所负的债务；一方未经对方同意，独自筹资从事经营活动，其收入确未用于共同生活所负的债务；其他应由个人承担的债务。

案例4-15　为他人提供担保的金额是否属夫妻共同债务

因合伙经营生意，女方在一笔涉及70万元标的贷款中为合伙人提供担保，后发生纠纷，女方的个人财产已被债权人执行完毕。离婚诉讼中，女方提出贷款为婚姻期间的共同债务，要求男方共同承担一部分。

法院经审理认为，女方所述债务没有用在夫妻共同生活生产中，该债务不属夫妻共同债务，系女方个人债务，应由女方个人承担，故驳回女方的诉讼请求。

本案认定担保的贷款金额并未"用于家庭共同生活"，不符合夫妻共同债务的构成要件。

案例4-16　超生罚款是否属于夫妻共同债务

婚后，因男女双方超生第二胎，计生主管部门作出追缴社会抚养费的行政决定,征收社会抚养费37 500元,其中男方按城镇居民标准须被征收25 000元,女方按农村居民标准须被征收12 500元。离婚诉讼中,男方提出社会抚养费为夫妻共同债务,应由双方平均分担社会抚养费;女方则认为应按行政决定书确定的数额分开承担社会抚养费,不应由双方承担连带偿还责任。

法院经审理认为,社会抚养费征收对象所承担的法律责任属行政范畴,有别于一般民事债务。据计生主管部门作出的《社会抚养费征收决定书》,双方除须缴纳社会抚养费37 500元外,还须缴纳自欠缴之日起按每月加收欠缴社会抚养费的2‰计算的滞纳金。故在未确定何时双方能够足额缴清社会抚养费及滞纳金的情况下,双方应缴纳的费用数额亦不能确定。法院最终判决驳回男方诉讼请求。

本案判决没有对超生罚款性质作出认定,该款是为抚养小孩而产生的费用,债务符合"用于家庭共同生活"的实质要件,属夫妻共同债务,由双方分担。法院之所以判决驳回男方诉讼请求,是因为债务具体金额尚未能确定。

案例4-17 交通事故产生的赔偿款是否属于夫妻共同债务

婚后,男方购买一辆货车,货车一直由男方支配。男方在营运中发生交通事故,事故致一人死亡、两人受伤,法院判决男方犯交通肇事罪、判处有期徒刑两年并赔偿被害人各项经济损失58万余元。在离婚诉讼中,女方主张交通事故中对死伤者所负的债务为男方个人债务,而男方主张债务为夫妻共同债务。

法院经审理认为,婚姻关系续存期间,任何一方以个人名义所负债务,原则上应认定为共同债务,否认的一方应承担债务不属共同债务的证明责任。车辆系双方婚后购买,属夫妻共同财产,女方未举证证明双方无购车合意,也未举证证明男方未将此车营运收益用于家庭开支,男方交通事故犯罪行为所产生的赔偿之债应认定为夫妻共同债务,故判决58万元债务由男女双方各自承担一半。

犯罪有故意犯罪与过失犯罪之分,交通肇事罪是一种过失犯罪,所产生的赔偿款不同于故意犯罪产生的赔偿款,过失犯罪之行为很多情况下包含"为家庭"的动机,后果客观上也是为了家庭生活,因此交通事故赔偿款符合"用于家庭共同生活"的实质要件,应属夫妻共同债务。

案例 4-18　夫妻一方向对方追偿垫付的借款

离婚后,男女双方签订协议书,约定婚姻期间向债权人的借款 553 000 元由男方承担还款义务,男方付了 243 000 元用于归还上述债务,余款 310 000 元未付。女方只好向债权人偿还剩余债务,后向法院起诉请求判令男方返还 310 000 元并计付利息。

法院经审理认为:根据双方签订的财产处理协议,男方按财产处理协议向债权人支付了归还部分债务后,余款没有按约定归还。女方代替男方向债权人偿还了剩余共同债务事实清楚。判决男方向女方返还 310 000 元及支付占用资金期间的利息。

本案涉及夫妻共同债务内部追偿问题。《婚姻法司法解释(二)》第 25 条第 2 款规定:"一方就共同债务承担连带清偿责任后,基于离婚协议或者人民法院的法律文书向另一方主张追偿的,人民法院应当支持。"即夫妻对承担了对方应承担的债务份额后,有权向对方追偿。法院在裁判文书中确定债务的金额及各自承担的比例,仅在夫妻内部有效,并不改变夫妻共同债务的连带清偿责任,一方不履行承担债务的,另一方有权在偿还了全部债务后向另一方进行追偿。

案例 4-19　婚后经营产生的债务是否属于夫妻共同债务

婚后,男方以购置车辆经营公司为由,先后两次向刘某借款共计人民币 35 万元,并出具了借条。借款后,男方未能依约归还借款。后刘某向女方催讨该款,女方以男方借款时其并不知情,且所借 35 万元并未用于家庭生活为由拒绝还款。刘某诉至法院,要求男女双方共同归还借款35万元。

法院经审理后认为,刘某与男方之间的债权债务关系明确,双方当事人均应当依约全面履行各自的义务。男方向刘某借款后,未能依约归还借款,显属违约,依法应继续履行还款义务。借款发生在婚姻期间,该债务为夫妻共同债务。女方主张该债务为男方个人债务,因女方未能举证刘某与男方未明确约定该债务为男方个人债务,且男女双方未对婚姻关系存续期间所得财产的归属做出明确约定,故对于女方的辩称,不予采信。判决男女双方共同归还刘某借款35万元。

本案涉及夫妻对债务的举证责任问题。女方要免除承担债务责任,可以通过两个角度进行举证:

第一是举证债权人(刘某)知道男女双方对婚姻关系存续期间所得的财产约定归各自所有。《婚姻法》第19条第3款规定:"夫妻对婚姻关系存续期间所得的财产约定归各自所有的,夫或妻一方对外所负的债务,第三人知道该约定的,以夫或妻一方所有的财产清偿。"《婚姻法司法解释(一)》第18条规定:"婚姻法第十九条所称'第三人知道该约定的',夫妻一方对此负有举证责任。"这种举证责任对夫妻比较苛刻。

第二是举证债务人(男方)与债权人(刘某)约定债务属于男方的个人债务。《婚姻法司法解释(二)》第24条规定:"债权人就婚姻关系存续期间夫妻一方以个人名义所负债务主张权利的,应当按夫妻共同债务处理。但夫妻一方能够证明债权人与债务人明确约定为个人债务,或者能够证明属婚姻法第十九条第三款规定情形的除外。"即作为夫妻一方要证明配偶与债务明确约定债务为个人债务,夫妻一方才能免除责任,这种举证责任对夫妻同样比较苛刻。本案中,不知情的女方因为举证责任不能的原因,承担败诉风险也就在预料之中。

另外,还需掌握债权人对夫妻债务的举证责任问题。

债权人要夫妻双方共同承担清偿债务责任,可以举证债务用于债务人(夫妻双方)的家庭共同生活,而且是债务发生在婚前才产生的举证责任。《婚姻法司法解释(二)》第23条规定:"债权人就一方婚前所负个人债务向债务人的配偶主张权利的,人民法院不予支持。但债权人能够证明所负债务用于婚后家庭共同生活的除外。"即一方婚前已经形成的债务,原则上认定为夫妻个人债务,作为例外情形,债权人能够证明所欠债务为结婚前所欠的并且都已经用于婚后共同生活的,认定为共同债务,由夫妻共同偿还。

债务发生在婚后的,根据《婚姻法司法解释(二)》第 24 条:"债权人就婚姻关系存续期间夫妻一方以个人名义所负债务主张权利的,应当按夫妻共同债务处理……"可见婚后发生的债务已被首先概括性推断为夫妻共同债务,债权人不需再进行举证,举证责任转移到夫妻这方面。

二、夫妻之间借款

《婚姻法司法解释(三)》第 16 条规定:"夫妻之间订立借款协议,以夫妻共同财产出借给一方从事个人经营活动或用于其他个人事务的,应视为双方约定处分夫妻共同财产的行为,离婚时可按照借款协议的约定处理。"对该规定作如下理解:

1. 夫妻双方将共有财产借贷给夫妻一方的行为属有效的共同处分行为,实际上将借款关系转化成为夫妻财产约定的一种特殊形式。

2. 存在债权债务的混同。混同,指债权人和债务人同归于一人,致使合同关系及其债的关系消灭的一种事件。离婚时双方约定将借贷的属夫妻共同财产的债权进行分割,最终借贷一方也会分得债权的一部分,这部分债权和债务会产生归于一人的情况,构成债务混同。基于债务混同,借贷的夫妻一方只需向夫妻另一方清偿借款的一半,此时的债权人为夫妻双方,债务人为借款的夫妻一方。

3. 如果是以夫妻个人财产出借给夫妻一方,则属于债权人为夫妻一方,债务人为夫妻中借款的一方的债权债务关系,夫妻一方应全额向对方返还借款。

案例 4-20　婚后一方以个人财产出借款项给对方

婚后,男方向女方借现金 100 000 元,在女方催促下,男方向女方出具借条一张,其内容是:"2006年3月本人×××借到×××现金拾万元整(100 000元),定于2013年3月归还,到期后未如数归还,愿承担法律责任。特立此字据为证。"协议离婚时双方在离婚协议中没有对该笔借款进行处分。离婚后女方向男方追要该借款未果,女方向法院起诉请求判令男方偿还该借款的本金及逾期利息。法院支持了女方的诉讼请求。

通过本案的借条并不能看出所借款项来源于夫妻共同财产,根据借条字义也只能理解为借到了夫妻个人财产,因此法院判全额返还借款本金10万元及相应利息。要明确借到的是夫妻共同财产,借条应这么载明:"今向×××借到夫妻共同财产人民币拾万元整。"这样才能判决返还一半借款,而不能凡是碰见夫妻之间借款均一概判决返还借款金额的一半。

案例4-21 婚后一方向对方出具欠条产生的债务

婚后,男方为女方出具欠条一份,载明:"今欠某某现金20万元整,自签订之日起二年内还清。"离婚后,女方依据欠条起诉男方归还全部欠款。

法院经审理认为,未有证据证明男女双方在婚姻期间对财产有特别约定,婚姻期间男方向女方出具欠条,基于夫妻关系的特殊身份,欠条并不具备履行的基础。女方未能提供相应证据证明款项是对其家庭投入付出的补偿及男方做生意收入的分割,离婚协议中也未涉及该款项。判决驳回女方的诉讼请求。

本案所涉及欠条可能是男女双方就财产核算后确定给予对方的财产补偿款,因没能力及时兑现而写下欠条,实属一种夫妻财产约定,但欠条没法体现这种背后隐藏的事实,女方承担了举证不能的风险。有些案件名为欠款实为借款,有些名为借款实为欠款,"借款"与"欠款"在法律后果、诉讼时效等方面不一样。法院在审理过程中会审查借据或欠条的金额、时间、地点、款项支付的方式,完全比照借贷案件的思路来处理。

三、家务补偿款、经济帮助款

（一）家务补偿款

《婚姻法》第40条规定："夫妻书面约定婚姻关系存续期间所得的财产归各自所有，一方因抚育子女、照料老人、协助另一方工作等付出较多义务的，离婚时有权向另一方请求补偿，另一方应当予以补偿。"家务补偿属夫妻一方对另一方所负的债务，由一方全额向对方清偿。获得家务补偿款必须具备如下条件：

1. 婚姻期间书面约定各自的收入归各自所有。
2. 一方在家庭生活中付出较多义务。即夫妻一方抚育子女，照料老人，协助另一方工作等，对家庭的建设贡献较大。

家务劳动补偿权仅仅是在离婚时行使。补偿数额应结合案情，综合考虑在抚养子女、照顾老人、协助另一方工作等方面所尽义务状况、时间长短、目前经济情况等因素由法官酌情确定。

案例4-22　女方为家庭尽了较多义务是否一定可以获得家务补偿

婚后，女方生育两个男孩。为了照顾家庭和小孩，男方动员老婆辞去了工作。之后女方就一直在家照看小孩，料理家务。男方承担家庭的一切经济开销，日子平静地过去了5年。后女方听说丈夫在外与其他女子有暧昧关系，于是两人经常吵架，男方向法院起诉要求离婚。离婚诉讼中，女方认为自己为了照顾家庭和小孩一直没有出去工作，要求男方给予其近5年在家从事劳动的家务补偿，每年补偿2万元，合计10万元。男方坚决不同意。他认为这些年来已把所有的工资及奖金报酬都花在了家庭生活和购买家用电器上，也为家庭作出了很大的贡献。

法院经审理认为，家务经济补偿的前提是夫妻在婚姻关系存续期间所得，约定归各自所有。只有婚内所得约定归各自所有，夫妻一方因抚养子女、照料老人、协助另一方工作等付出较多义务的，才可能影响其个人财产的增加。如果夫妻婚内所得没有约定归各自所有,则依法按共同财产对待。如果一方对财产的增加有特殊贡献的,只能在财产分割时给予照顾,但这不是家务补偿。判决驳回女方的诉讼请求。

本案中,女方虽然尽了较多义务,但是男方与女方并没有实行约定个人财产制,且男方也以工资和奖金的收入辅助家庭共同生活,女方请求离婚时的家务补偿没有依据。根据笔者实践,部分法院在判决时并不考虑双方书面约定收入归各自所有这一情形,这也提醒我们,在主张多分财产或给予女方适当照顾的时候,在夫妻双方没有约定财产归各自所有的前提下,不可主张"家务补偿款"的理由,但可以"对家庭付出较多"为由请求法院在财产分割上适当照顾女方,最终效果也会与获得家务补偿款一样。

(二) 经济帮助款

《婚姻法》第42条规定:"离婚时,如一方生活困难,另一方应从其住房等个人财产中给予适当帮助。具体办法由双方协议;协议不成时,由人民法院判决。"经济帮助款亦属夫妻一方对一方所负之债,一方向对方全额清偿。获得经济帮助款必须具备如下条件:

1. 离婚时一方确有困难。根据《婚姻法司法解释(一)》第27条的规定,《婚姻法第42条所称的"一方生活困难",是指依靠个人财产和离婚时分得的财产无法维持当地基本生活水平。一方离婚后没有住处的,属生活困难。

2. 提供经济帮助的一方应有经济负担能力。

离婚时,一方以个人财产中的住房对生活困难者进行帮助的形式,可以是房屋的居住权或者房屋的所有权。《财产分割意见》第14条规定:"婚姻存续期间居住的房屋属一方所有,另一方以离婚后无房居住为由,要求暂住的,经查实可据情予以支持,但一般不超过两年。无房一方租房居住经济上确有困难的,享有房屋产权的一方可给予一次性经济帮助。"经济帮助的形式还可以是金钱给付,有条件的可以一次性支付,没有条件的可以定期支付。

案例 4-23　一方婚后患重大疾病是否应获得经济帮助款

婚后,女方经鉴定,主要疾病有:妊娠合并高血压综合症;脑梗塞后遗症;高血压病继发性双侧视神经萎缩,视网膜病变;脑梗塞后遗症致右下肢功能障碍,肌力Ⅱ级,肢体残疾程度为六级;视力残疾程度为七级,最终残疾程度评定为六级。女方患病后,劳动能力受到重大影响,生活依靠母亲照料,无法完全自理,家庭经济困难。

法院经审理认为,女方生活自理能力受限,后期仍需治疗,且其娘家母亲年迈,家庭经济困难,男方应给予必要的经济帮助。判决准予双方离婚,男方向女方一次性支付经济帮助款 180 000 元。

本案所涉的经济帮助款补偿数额与家务补偿款数额一样,赔付没有统一标准,由法官根据案情酌情确定。

第三节　书面约定

《合同法》第 8 条规定:"依法成立的合同,对当事人具有法律约束力。当事人应当按照约定履行自己的义务,不得擅自变更或者解除合同。依法成立的合同,受法律保护。"当事人就分割夫妻共同财产达成的协议,是作为平等主体的自然人之间就变更民事权利义务关系达成的合同,故合同法的基本原理仍然是处理财产约定纠纷的主要依据。

一、不以离婚为条件

不以离婚为条件的财产约定,是指夫妻对婚姻期间及婚前财产所有权的归属、管理、收益、处分及债务清偿等事项作出约定。有约定的,以约定为准来处理,体现约定优先的分割原则;没有约定的,依法定财产制来处理。

《婚姻法》第 19 条规定:"夫妻可以约定婚姻关系存续期间所得的财产以及婚前财产归各自所有、共同所有或部分各自所有、部分共同所有。约定应当采用书面形式。没有约定或约定不明确的,适用本法第十七条、第十八条的规定夫妻对婚姻关系存续期间所得的财产以及婚前财产的约定,对双方具有约束力。"《财产分割意见》第1条规定:"夫妻双方对财产归谁所有以书面形式约定的或以口头形式约定,双方无争议的,离婚时应按约定处理。但规避法律的约定无效。"

夫妻财产约定的构成要件如下:

1. 约定时间可在婚前或婚后,且双方最终缔结了婚姻关系。双方只要结成了夫妻,不论是婚前还是婚后签订的协议均视为是夫妻财产约定。

2. 夫妻进行财产约定时,必须具备完全民事行为能力,双方意思表示真实。约定的时候双方为完全民事行为能力人,婚后一方成为不具备完全行为能力人,该约定继续有效。同时签订协议时双方均不存在欺诈、胁迫或者乘人之危等违背真实意思之行为。

3. 婚姻法只规定了三种夫妻财产约定的模式:

(1) 分别所有:指夫妻双方婚前财产及婚后所得财产全部归各自所有,并各自行使管理、使用、处分和收益权。

(2) 共同共有:指夫妻双方婚前、婚后的全部财产均全部归夫妻共同共有,但特有财产除外。

(3) 部分共同所有:指夫妻双方协商确定一定范围内的财产归夫妻双方共有,共有范围外的财产均归夫妻各自所有。

值得注意的是,现实中大量存在协议将一方的全部财产归另外一方所有,这种情形不属于上述三种模式范围之内,不属夫妻之间财产约定类型,实际上是一种赠与的法律关系。

4. 财产约定内容合法,并不得超越夫妻所享有的财产权利的范围。

5. 夫妻财产约定应采用书面形式。

6. 夫妻财产约定需生效。财产约定生效时间依合同法关于合同成立生效的要件来判定。婚前进行约定,在结婚后才有法律约束力。附条件的约定,在条件成就时生效;设定期限的,期限届满后失效。

案例4-24　为移民而结婚,如何看待婚前签订的财产协定

婚前,双方签订协议书约定:"一、结婚后,应尊重对方生活、工作、学习及经济上的独立,不得以任何理由干涉对方。二、双方各自经济独立,债权、债务均与对方无关。三、在办理移民时所需的费用,双方各自承担50%。四、本协议从办理结婚登记之日起生效。双方约定结婚期限为两年,待两年后,移民是否办理,都须解除婚约,婚前协议也就随之失效,如两年后,双方认为感情尚存愿意在一起生活,经双方同意婚约就继续保持,但任何一方不同意,对方不得因此而作为要挟。五、以上协议,双方需共同遵守,如在此期间,任何一方有异议提出,双方可协商解决。"

婚后,男方以自己名义购有房屋三套并将房屋都卖给了第三人,同时以双方名义购得商业用房一套,各占1/2的产权。离婚诉讼中,女方认为四套房屋均系夫妻共同财产,男方在婚姻期间擅自处理、变卖三套房屋,应当少分财产。理由是婚前协议只对双方婚前的债权债务进行了约定,且该协议有效期只有两年,但并未明确两年之后该协议是否有效或无效。双方的约定不明确,婚后取得的财产应视为夫妻共同财产。

法院经审理认为,男女双方缔结婚姻的目的是为了移民,双方婚前协议明确了婚后各自经济独立,债权、债务均与对方无关,表明双方婚后实施的是财产归各自所有。双方结婚两年后并未依法解除婚姻关系,双方中任何一方也未对婚前约定提出异议,双方在婚姻期间一直实行的是夫妻财产个人所有制,故登记在各自名下的财产应归各自所有。最终法院没有对男方转让的三套房屋进行分割。

协议签订的主观目的在一般情况下很难得到证明,但本案中,结合双方的陈述,很容易判断出协定签订的目的是为了移民,双方结婚的目的也是为了移民。这个情形给予判定后,协议内容也就不难理解,双方约定的是财产归各自所有这种形式,也就是AA制。婚后双方如果没有对婚前协议给予变更的话,婚前签订的协议不因结婚而自动改变,此种情形下,财产的性质仍旧

没有发生变化,个人财产没有因结婚而转化为夫妻共同财产,这也是"婚后所得模式"的一种特殊运用。

案例 4-25　AA 制、青春损失费、空床费、保证书、忠诚协议等

例 1【AA 制】:双方实行 AA 制;各自收益归各自所有和支配;个人生活用品由各自购买和使用,用于共同生活所需费用或者其他必需的共同支出,双方各负担 50%;夫妻间无债权、债务,无共同的债权人、债务人,各自债权、债务各自承担。

例 2【青春损失费、分手费】:首先,双方应互相尊重和互相忠实,对家庭、子女必须承担应尽的责任。其次,若一方在婚姻期间违反了忠实义务,出现背叛另外一方的不道德行为(比如与第三者同居、婚外情、婚外性行为等),无论哪一方提出离婚,除了夫妻共同财产依法分割之外,违法方还要赔偿给对方名誉损失及精神损失费、青春损失费、分手费合计 30 万元;再次,鉴于男方曾有过错,其自愿承诺若其出现不轨行为,立即丧失孩子的抚养权。

例 3【空床费】:通宵不归,今欠空床费 5 万元。

例 4【保证书】:保证不再欺骗老婆,因为我说过太多谎言,不再跟一些不三不四的女人有任何往来;因为我与其他女人的来往,造成家庭问题而出现破裂,本人负有主要责任,老婆在这件事中处于弱者地位,本人自愿放弃与其婚姻期间的全部财产并赠与对方。希望老婆能原谅我的不洁行为,给我一次改过自新的机会,保证再不发生类似的事情;在生活中更多的关心爱护对方,提高对家庭的责任感。

例 5【忠诚协议】:我要离婚,所有财产我什么都不要。我离婚时赔偿女方 100 万元。

例子 6【过错赔偿金】:如出现《婚姻法》第 46 条规定的四种情形之一,导致离婚的,有过错方必须向无过错方支付赔偿金,金额为人民币 50 万元。

本组案例中,都涉及对婚内财产约定协议有效性的认定问题。

第一种做法,在没有相反证据证明情况下,只要协议是双方自愿订立、未

违反法律强制性规定、未损害国家集体和他人的利益,协议都会被认定为合法有效。

第二种做法,审查财产项目是否合法。比如例2"青春损失费、分手费"的项目没有法律依据,一旦出现这些字眼,将得不到法院支持,当然相反观点是青春损失费是忠于婚姻的保证方式,合法有效。

第三种做法,审查协议是否违背婚姻自由。比如例5"忠诚协议",认为感情是否破裂是判决离婚与否的唯一依据,不得附加条件。为实现离婚的目的而向一方出具了承诺离婚时赔偿巨额款项,系为离婚所附的条件,将婚姻身份行为与金钱行为捆绑,违反婚姻法规定,此种协议书应无效。

《婚姻法》第4条规定:"夫妻应当互相忠实,互相尊重;家庭成员间应当敬老爱幼,互相帮助,维护平等、和睦、文明的婚姻家庭关系。"夫妻忠诚义务是种法定义务,但却不具有可强制执行性,因此,夫妻一方以另一方违反忠实义务为由要求对方依法履行该种义务的,法院对该类案件不予受理。《婚姻法司法解释(一)》第3条规定:"当事人仅以婚姻法第四条为依据提起诉讼的,人民法院不予受理;已经受理的,裁定驳回起诉。"但我们可以转化一个思路,虽然协议记载了"夫妻忠诚"的有关内容,夫妻一方如果起诉的依据并非婚姻法第4条而是协议本身,可以被法院受理,避免被适用《婚姻法司法解释(一)》第3条的规定而发生案件不被受理的可能。

第四种做法,审查赔偿是否存在事实依据。比如例6"过错赔偿金",离婚协议书具有人身性质,当事人日常表现、感情基础、有无过错、对家庭做出了贡献大小等均都会对协议签订产生影响,是双方反复权衡利弊后才做出的决定。该案中,法院审查了过错方的侵害手段、场合、行为方式、侵权后果、侵权人承担责任的经济能力等因素,发现男方在婚姻期间多次对女方实施家庭暴力,导致女方轻伤,主观过错严重,行为恶劣。判决男方按协议向女支付50万元赔偿金。

综上,男女双方签订的协议各种各样,关键是审查协议是否违反法律禁止性规定。违反的,协议无效,不应受法律保护,赔偿款不应得到支持。没有违反的,且是当事人真实意思表示,协议有效,赔偿款应得到法律支持,但可以视案情对赔偿金额酌情予以调整。

附：财产约定协议书简要范本

婚前协议签订要点：明确财产种类、数量、价值、坐落及其归属；明确婚前个人财产在婚后的收益、婚后双方的所得财产及收益如何支配；夫妻共同债务如何承担等，不得出现违法内容，比如一方出轨、需向自己磕头、不得离婚、离婚后不得再婚等。以下是一份简要的婚内财产约定书：

婚内财产约定协议书

甲方（男方）：_____，男，_____族，_____年_____月_____日生，经常居住地：_____，身份证号：_____

乙方（女方）：_____，女，_____族，_____年_____月_____日生，经常居住地：_____，身份证号：_____

甲乙双方系夫妻关系，本着平等自愿的原则，经双方友好协商一致，对相关财产归属约定如下：

一、双方于_____年____月____日购买的位于_____房屋，系乙方个人出资人民币168万元购买，房屋产权人登记为乙方，双方确认该房屋为乙方个人所有财产。

二、自2007年9月17日以来双方个人名下的存款，股票，基金归各自所有。

三、本协议生效以前以各自名义产生的债务由各自承担，以各自名义产生的债权由各自享有。

四、夫妻一方给付或赠予另一方的财物归接受方所有，夫妻各自接受的赠与或继承的遗产归各自所有。

五、本协议一式两份，双方各执一份，具有同等法律效力。本协议自甲、乙双方签字后生效。

甲方： 　　　　　　　　　　　　　乙方：
　年　月　日　　　　　　　　　　　年　月　日

二、以离婚为条件

《婚姻法司法解释(二)》第8条规定:"离婚协议中关于财产分割的条款或者当事人因离婚就财产分割达成的协议,对男女双方具有法律约束力。当事人因履行上述财产分割协议发生纠纷提起诉讼的,人民法院应当受理。"

《婚姻法司法解释(三)》第14条规定:"当事人达成的以登记离婚或者到人民法院协议离婚为条件的财产分割协议,如果双方协议离婚未成,一方在离婚诉讼中反悔的,人民法院应当认定该财产分割协议没有生效,并根据实际情况依法对夫妻共同财产进行分割。"

离婚协议一般包含夫妻双方是否自愿离婚、财产分割、子女抚养等内容,其具有法律约束力的前提是当事人在婚姻登记机关办理了离婚手续,并且将离婚协议书在婚姻登记机关备案。仅签署离婚协议而没有办理协议离婚手续,却提起离婚诉讼,表明离婚协议尚未能解决问题,法院应依实际情况分割财产,而不是依离婚协议来处理。

案例4-26 两份离婚协议书,以哪一份为准

男女双方在协议离婚之前一年,签订了一份离婚协议书(以下简称第一份离婚协议书),约定:"男方自愿给付女方人民币20万元,办理离婚登记时支付12万元,其余的在两年内付清;以男方名义购买的马自达小车一辆,归女方所有,汽车贷款合同项下贷款余额仍由男方继续支付。"一年之后双方正式协议离婚,在民政局备案的协议离婚书(以下简称第二份离婚协议书)上约定:"双方无生育子女,双方无财产分割,双方无债权债务。"

离婚后,女方多次找到男方,要求男方按照协议履行承诺,男方却以第二份离婚协议书上载明"无财产分割"为由拒绝交付财产。女方诉至法院请求男方履行第一份离婚协议书约定义务。

一审法院经审理认为,双方在婚姻关系存续期间有共同财产,且女方的真实意思并未放弃分割财产。判决男方支付女方财产共约10万元。

二审法院经审理后认为，男方与女方签订的两份协议均系双方当事人的真实意思表示，后一份协议实际是对前一份协议的变更，该协议明确了"双方无财产分割""双方无债权债务"。根据变更后的协议，双方对财产分割达成了一致意见，应理解为双方对共同财产不分割，对债务亦不承担，且男方在签订该协议时未有欺诈、胁迫、隐瞒等情形，现女方反悔没有依据。判决撤销一审民事判决，判决驳回女方的诉讼请求。

本案涉及如何认定多份离婚协议的效力：

首先，看哪一份协议标注有"出现多份协议的，以本协议为主"的字样，就以哪份协议为准。这表明当事人协商一致最终确立了一份协议作为最终的依据。

其次，如果没有上述标注的字眼，一般将后一份协议看做是对前面一份协议的变更和覆盖，也就是以最后一份协议为准。

再次，在多份离婚协议语义表达方面有严重分歧的情况，需要结合案情来分析。比如多份离婚协议书签署时间相隔很近，甚至就差一两天，多份协议之间或许不是变更关系，而是种互为补充关系，多份离婚协议之间或许还存在一种因果关系。本案根据第二份离婚协议的文字表达，认定是对第一份离婚协议书的变更，这种认定当然也属于法官行使自由裁量权的范围。

三、诉讼类型

请求履行财产约定中约定义务之诉讼类型，有的涉及民政局中备案的离婚协议书，有的涉及夫妻协议离婚之后就财产分割问题达成的补充协议。它们不仅是对财产如何分割，还涉及合同法各类问题，比如借款合同中的利息计算、赔偿金违约金的支付、合同法中各种请求权的行使等。

（一）请求金钱给付

案例 4-27　一方请求支付离婚协议中约定的股权转让费

男女双方签订离婚协议，其中部分条款是有关分割股权问题，大致意思为：男方收购女方在控股公司的股权，男方为女方在其控股经营企业保留10%的红股，女方享有终身分红权利，自本协议签署生效起男方必须每月按时向女方提供有关企业财务报告；男方须向女方支付股权转让费100万元，且男方自愿向女方支付利息每月不低于5 800元。如有违约，男方自愿再向女方支付10万元作为违约金。离婚后，男方只支付了70万元，尚欠30万元及利息未支付，女方起诉至法院请求判决男方按约定支付所欠本金及利息，并要求承担违约金。

本案涉及借贷法律关系的诸多知识点。

首先，债权人是否有权提出诉讼。《合同法》第167条规定："分期付款的买受人未支付到期价款的金额达到全部价款的五分之一的，出卖人可以要求买受人支付全部价款。"男方逾期未付金额已经超过1/5，因此，女方有权要求男方支尚欠的30万元本金和利息。

其次，欠款本金的利息是否可以得到支持。2015年6月23日最高人民法院发布的《关于审理民间借贷案件适用法律若干问题的规定》第26条规定："借贷双方约定的利率未超过年利率24%，出借人请求借款人按照约定的利率支付利息的，人民法院应予支持。借贷双方约定的利率超过年利率36%，超过部分的利息约定无效。借款人请求出借人返还已支付的超过年利率36%部分的利息的，人民法院应予支持。"本案离婚协议已约定了利息支付方式，并且尚未超过法律规定的标准，应予支持。

再次，没有约定履行期限和支付方式该如何处理。根据《合同法》第62条第（四）项的规定，在没有约定付款期限的情况下，债权人可以随时要求债务人给付款项，但应当给对方必要的准备时间。法院也可以在判决中根据案情确定分期付款等方式。本案离婚协议尚未明确支付100万本金的履行期限，因此女方可以随时起诉要求男方支付。

最后，财产约定中是否可以设置违约金条款。本案中，当事人的婚姻关系已解除，诉讼实质上已完全转化为了欠款借款法律关系，本案其实是民间借贷诉讼的变异类型，当然也不会排除违约金条款的出现，违约金条款可以得到法院的支持。

（二）请求赔偿损失

案例 4-28　离婚协议书确定的财产被毁损而提起赔偿之诉

男女双方签署离婚协议书，约定房屋归女方所有。因房屋典当纠纷，典当公司向法院起诉要求夫妻双方承担责任，法院判决男方偿还借款本金 400 000 元，支付违约金 140 600 元。房屋经评估为 818 000 元，后房屋被拍卖，被案外人低于评估价 20% 竞得，法院作出民事裁定书，裁定房屋所有权及相应土地使用权归案外人所有。离婚后，女方依据离婚协议书约定，起诉至法院要求男方赔偿女方房屋损失 818 000 元，并赔偿该款自占用资金之日起至判决确定的履行日止的同期银行利息损失。法院判决支持了女方关于借款本金的诉讼请求，驳回关于支付利息的诉讼请求。

本案有如下值得探讨的问题：

首先，原告是否存在损失。有损失才有赔偿，这是赔偿之诉的前提。男女双方签订的离婚协议书经婚姻登记机关登记备案，是双方当事人的真实意思表示，不违背法律、行政法规的强制性规定，应认定有效。女方本可依据离婚协议书享有房屋所有权却因男方的债务原因导致未能实际取得财产，女方的损失是确定的。

其次，损失金额如何确定。损失是指实际损失，对于不动产来说，以损失的时候所发生的实际价值即评估价作为损失的依据。

最后，对损失部分是否可以主张利息赔偿。利息约定不明确或不约定利息的，视为不支付利息。最高人民法院《关于审理民间借贷案件适用法律若干问题的规定》第 25 条规定："借贷双方没有约定利息，出借人主张支付借期内利息的，人民法院不予支持。自然人之间借贷对利息约定不明，出借人主张支付利息的，人民法院不予支持。除自然人之间借贷的外，借贷双方对借贷利息约定不明，出借人主张利息的，人民法院应当结合民间借贷合同的内容，并根据当地或者当事人的交易方式、交易习惯、市场利率等因素确定利息。"本案双方在离婚中没有约定利息，支付利息的请求自然得不到法院支持。

（三）请求协助过户

案例 4-29　离婚后请求房产确权及协助过户

婚后，以男女双方名义购得房屋一套，离婚时签订离婚协议，约定房屋归女方所有。离婚后，女方起诉请求法院判房产归其所有，并要求男方协助办理过户手续。

本案中只要对离婚协议的合法性进行确认，就可依据约定内容判决财产归属，并判一方协助另一方办理过户手续。判决书的判决项一般表述为："确认房产一套归××所有，×××应于判决生效之日起七日内协助办理房屋过户手续。"

案例 4-30　离婚后请求协助涂销房产抵押及协助过户

婚后，夫妻双方购买房屋两套，房屋 A 登记在夫妻双方名下，房屋 B 登记在男方与第三人名下。男方作为借款人，夫妻双方及第三人作为抵押人与银行签订借款担保合同，约定银行向借款人发放贷款 50 万元，贷款期限为 5 年，用房屋 A、B 均作了抵押担保，并办理他项权利登记，权利人为银行。

夫妻双方在民政局办理离婚手续，在离婚协议书中约定房产 A 归女方所有，房产 B 所属夫妻份额的产权归女方所有，两套房前银行的房贷离婚后由女方偿还。离婚后不久，女方还清两房屋贷款，银行也确认贷款已经全部还清，归还了他项权证、房产证、他项权利登记申请书、涂销证明等，尚缺办理涂销手续。

法院经审理认为，离婚协议书是双方当事人的真实意思表示，没有违反法律、行政法规的强制性规定，协议书合法有效。协议书签订后，女方已如约还清银行贷款，第三人也确认贷款已还清，并将抵押的所有资料归还给女方，女方收到第三人归还的资料后应与其他共有人到房管部门办理涂销他项权利的手续。判决男女双方到房管部门办理房屋 A、房屋 B 的抵押涂销手续,第三人给予必要的协助;自办理完毕抵押涂销手续后十日内,男女双方到房管部门办理产权变更登记手续,将房屋 A、房屋 B 过户给女方。

本案既有协助涂销抵押的诉讼请求,也有协助过户的诉讼请求。

(四)请求履行离婚协议中的财产交付义务

案例 4-31　离婚后请求交付汽车使用

男女双方在民政局协议离婚,在离婚协议书中约定"汽车所有权归女方所有,机动车登记编号为＊"。车辆所有权登记在女方名下,车辆一直由男方占有并使用。离婚诉讼中,女方诉请男方履行交付汽车的义务。

认定离婚协议有效后,依据协议就可作出判决。判决项一般这么表述:"××于本判决生效之日起十日内将汽车交付给×××。"

四、风险防范

在履行财产约定中出现争议,主要是因为当事人对协议书的语义理解有差异。判决中也往往涉及对财产约定进行解释,使夫妻财产约定内容归于具体明确,力求接近协议背后所蕴含的真实意思。

《合同法》第 125 条规定:"当事人对合同条款的理解有争议的,应当按照合同所使用的词句、合同的有关条款、合同的目的、交易习惯以及诚实信用原则,确定该条款的真实意思。合同文本采用两种以上文字订立并约定具有同等效力的,对各文本使用的词句推定具有相同含义。各文本使用的词句不一致的,应当根据合同的目的予以解释。"对财产约定的解释方法,除了适用合同法关于合同解释的原则性规定外,还需考察当事人的感情状况、签署协议的背景、签署协议的动机等因素。

(一)"永久使用"

所有权包含使用权、收益权、占有权、处分权四项权能,"永久使用"意味着可以使用到居住者死亡为止，即可以终身使用，也就意味着所有权的四大权能都丧失了。

案例 4-32　协议约定房屋交给一方"永久使用"

夫妻签订的离婚协议书中约定："双方共有一套住房，男方自愿永久给女方居住使用，女方享有永久居住、使用和支配的权利，男方不得在任何条件下以任何理由向女方索要住房。"如何看待这份协议书？

本案中的协议由双方自愿签署，内容合法，没有违背法律强制性规定，协议合法有效；男方自愿永久放弃房屋的永久使用权，女方实际占有房屋绝大部分的权益，可判决房屋归男方所有，由女方根据自己的使用情况酌情向男方做出补偿。

（二）"一次性支付"

"一次性支付"这个词语后面若只带货币金额，不带名目，它仅表明支付方式，款项用途不明了。协议中的金钱给付，一般是对财产清算后确定的补偿款，名目上可以是精神损害赔偿款、经济帮助款、家务补助款、子女抚养费等，钱款名目约定不明，判决分割会造成重复分割财产。

案例 4-33　协议约定"一次性支付"100 万

夫妻双方在离婚协议书中约定："男方确认一次性支付给女方经济补偿 100 万元，其中离婚协议生效起支付 80 万元，剩余 20 万元在离婚生效一年内付清。……"男方根据约定，已经向女方支付了经济补偿 80 万元，剩余 20 万元尚未支付。离婚后，女方提起诉讼请求支付余款。

法院经审理认为，离婚协议系夫妻双方的真实意思表示，合法有效，现双方已解除婚姻关系，男方亦应按照协议的约定支付剩余经济补偿 20 万元。

本案中，男方主张 100 万属对女方的赠与，剩余的 20 万因为没有交付，因此申请撤销不予支付，这是男方的思路。但协议中明确约定该款性质为

"经济补偿",在没有证据证明该协议存在胁迫、重大误解情形下,变更撤销该约定没有法律依据,何况一方已支付了 80 万元,已大部分履行了约定,故男方应继续履行剩下的支付义务。

(三)"净身出户"

婚姻法只规定了约定婚姻期间所得的财产以及婚前财产归各自所有、共同所有或部分各自所有、部分共同所有这三种财产约定方式。"净身出户"意思是将所有财产全部归一方所有,这种将全部财产约定归一方所有,不属《婚姻法》上规定"夫妻财产约定"的情形,而是赠与的法律关系。"净身出户"一词表达了占有全部财产的意愿,让夫妻一方倍有"成就感",却暗含风险。

案例 4-34　协议约定男方放弃所有财产"净身出户"

男女双方在离婚协议书中约定:男方放弃一切财产净身出户;房屋和地下室归女儿所有;汽车、花园、车库、家中存款、现金、股票及有价证券全部归女方所有。现男方以离婚协议书内容显失公平为由,诉至法院要求重新分割财产。法院以协议系双方自愿签订,依法有效,双方应严格遵守为由,判决驳回男方的诉讼请求。

本案中的协议如果没有明确罗列财产项目,属于约定不明确,女方要求男方"净身出户"的效果就未必能达到。

(四)"无"与"有"

可能出于赶快离婚的目的,离婚协议中大量出现了关于"无"字的语句表述,比如"婚姻期间无夫妻共同财产,无夫妻共同债务""夫妻财产已处理完毕,无任何纠纷。"实际上"无"字不能起到防止纠纷的作用,离婚后还是产生很多隐患,"无"变成了"有"。

案例 4-35　协议约定没有财产需要处理

男女双方签署的离婚协议书上载明:"我们现因感情不合,自愿协议离婚,现就子女抚养、财产、债权债务处理达成如下协议:一、子女抚养:无;二、财产处理:无;三:债权债务:无;……"经查,在婚姻期间,以男方名义购买了商品房一套,离婚后女方提起诉讼请求分割房屋。

法院经审理认为,男方名下的商品房,系双方在婚姻期间所购买,属夫妻共同财产。虽然离婚协议书记载"二、财产处理:无";但不代表财产实际已处理完毕,应当给予分割。

本案中,争议财产只有一套房,协议书记载"二、财产处理:无",既可以理解成没有财产可以处理,也可以理解成财产已处理完毕无需再处理,之所以无需再处理,因为财产只有商品房一套,大家说好归一方所有,没必要在纸面上反映出来,判决结果可能会造成重复处理财产。还有一种情形,比如约定"家庭财产已自行分清",此语句也表达了"财产已分割处理完毕,没有财产需要处理"的意思,离婚后还是引发争议。

案例 4-36　协议约定财产已自行分清

男女双方经法院调解离婚,民事调解书上载明:"双方自愿离婚;婚生子由女方抚养;家庭财产已自行分清。"离婚后,女方起诉要求对在调解离婚时未处理的两处住房予以分割。

法院经审理认为,调解书所载明的"家庭财产已自行分清"并未明确是否包含本案诉争两处房屋的分割方式,而双方在婚姻期间确实共有两处房屋。女方虽在离婚案件审理时承认财产已分清中包含两处房屋,事实上并没有证据证明女方实际因分割两处房屋获得了相应的权利,调解书载明家庭财产自行分清,但如何分割,双方均无证据,应视为约定不明。结果法院对两套房屋依法进行了分割。

本案判决显示,法院不但注重形式上的语句表达,更注重财产实质是否处理完毕,提出"离婚后一方是否享有相应的财产权利"作为验证财产是否已处理完毕的标准。调解书上的语句"家庭财产已自行分清"语句能调整成为"家庭财产已自行分清(包括两套房屋,具体位置为:……)",表达就更明确。另外,协议上设置金钱补偿条款的同时,应注意将金钱赋予明确的名目,比如"房屋补偿款"。

(五)"双方各自名下的财产归各自所有"与"双方各自名下的其他财产归各自所有"

第一个表达式中,"双方各自名下的财产",是指双方婚前各自名下还是双方婚后各自名下的财产,没有指明,不排除存在在其他协议中双方将婚前个人财产约定为夫妻共同财产的情况,或者将夫妻共同财产约定为个人财产的情况,因此对于"名下"的时间点要做限制,比如表述成"婚姻关系存续期间双方各自名下"就没有疑义。

第二个表达式中,"双方各自名下的其他财产"是指双方各自名下的个人财产还是指双方各自名下的其他共同财产,也不明确。这个表达式需要调整的地方很多,除了要对"名下"的时间点要做出限制外,还要考虑到所指向的个人财产还是夫妻共同财产,这才构成完整的没有歧义的语句。

案例 4-37　协议约定各自名下财产归各自所有

夫妻双方在离婚协议书中约定:"女方享有双方共同存款,计人民币壹拾万元整归女方所有;男方享有房屋的使用权,等孩子满 18 周岁后过户到孩子名下,男方的使用权终止;汽车一部归男方所有,男女双方各自的私人生活用品及首饰归各自所有;双方各自名下的其他财产归各自所有。"离婚后,女方以离婚协议中的"双方各自名下的其他财产归各自所有"约定不明为由,请求法院分割男方的住房公积金、商业保险金等财产。

法院经审理认为,女方请求分割的住房公积金、商业保险金属离婚协议中约定的"其他财产",各自名下归各自所有,驳回女方的诉讼请求。

通过本案,可以看出协议书不是简洁简单就好,在无歧义的前提下啰唆一点也不妨,协议书仅是给自己看的,越细致越好。上述语句要转换成嵌入有具体财产项目的形式,比如表述成"婚姻期间各自名下的住房公积金、养老保险费、养老保险金、商业保险金……归各自所有",只是加多了几行文字,等于证明双方都知道存在这些财产,杜绝了一方以发现"新财产"为由在离婚后提起诉讼的可能性。概括性的词语会造成范围界限模糊,建议在协议中不要单独使用,列举了财产项目后再跟上概括性词语可以避免产生争议,概括性的词语此时又可以起到延伸财产范围的作用。

（六）根据协议书综合判断某些内容是否成立

案例4-38　协议约定是属公司资产处理约定还是属股权转让约定

男女双方在离婚协议书约定:"一辆轿车归男方;两处房屋和公司名下的一辆轿车的产权归女方;女方自愿脱离公司关系,公司的一切债权债务与女方无关,公司的一切财产归男方所有;男方于离婚当日给女方200万元汇票作为赔偿并于一周内兑换为现金。"协议签订并办理了离婚登记后,男方向女方交付了200万元的银行承兑汇票,女方也拿到该200万元。过了几个月,男方起诉女方要求协助办理股权转让手续,女方认为以协议中的约定属公司资产处理的约定,并不是公司股权转让协定,不同意配合办理股权变更手续。双方发生争议。

法院经审理认为,离婚协议书中对公司财产分割的约定实质上系双方对于公司股权转让的约定,理由如下:

首先,公司的股东仅为男女双方,无论各自持股比例如何,公司股权均为夫妻双方共同财产。在此种情形下,男女双方对于公司资产的约定不应被理解为对于公司资产的无权处分,而应认定为对夫妻双方所拥有的共同财产（即公司股权）进行分割的约定。

其次,依据离婚协议,除去双方拥有的公司股权外,各人名下的存款归各自所有,同时女方取得两处房屋及一辆轿车的产权,男方给予女方200万元补偿;而男方所获得的财产仅有一辆轿车。从财产价值上来看,女方获得的价值远远大于男方。若将双方关于公司的约定视为没有对公司股权分割,就会造成男女双方财产分割相差悬殊,对男方明显不公平。故协议中明确公司所有财产归男方所有、女方脱离与公司关系和公司债权债务都与女方无关,均应当认定系女方自愿将其拥有的公司股权转让给男方。

再次,从公司的股权价值来看,该公司的股权占据双方共同财产中的主要部分。按照常理,双方在离婚之时都会对较大财产的部分作出分割约定,如不作出分割通常也会作出相应说明。双方对公司的债权债务、公司名下的轿车等都作出明确说明,女方一方面认为这些约定不是对公司股权的约定而是对公司资产的无权处分,另一方面却也已根据离婚协议书要求男方将轿车过户到其名下,因此女方认为在离婚协议中没有对股权分割的意见不成立。

最后,离婚协议书中对公司股权分割虽然没有采用明确的"股权""股份"等法律概念,但是采用"所有财产归男方所有""女方自愿脱离与公司关系""公司的一切债权债务都与女方无关"的表述,足以说明这是对双方拥有的公司股权进行的分割约定,不能仅以协议中没有明确使用"股权转让"的表述即否定实质上进行的公司股权转让的约定。

本案中,法院对协议语句所隐藏的当事人真实意图把握得全面、准确。第一点,从公司股东构成分析,因为股东不涉及第三人,股权均在夫妻双方手中,股权比例的变化正好证明了双方对财产进行了约定处理;第二点,从男女双方各自取得的财产数量、价值大小的角度,推断出股权已经男女双方协商处理;第三点,从股权所占夫妻共同财产总价值的比例上看,具有最大的比例,推断出股权不可能不经夫妻双方协商处理;第四点,从协议的字义推断股权已经双方协商处理。

第五章　夫妻财产分割与企业法的结合

第一节　非法人组织

非法人组织,是指没有法人资格但可以自己的名义从事民事活动的组织,也称非法人团体。

一、个人独资企业

（一）"个人独资企业模式"

个人独资企业,是指依照法律在中国境内设立,由一个自然人投资,财产为投资人个人所有,投资人以其个人财产对企业债务承担无限责任的经营实体。

《婚姻法司法解释（二）》第18条规定:"夫妻以一方名义投资设立独资企业的,人民法院分割夫妻在该独资企业中的共同财产时,应当按照以下情形分别处理:（一）一方主张经营该企业的,对企业资产进行评估后,由取得企业一方给予另一方相应的补偿;（二）双方均主张经营该企业的,在双方竞价基础上,由取得企业的一方给予另一方相应的补偿;（三）双方均不愿意经营该企业的,按照《中华人民共和国个人独资企业法》等有关规定办理。"

我们将此规定称为"个人独资企业模式",在财产分割上应当注意如下要点:

1. 一方主张经营该企业,协商不下的,对企业资产评估,由取得企业的一方给予另一方相应的补偿。企业一般由具备经营和管理能力的夫妻一方取得,这是"物尽其效"分割原则的体现。

2. 双方均主张经营该企业的,由双方竞价,价高者取得企业并给予另一方相应的补偿;无法竞价的,对企业资产评估,取得企业的一方给予另一方相应补偿。

3. 双方均不愿经营该企业的,根据《个人独资企业法》解散企业,企业债务清偿完毕后的剩余财产作为夫妻共同财产给予分割。

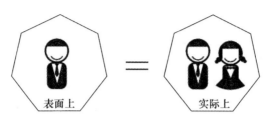

图 5-1　个人独资企业夫妻财产权简图

案例 5-1　一方经营的服装厂如何分割

婚后,男方用夫妻共同财产 200 万元以自己名义成立了一家服装厂,企业性质为个人独资企业,由于经营有方,几年后服装厂营利高达 1 000 万元。离婚时,女方主张服装厂的所有权分割给自己。

法院经审理认为,婚姻期间用夫妻共同财产投资成立的个人独资企业虽由男方一人经营管理,但企业的所有资产仍应当认定为夫妻共同财产。判决服装厂归男方所有,男方付给女方相当于服装厂总资产的 1/2 的经济补偿。

本案不宜判决夫妻两人共同对企业享有所有权,这样会变更个人独资企业的性质,可能对经营造成影响,当然双方协商一致变更的除外。

二、合伙企业

合伙企业,是指自然人、法人和其他组织在中国境内设立的普通合伙企业和有限合伙企业。

普通合伙企业,由普通合伙人组成,合伙人对合伙企业债务承担无限连带责任;有限合伙企业,由普通合伙人和有限合伙人组成,普通合伙人对合伙企业债务承担无限连带责任,有限合伙人以其认缴的出资额为限对合伙企业债务承担责任。

《婚姻法司法解释(二)》第 17 条规定:"人民法院审理离婚案件,涉及分割夫妻共同财产中以一方名义在合伙企业中的出资,另一方不是该企业合伙人的,当夫妻双方协商一致,将其合伙企业中的财产份额全部或者部分转让给对方时,按以下情形分别处理:其他合伙人一致同意的,该配偶依法取得合伙人地位;其他合伙人不同意转让,在同等条件下行使优先受让权的,可以对转让所得的财产进行分割;其他合伙人不同意转让,也不行使优先受让权,但同意该合伙人退伙或者退还部分财产份额的,可以对退还的财产进行分割;其他合伙人既不同意转让,也不行使优先受让权,又不同意该合伙人退伙或者退还部分财产份额的,视为全体合伙人同意转让,该配偶依法取得合伙人地位。"

我们将此规定称为"合伙企业模式",在财产分割上应当注意如下要点:

1. 仅适用于夫妻双方协商一致的情况,不能认为只要是分割合伙企业中合伙人的出资就可以适用该条,甚至直接判决分割合伙人的出资,而无视《合伙企业法》的规定。夫妻一方要成为合伙企业的合伙人,夫妻双方首先必须达成转让受让财产份额的合意,同时符合合伙企业法中关于入伙的条件,不能认为依据法院的裁判文书就可以直接取得合伙人的地位。

2. 注意保护其他合伙人的权利。

(1) 转让财产的一致同意权和被通知权。《合伙企业法》第22条规定:"除合伙协议另有约定外,合伙人向合伙人以外的人转让其在合伙企业中的全部或者部分财产份额时,须经其他合伙人一致同意。合伙人之间转让在合伙企业中的全部或者部分财产份额时,应当通知其他合伙人。"

(2) 转让财产的优先购买权。《合伙企业法》第23条规定:"合伙人向合伙人以外的人转让其在合伙企业中的财产份额的,在同等条件下,其他合伙人有优先购买权;但是,合伙协议另有约定的除外。"

(3) 入伙的一致同意权。《合伙企业法》第43条规定:"新合伙人入伙,除合伙协议另有约定外,应当经全体合伙人一致同意,并依法订立书面入伙协议。"

3. 合伙企业中的夫妻财产权,主要有两部分:

一是合伙人的出资。它是指全体合伙人依合伙协议的约定实际缴付的出资。《合伙企业法》第20条规定:"合伙人的出资、以合伙企业名义取得的收益和依法取得的其他财产,均为合伙企业的财产。"因此合伙人出资后,出资财产转化为全体合伙人共同共有财产,由全体合伙人共同管理和使用。因此分割合伙人的出资,实际上不是分割一个具体的金额数字,而是合伙人在合伙企业中占有的一个财产份额比例(类似于股权比例)。

二是合伙人根据法律或合伙协议所获得的经营利润。这必须对合伙企业的资产和经营状况进行评估作价后得出一个所有者权益报告,才能确定合伙人实际所得的利润,它表现为一个具体的金额数字。

在"合伙企业模式"之下,非合伙人的夫妻一方可以取得合伙人地位,同时还可获得财产补偿,这种补偿实际是分割合伙人的出资,并不涉及剔除合伙企业经营成本后对合伙人所得利润的分割。夫妻双方无法协商一致的情形之下,无法适用"合伙企业模式"时才会考虑分割合伙人所得的利润。

在实际判例中,都会涉及对两部分财产的分割,但不会同时分割两者,只择其一分割,即分割合伙人的出资,就不会对合伙人所得利润进行分割,分割合伙人所得利润,就不会再分割合伙人的出资。

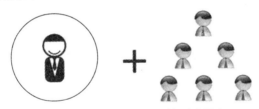

图5-2 合伙企业合伙人结构形式图之一

4. 上述规定仅适用合伙人为"夫妻一方+其他合伙人"的结构形式。下面我们探讨其他合伙人结构形式时,合伙企业该如何分割:

(1) 合伙人为"夫妻双方+其他合伙人"的结构形式

图5-3 合伙企业合伙人结构形式图之二

① 夫妻双方协商一致

此时属于合伙人之间互相转让财产份额,不属于合伙人向第三人转让财产份额,只需将财产份额转让的事实通知其他合伙人即可。

当夫妻一方在合伙企业中的财产份额全部转让给另一方时,实际已不存在合伙人的出资,此时应按有关规定办理退伙手续。《合伙企业法》第45条规定:"合伙协议约定合伙期限的,在合伙企业存续期间,有下列情形之一的,合伙人可以退伙:(一)合伙协议约定的退伙事由出现;(二)经全体合伙人一致同意;(三)发生合伙人难以继续参加合伙的事由;(四)其他合伙人严重违反合伙协议约定的义务。"第46条规定,"合伙协议未约定合伙企业的经营期限的,合伙人在不给合伙企业事务执行造成不利影响的情况下,可以退伙,但应当提前三十日通知其他合伙人。"

② 夫妻双方协商不下

夫妻一方不愿成为股东,对企业资产进行评估,由夫妻一方给予另外一方相应的补偿;双方均不愿成为合伙人,按合伙企业法将股权转让给股东之外的第三人,对转让款进行分割;若夫妻双方的财产份额均未能转让给第三人,且双方都不愿成为合伙人的,应对企业评估,将合伙人所得利润进行分割。

(2) 合伙人为"夫妻双方"的结构形式

图 5-4 合伙企业合伙人结构形式图之三

如果将"夫妻双方"视为一个整体,在结构形式上与个人独资企业的构成形式相类似,在此可运用"个人独资企业模式"来分割,表述如下:

① 一方主张经营该合伙企业,协商不下的,对企业资产评估,由取得企业的一方给予另一方相应的补偿。

② 双方均主张经营该合伙企业的,由双方竞价,出价高者取得企业并给予另一方相应的补偿;无法竞价的,对企业资产评估,取得企业的一方给予另一方相应的补偿。

③ 双方均不愿经营该合伙企业的,根据《合伙企业法》解散企业,企业债务清偿完毕后的剩余财产作为夫妻共同财产给予分割。

三、个体工商户

个体工商户,是指在法律允许的范围内,依法经核准登记,从事工商经营活动的自然人或家庭。

《民法通则》第29条规定:"个体工商户,农村承包经营户的债务,个人经营的,以个人财产承担;家庭经营的,以家庭财产承担。"故个体工商户的经营方式有两种:个人经营和家庭经营。分割个体工商户中的夫妻共同财产如系与第三人(比如家庭成员)共同经营的,先析出第三人的权益后所剩财产再在夫妻之间分割。

个体工商户在结构形式上与个人独资企业非常相类似,可运用"个人独资企业模式"来分割,个体工商户的分割有如下方式:

1. 一方主张经营个体工商户的,对个体工商户资产进行评估后,由取得经营权的一方给予另一方相应的补偿。

2. 双方均主张个体工商户的,在双方竞价基础上,由取得经营权的一方给予另一方相应的补偿。

3. 双方均不愿意经营个体工商户的,分割个体工商户所属资产(如设备设施,库存货物等),由取得资产的一方给予对方相应的补偿。

案例 5-2　一方经营的日用品店如何分割

离婚后,男方主张分割女方在婚姻期间从事直销的收入。直销公司出具的回复函载明,日用品店系直销公司的经销商,营业执照显示该店的经营者是女方。地方税务局出具纳税明细表载明,离婚前5年,日用品店个人所得税计税金额为 1 596 738.21 元,扣除滞纳金、罚款总计 202.57 元、扣除已缴纳税费 47 840 元,日用品店个人所得金额实为 1 548 695.64 元。离婚起诉时税前收入为 10 700 元,故女方于婚姻期间销售收入约为 1 559 395.64 元(1 548 695.64 元 + 10 700 元)。

法院经审理认为,女方未提交证据证明上述收入用于婚姻期间的正常消费支出,故应对收入进行分割。因双方婚生女由女方抚养,考虑到双方的日常生活支出以及经营日用品店支出的费用,酌情支持销售收入中的 120 万元作为夫妻共同财产予以分割。判决女方支付男方 60 万元作为补偿。

类似本案的个体工商户普遍没有建立完善的财务管理制度,难以查证资金情况。法院从税务局罚款中来确定经营所得利润作为分割的基数,角度新颖。

第二节　法人组织

法人组织,是享有独立的法律人格,拥有独立的财产和利益,并独立承担民事责任的组织。

一、有限责任公司

(一)"有限责任公司模式"

有限责任公司,是指由 50 个以下的股东出资设立,每个股东以其所认缴的出资额对公司承担有限责任,公司以其全部资产对其债务承担责任的经济组织。

《婚姻法司法解释(二)》第 16 条规定:"人民法院审理离婚案件,涉及分割夫妻共同财产中以一方名义在有限责任公司的出资额,另一方不是该公司股东的,按以下情形分别处理:(一)夫妻双方协商一致将出资额部分或者全部转让给该股东的配偶,过半数股东同意、其他股东明确表示放弃优先购买权的,该股东的配偶可以成为该公司股东;(二)夫妻双方就出资额转让份额和转让价格等事项协商一致后,过半数股东不同意转让,但愿意以同等价格购买该出资额的,人民法院可以对转让出资所得财产进行分割。过半数股东不同意转让,也不愿意以同等价格购买该出资额的,视为其同意转让,该股东的配偶可以成为该公司股东。用于证明前款规定的过半数股东同意的证据,可以是股东会决议,也可以是当事人通过其他合法途径取得的股东的书面声明材料。"

我们将此规定称为"有限责任公司模式",在财产分割上应当注意如下要点:

1. 仅适用于夫妻双方协商一致的情况,不能认为只要是分割有限责任公司出资额或股份就可以适用该条,甚至直接判决分割股份而无视公司法的规定。夫妻一方要成为有限责任公司的股东,夫妻双方首先必须达成转让受让股权的合意,同时按照公司法规定的程序办理股权转让手续,不能认为依据法院的裁判文书就可以直接取得股东地位。

2. 注意保护其他股东的优先购买权。股权优先购买权,是指有限责任公司股东转让股权时,其他股东享有的在同等条件下优先于非股东而购买该转让股权的权利。

《公司法》第71条规定:"有限责任公司的股东之间可以相互转让其全部或者部分股权。股东向股东以外的人转让股权,应当经其他股东过半数同意。股东应就其股权转让事项书面通知其他股东征求同意,其他股东自接到书面通知之日起满三十日未答复的,视为同意转让。其他股东半数以上不同意转让的,不同意的股东应当购买该转让的股权;不购买的,视为同意转让。经股东同意转让的股权,在同等条件下,其他股东有优先购买权。两个以上股东主张行使优先购买权的,协商确定各自的购买比例;协商不成的,按照转让时各自的出资比例行使优先购买权。公司章程对股权转让另有规定的,从其规定。"

3. 有限责任公司中的夫妻财产权,主要有两部分:

一是股东的出资额。股东出资多少可以通过公司向股东签发的出资证明来体现,更多时候是以工商行政管理局登记的注册资金比例来体现。有限责任公司的股东出资后其财产所有权就转移给公司所有,股东不再享有该财产的所有权,不能对其出资财产直接加以占有、使用、收益和处分,也就不能直接对出资财产进行分割,股东所取得的只是股权。因此分割股东的出资额,实已转化为分割股东的股权,它不是分割一个具体的金额数字,而是分割一个持股的比例。

二是股东根据法律或公司章程所获得的利润。这必须对有限责任公司的资产和经营状况进行评估作价后得出所有者权益报告,才能确定股东实际所得的利润,它表现为一个具体的金额数字。

在"有限责任公司模式"之下,非股东的夫妻一方可以取得股东地位,同时还可获得财产补偿,这种补偿实际是分割股东的出资额,并不涉及剔除公司经营成本后对股东所得利润的分割。

在实际判例中,会涉及对两部分财产的分割,但不会同时分割两者,只会择其一分割,即分割股东的出资额,就不会再分割股东所得利润,分割了股东所得利润,就不会再分割股东的出资额。分割股东的所得利润,更多是发生在夫妻双方无法协商一致的情形之下,无法适用"有限责任公司模式"时才会考虑分割股东所得的利润。

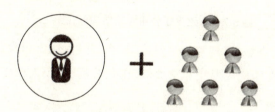

图 5-5 有限责任公司股东结构形式图之一

4. 上述规定仅适用股东为"夫妻一方 + 其他股东"的结构形式。下面我们探讨其他股东结构形式时,有限责任公司股权该如何分割:

(1) 股东为"夫妻双方 + 其他股东"的结构形式

图 5-6 有限责任公司股东结构形式图之二

① 夫妻双方协商一致

此时属于股东之间互相转让财产份额,不属于股东向第三人转让股权,只需将股权转让的事实通知其他股东即可。

② 夫妻双方协商不下

如夫妻一方不愿成为股东,对公司资产进行评估,由股东给予另外一方相应的补偿;双方均不愿成为公司股东,按《公司法》将股权转让给股东之外的第三人,对转让款进行分割;若夫妻双方的股权均未能转让给第三人,且双方都不愿成为股东的,应对公司评估,将股东所得利润进行分割。

(2) 股东仅为夫妻双方的结构形式

图 5-7 有限责任公司股东结构形式图之三

如果将"夫妻双方"视为一个整体,那么有限责任公司股东的结构形式与个人独资企业的构成形式非常类似,在此可运用"个人独资企业模式"来分割,表述如下:

① 一方主张经营该有限责任公司,协商不下的,对公司资产进行评估,由取得公司的一方给予另一方相应的补偿。

② 双方均主张经营该有限责任公司的,由双方竞价,出价高者取得公司并给予另一方相应的补偿;无法竞价的,对公司资产进行评估,取得公司的一方给予另一方相应的补偿。

③ 双方均不愿经营该有限责任公司的,根据《公司法》解散公司,公司债务清偿完毕后的剩余财产作为夫妻共同财产进行分割。

（二）"有限责任公司模式"的运用

案例 5-3　有限责任公司中的股权不经双方协商是否可以直接分割

婚后，男方受让海宇公司 40% 股权，离婚诉讼中，女方认为受让的股权属夫妻共同财产，主张分得其中一半份额，一审法院对女方的诉讼请求予以支持。男方上诉称，夫妻双方没有对转让的价格等事项协商一致的情况下，一审法院就分割股权，剥夺了其他股东的优先购买权。

二审法院经审理认为，海宇公司有两个股东，即明珠公司和男方，女方在一审中要求直接分割男方持有的股权，但并未提供证据证明其已获得其他过半数股东的同意，分割股权的前提条件尚未成就。且明珠公司在二审中向法院明确表示不同意将男方所持的股份分割给女方，并要求行使优先购买权。故一审法院对股权径行分割不当，男方上诉理由成立。判决驳回女方的诉讼请求。

本案判决表明，不经双方协商，不能直接运用"有限责任公司模式"对公司股权进行分割处理。

案例 5-4　有限责任公司股权分割中的其他股东优先购买权

婚后，男方与其他股东出资成立一家有限责任公司，男方占公司 45% 的股权。离婚诉讼中，女方要求对男方持有的股权依法分割。因涉及其他股东的权益，法院向有限责任公司发函，要求公司及时召开股东会，对被告持有的公司股权的一半归女方的事宜进行讨论决定，但第三人有限责任公司在收到法院函件后，既未召开股东会议，又无其他股东愿意购买男方持有的上述股权份额。

法院经审理认为，男方持有的公司股权属夫妻共同财产。公司在法院指定期限内既无召开股东会议，又无股东同意购买该股权份额，因此女方要求将男方持有股权的一半归自己所有，符合法律规定。判决将男方持有的公司

45%股权的一半即22.5%归女方所有。

本案分割夫妻有限责任公司的股权注意保持了《婚姻法》与《公司法》的协调与统一，依据的是《公司法》第71条"……股东应就其股权转让事项书面通知其他股东征求同意，其他股东自接到书面通知之日起满三十日未答复的，视为同意转让。其他股东半数以上不同意转让的，不同意的股东应当购买该转让的股权；不购买的，视为同意转让……"的规定。

案例5-5 有限责任公司股权分割中的代持股问题

夫妻于婚姻存续期间成立了一家机电公司，企业性质为有限责任公司，公司股东为男方与男方父亲，各占公司50%股份。离婚诉讼中，夫妻为分割男方在公司占有的股权发生争议。

一审法院经审理认为，有限责任公司设立及股权取得的时间均发生在婚姻存续期间，工商登记系确定公司股权的重要根据，虽然男方对此提出异议，认为应系代其父亲持股，并提供了与公司股本缴存时间相对应的、男方父亲名下银行取款的记录作为佐证，但该证据无法确定男方父亲当时的银行取款与缴存公司股本之间唯一的对应关系，同时其证明力也小于工商部门登记的证明力，因此，男方的股份应视为夫妻共同财产。判决男方在公司的50%的股份，由男女双方各分得25%的股份。

二审法院经审理认为，男方主张该公司系由其父投资成立，实际出资人为男方父亲，不同意分割公司股份，其父亲亦主张公司系由自己投资成立，男方只是挂名股东，亦不同意分割公司股份。诉讼中，女方不要求对股份进行评估折价补偿，坚持主张分割公司股份，一定要成为公司股东。在男方及其父亲均不同意分割公司股份的情况下，女方主张分割男方所持有的股份，于法无据。原审判决男女各分得公司25%的股份，无事实及法律依据。判决撤销一审原民事判决，驳回女方的诉讼请求。

本案有如下问题值得讨论：

其一，诉讼策略确定。首先通过诉前的谈判来确定对方是否同意转让股权,若不同意,在诉讼中直接请求分割股权价值,而非主张分割股份份额。《婚姻法司法解释(二)》第 16 条适用于夫妻双方协商一致情形,如果通过形势判断出公司的其他股东不同意夫妻一方加入公司占有其中的股份,配偶也不同意分割股份的情况下,只能诉请对公司资产进行评估确定股份的价值,获得其中一半的价值补偿。本案当事人诉请不当,一定要分割股份,导致败诉。

其二,代持股涉及认定真实股东身份问题,股东身份的确认是分割夫妻股权的前提,实践中经常出现如下几种股东类型:

① 名义股东:最高人民法院《关于适用〈中华人民共和国公司法〉若干问题的规定(三)》第 25 条规定:"有限责任公司的实际出资人与名义出资人订立合同,约定由实际出资人出资并享有投资权益,以名义出资人为名义股东,实际出资人与名义股东对该合同效力发生争议的,如无合同法第五十二条规定的情形,人民法院应当认定该合同有效。前款规定的实际出资人与名义股东因投资权益的归属发生争议,实际出资人以其实际履行了出资义务为由向名义股东主张权利的,人民法院应予支持。名义股东以公司股东名册记载、公司登记机关登记为由否认实际出资人权利的,人民法院不予支持……"可见,享有股东权利的是实际出资人,而非名义股东。

② 冒名股东:最高人民法院《关于适用〈中华人民共和国公司法〉若干问题的规定(三)》第 29 条规定:"冒用他人名义出资并将该他人作为股东在公司登记机关登记的,冒名登记行为人应当承担相应责任;公司、其他股东或者公司债权人以未履行出资义务为由,请求被冒名登记为股东的承担补足出资责任或者对公司债务不能清偿部分的赔偿责任的,人民法院不予支持。"

③ 虚设股东:是指以现实中不存在的他人之名义登记为公司股东。

无论是代持股,还是名义股东、冒名股东、虚设股东,都涉及对实际股东身份的确认。大家习惯上将工商登记作为认定股东身份的依据,但在股东身份确认的纠纷中,工商登记的证明力非常有限,应当综合工商登记、公司章程、验资报告、股东名册、出资证明书、当事人是否有出资意思、是否实际参与经营管理等因素判断实际股东身份,而不是单纯凭借工商登记来判断股东身份的真实性。

案例 5-6　已转让了的股权如何分割之一

婚后,夫妻双方成立了三家公司,分别为 A 公司、B 公司、C 公司,男方分别在其中占 70%、30%、40% 的股份,并且在婚姻期间将全部股份分别以 70 万元、30 万元、40 万元转让给了案外人。

法院经审理认为,因女方对 B 公司、C 公司的股权转让行为及转让价款无异议,故男方应当将上述两家公司股权转让一半的价款支付给女方,即 35 万元。由于女方对男方将 A 公司的股权转让行为及转让价款提出了异议,且男方原在实业有限公司的 70% 的股权已经登记在案外人名下,故对 A 公司的股权转让价款在本案中不予处理,若女方认为男方的股权转让行为损害了其合法权益,可通过其他法律途径解决。判决男方支付女方因转让 B 公司、C 公司股权转让款合计 35 万元。

本案中两类已转让的股权分割情形,一种是对股权转让无异议的,表明夫妻双方均不需要股权,此种情形下对转让所得款进行分割即可;一种对股权转让有异议,即夫妻一方认为其在股权中的夫妻共有财产权受到了侵害,夫妻一方仍然在乎,仍然追求股权本身,因此必须对该股权本身进行分割处理,因为已经转让的股权涉及受让股权一方也就是第三人,因此在离婚案中不宜对该股权进行直接认定和分割,必须由有异议的夫妻一方单独提起诉讼请求法院确认股权转让是否有效,如果法院确认股权转让有效,则只能分割股权转让所得款,如果法院确认股权转让无效,则股权性质恢复到夫妻共同财产状态,凭借该判决,可以主张分割股权。

案例 5-7　已转让了的股权如何分割之二

王某与周某系夫妻关系,生育女儿周某甲。婚姻期间,周某与陈某、李某成立汽车公司,周某占公司 33% 的股份。后周某将其在汽车公司股权无偿转让给女儿周某甲。同时,周某甲与陈某、李某签订了股权质押协议,将自己在汽车公司的股权质押给陈某、李某,并向工商部门办理了股权质押登记手续。

离婚诉讼之前,王某向法院起诉要求确认周某与周某甲关于汽车公司的股权转让协议无效,法院判决股权转让协议无效,该判决已生效。因为尚未办理股权变更登记,股权仍登记在周某甲名下。王某又向法院起诉,要求确认周某甲与陈某、李某签订的股权质押协议无效,法院判决确认股权质押协议无效,该判决也已生效。离婚诉讼中,王某主张分割现登记在周某甲名下的汽车公司33%的股份。

法院经审理认为,周某与周某甲股权转让协议已经被法院确认无效,该合同自始无效。该股权目前虽然没有复归到周某名下,但不妨碍其作为夫妻共同财产的性质,可依法对其进行分割。判决登记在周某甲名下的汽车公司33%的股份,其中18.15%的股份归王某所有,14.85%的股份归周某所有。

本案涉及夫妻一方已将股权转让给第三人如何处理的问题。与前面的案例类似,对股权转让无异议的,分割转让款;对股权转让有异议的,要先提起确认股权转让无效之诉,诉请判决股权转让无效,再依据生效判决主张分割股权;若判决股权转让有效,则只能分割股权转让款。

二、一人有限责任公司

一人有限责任公司也称"一人公司",是指由一名股东(自然人或法人)持有公司的全部出资的有限责任公司。

一人公司在结构形式上与个人独资企业非常类似,故可运用"个人独资企业模式"来分割,表述如下:

1. 夫妻一方主张经营该一人有限责任公司的,对公司资产进行评估后,由取得公司一方给予另一方相应的补偿。

2. 双方均主张经营该一人有限责任公司的,在双方竞价基础上,由取得企业的一方给予另一方相应的补偿。

3. 双方均不愿意经营该一人有限责任公司,又没有第三人受让该公司的,按照《公司法》等有关规定予以解散,并对公司资产进行评估后,分割股东所得的利润。

案例5-8　一方经营的旅游公司如何分割

婚后,男方成立了一家旅游公司,性质为以自己为股东的一人有限责任公司,离婚时,夫妻双方对分割公司的资产产生争议,女方认为,从清算报告可以看出,公司资产总额为380 056.24元,偿还44 934.86元债务后,剩余财产尚有335 121.38元,剩余款项应作为夫妻共同财产予以分割。

法院经审理认为,《公司注销股东会决议》载明"股东一致决定注销本公司,并成立公司清算组,已向公司登记机关备案,股东对清算报告也已确认,公司的债权债务已经清算完结,现申请注销"等内容。《公司清算报告》则载明"根据公司法及公司章程的有关规定,旅行社公司已经召开股东大会决议解散,并成立公司清算组已开始对公司进行清算……公司资产总额为380 056.24元,其中,净资产为335 121.38元,负债总额为44 934.86……公司资产总额380 056.24元,清偿债务44 934.86元。公司债权债务已清算完毕,剩余财产已分配完毕,实收资本为零"等内容,表明公司剩余财产已分配完毕,并经过公司股东会议的确认,女方作为公司股东且为清算组成员,应当认可该证据所显示的内容。判决驳回女方的诉讼请求。

本案根据旅游公司在注销时产生的《公司注销股东会决议》《公司清算报告》等文件来认定公司资产状况,不失为一种很好的角度,避免了司法审计的麻烦,节约了诉讼资源。

三、股份有限公司

(一)股份有限公司模式

股份有限公司,是指公司资本为股份所组成的公司,股东以其认购的股份为限对公司承担责任的企业法人。

股份是公司资本的组成单位,股份有限公司全部资本划分为等额股份,每一股份代表同等的金额,每一股份代表一份的股权,一股一权。股东的法律地位,权利义务都是以其持有的股份为基础。

股份与股票关系密切。股票是证明股东持有股份的凭证,股票是股份的证券形式。离婚时分割夫妻在股份有限公司中的权益,当股份有限公司尚未上市,是指对股东所持有股份的分割;当股份有限公司上市,是指对股东所持股票的分割。

《婚姻法司法解释(二)》第15条规定:"夫妻双方分割共同财产中的股票、债券、投资基金份额等有价证券以及未上市股份有限公司股份时,协商不成或者按市价分配有困难的,人民法院可以根据数量按比例分配。"

我们将此规定称为"股份有限公司模式",在财产分割上应注意如下要点:

1. 股份有限公司未上市

《定向募集股份有限公司内部职工持股管理规定》第22条规定:"内部职工持有的股份在公司配售三年内不得转让,三年后也只能在内部职工之间转让,不得在社会上转让交易。"内部职工股不得在社会上转让和交易,不能请求分割内部股权,由取得股权的一方给另一方相应的补偿,即只能分割价款不能分割数量。

2. 股份有限公司已上市

(1) 分割股票价款

要确定股票价款,须首先确定股票的价格,股票的价格有票面价、发行价、市场价、账面价等多种价格。股票的价格可由双方协商,协商不下的,通常有如下两种确定办法:

第一种,以判决发生法律效力之日证券交易所公布的当日收盘价来确定,因为这是最新的市场价,最能体现股票的实际价值。

第二种,以股票发行至判决之日的平均市场价折算为妥,这个价格平衡了股票价格的涨落,且可以使折价金额精确地写进判决书,便于执行,但计算平均价比较繁琐。

判决书中的判决项一般表述为:"由××所享有的10 000股中国联通股

票与8 000股东方热电股票,由××在指定的合理期限内卖出;并将所获得的款项扣除交易费用后的价值之一半给付××。"

(2)分割股票数量

无论是记名股票还是不记名股票,可直接分割股票数量并办理变更登记。涉及分割股票的数量,实际是涉及股份的转让,在此要注意法律对于特殊人员关于股份转让的限制。《公司法》第141条规定:"发起人持有的本公司股份,自公司成立之日起一年内不得转让。公司公开发行股份前已发行的股份,自公司股票在证券交易所上市交易之日起一年内不得转让。公司董事、监事、高级管理人员应当向公司申报所持有的本公司的股份及其变动情况,在任职期间每年转让的股份不得超过其所持有本公司股份总数的百分之二十五;所持本公司股份自公司股票上市交易之日起一年内不得转让。上述人员离职后半年内,不得转让其所持有的本公司股份。公司章程可以对公司董事、监事、高级管理人员转让其所持有的本公司股份作出其他限制性规定。"

上述的"高级管理人员"是指公司的经理、副经理、财务负责人、上市公司董事会秘书和公司章程规定的其他人员。

(3)双方都不要股票,则卖掉股票,分割所得款项。

(二)"有价证券模式"的运用

案例5-9 股票及股票资金账户的分割

婚后,男方名下证券公司A股账户内有资金余额216 709.4元,离婚诉讼中查明该账户内有资金余额79.81元,资产总值1 850.31元;婚后男方从其某证券B股账户中支取7 665美元,现该账户内有资金余额0.87美元,并有B股:老凤祥1万股,黄山5 000股,凌云5 000股,资产总值33 790.87美元。婚后男方名下某证券B股账户先后支取7 140美元、1 890美元、1 520美元,该账户内有资金余额6.26美元;证据同时显示,男方名下A股账户内于婚后"银证转账取"先后支取29 000元,11 900元,该账户内有资金余额73.23元。

离婚诉讼中,女方要求分割上述男方转移的资金、证券公司股票账户资金余额和目前证券的市值。男方则表示某证券账户内有其投入的27万元,后股票亏损,先后计给付女方15万元,不同意女方要求分割的意见。女方表示该账户内原有共同财产40余万元,承认收到男方给付的15万元。

法院经审理认为,女方主张A股账户内资金余额216709.4元,因该账户之后仍用于操作股票,故女方的意见不予采纳,但从女方提供的对账单反映在起诉前一年内男方分六次以"银行转取"的方式大额取出的资金共计172400元,该部分钱款作为夫妻共同财产予以分割。其余男方在分居前夕或分居后支取的钱款应作为共同财产予以分割。判决男方名下的B股股票:老凤祥1万股,黄山5000股,凌云5000股归男方和女方各半所有;男方名下的A股资金、股票和B股账户的资金余额以及证券账户的资金余额均归男方所有,男方给付女方分割款人民币13万元,美金11000元;男方名下工商银行的账户内的存款余额人民币7588.77元中的4553元归女方所有,其余均归男方所有。

我们经常在电脑中操作买卖的股票就属在买卖上市公司的"股份",对于夫妻双方而言,要处理这些股份,实际上就是处理股票。因此,要么分割股票的数量,要么分割股票的价款也就是股票当前的市值。操作股票通常和银行资金账户捆绑,在分割股票时,常常也要兼顾到股票账户情况。本案判决一方持有股票,一方享有账户资金,是基于股票价款与账户资金大体相同所作出的判决。

四、民办非企业单位(民办学校)

根据《民办非企业事业单位登记管理暂行条例》第2条规定,民办非企业单位是指企业、事业单位、社会团体和其他社会力量以及公民个人利用非国有资产举办的,从事非营利性社会服务活动的社会组织。

这类组织主要分布在教育、科研、文化、卫生、体育、交通、信息咨询、知识产权、法律服务、社会福利等领域,如民办学校(民办幼儿园、民办中小学、民办大学)、民办婚姻介绍所等。民办非企业单位大多为民办事业单位,具备法人条件的应视为事业单位法人。

民办非企业单位虽然不得从事营利性经营活动,但并不意味着民办非企业单位没有财产,仍存在分割民办非企业单位中的夫妻财产权的可能。分割民办非企业单位中的夫妻财产权关键在于是否存在法律对财产处置的特别规定。

案例 5-10　夫妻双方经营的私立中学如何分割

婚后,经教育局核准,男女双方共同投资创办了一所私立中学,法人代表为男方。民办中学经营情况越来越好,但夫妻俩感情越来越淡,男方提出离婚诉讼,女方同意离婚,要求把中学的一半财产分给她。一审法院判决准予双方离婚,对分割民办中学不予处理。女方不服,上诉至中级人民法院。

二审法院经审理认为,民办中学系双方在夫妻关系存续期间共同创办,属夫妻共同财产。学校财产不可分割,但经营权利可以分割,可以用经营管理权置换财产。学校的债务双方应共同分担,从学校总资产中扣除债务后的余额在双方之间进行分配,由经营管理方支付另一方相应的对价。男方是学校的法定代表人,长期经营管理学校,积累了一定的管理经验,为有利于学校的稳定和发展,学校由男方管理比较合适。经评估学校资产为 3 582 024.46 元,负债 1 628 693.15 元,净资产为 1 953 331.31 元。判决民办中学由男方管理,男方支付女方 978 495.65 元,自判决生效之日起 6 个月内支付完毕。

二审法院提出了"经营权置换财产权"的思路,认为经营权和财产权一样都具有财产价值,这种思路是正确的,好比如房屋的使用权也可以分割一样。该案判决提醒我们,要注意看财产所依附的社会关系,比如民办中学由教育部门核准设立,作为有主管部门管理的财产类型,要审查主管部门对财产有无特别的规定,而不能依据简单运用婚姻法来解决。民办中学受《中华人民共和国民办教育促进法》约束,根据该法第 59 条规定,民办学校清偿债务后的财产,按照有关法律行政法规的规定处理。可见民办学校如果不存在国家对其投资,清算后剩余财产应属于实际投资人的私有财产,应受法律保护。双方都不愿意继续民办中学,就不能采用"经营权置换财产权"的思路,而应将学校资产清算,将剩余所得在开办人之间分割。

第三节　其他形式企业

一、外商投资企业

外商投资企业是个概括性的概念,包括所有含有外资成分的企业,在中国主要是指中外合资经营企业、中外合作经营企业和外资企业三种类型。

（一）中外合资经营企业

中外合资经营企业,是指外国公司、企业和其他经济组织或个人(以下简称外国合营者),按照平等互利的原则,经中国政府批准,在中华人民共和国境内,同中国的公司、企业或其他经济组织(以下简称中国合营者)共同举办的企业(以下简称合营企业)。

合营企业的中国合营者必须是组织机构,外国合营者可以由自然人作为股东。作为外国合营者的自然人,无论其与谁登记结婚(可能是与中国大陆公民登记结婚,也可能是与外国公民登记结婚,或者是与中国港澳台地区的居民登记结婚,甚至是与无国籍人登记结婚),如果中国大陆法院对离婚案享有管辖权,作为自然人的外国合营者在合营企业中享有的股权就会产生分割问题。

根据《中外合资经营企业法》第4条的规定,合营企业的形式为有限责任公司。因此可以运用"有限责任公司模式"来分割中外合资经营企业中的夫妻财产权,在此简要提示分割要点：

1. 区分不同的股东结构形式来讨论：

（1）股东为"外国合营者(夫妻一方)＋中国合营者"的结构形式时股权的分割；

（2）股东为"外国合营者(夫妻双方)＋中国合营者"的结构形式时股权的分割。

2. 注意报批手续:属于股东之间的股权转让,须报上级主管机关批准,并向登记管理机构办理变更登记。

3. 注意优先购买权:合营一方向第三者转让其全部或部分股权的,须经合营他方的同意,且合营他方有优先购买权;合营一方向第三者转让股权的条件,不得比合营他方转让的条件优惠。该股权转让须报审批机构批准,并向登记管理机构办理变更登记。如果不同意转让,只能分割股权价值,不能分割股权份额。

4. 注意持股比例:外国合营者投资比例一般不低于25%,股权转让不能突破这个比例。

(二) 中外合作经营企业

中外合作经营企业,是指为了扩大对外经济合作和技术交流,促进外国的企业和其他经济组织或者个人(以下简称外国合作者),按照平等互利的原则,同中华人民共和国的企业或者其他经济组织(以下简称中国合作者)在中国境内共同举办的企业(以下简称合作企业)。

合作企业的中国合作者必须是组织机构,外国合作者可以由自然人作为股东。作为外国合作者的自然人,无论其与谁登记结婚(可能是与中国大陆公民登记结婚,也可能是与外国公民登记结婚,或者是与中国港澳台地区的居民登记结婚,甚至是与无国籍人登记结婚),如果中国大陆法院对离婚案享有管辖权,作为自然人的外国合作者在合作企业中享有的股权就会产生分割问题。

根据《中华人民共和国中外合作经营企业法实施细则》第4条的规定,合作企业包括依法取得中国法人资格的合作企业和不具有法人资格的合作企业。法人形式主要为有限责任公司和股份有限公司,非法人形式合伙企业(因为有中外两个股东,因此不存在个人独资企业类型),这就使得讨论分割合作企业股权变得复杂,在此简要提示分割要点:

1. 分割具有法人资格的合作企业中的夫妻财产权

(1) 合作企业是有限责任公司类型的:运用"有限责任公司模式"来分割,要区分不同的股东结构形式来讨论:

① 股东为"外国合作者(夫妻一方) + 中国合作者"的结构形式时股权的分割；

② 股东为"外国合作者(夫妻双方) + 中国合作者"的结构形式时股权的分割。

(2) 合作企业是股份有限公司类型的：运用"股份有限公司模式"来分割，区分股份公司未上市和已上市两种情况，要么分割股票价款，要么分割股票数量。

(3) 注意持股比例：具有法人资格的合作企业中，外国合作者的投资一般不得低于合作企业注册资本的25%，股权转让时不能突破这个比例。(对于非法人企业形式的合作企业之外国合作者的投资股权比例没有限制)

(4) 注意报批手续：各合作方之间互相转让或合作一方向合作他方以外的他人转让属于其在合作企业中全部或部分股权的，须经合作他方的书面同意，并报审查批准机关批准。如果股东不同意转让股权给配偶，只能分割股权价值，不能分割股权份额。

2. 分割非法人资格的合作企业中的夫妻财产权(合伙企业类型)

(1) 运用"合伙企业模式"来分割，要区分不同的合伙人结构形式来讨论：

① 合伙人为"外国合作者(夫妻一方) + 中国合作者"的结构形式时股权的分割；

② 合伙人为"外国合作者(夫妻双方) + 中国合作者"的结构形式时股权的分割。

(2) 注意财产性质：不具有法人资格的合作企业的合作各方的投资或提供的合作条件，为合作各方分别所有，归合作各方所有。经合作各方约定，也可以共有，或者部分分别所有，部分共有。合作企业经营积累的财产，归合作各方共有。

(三) 外资企业

外资企业，是指为了扩大对外经济合作和技术交流，促进中国国民经济的发展，中华人民共和国允许外国的企业和其他经济组织或者个人(以下简称外国投资者)在中国境内举办的企业(以下简称外资企业)。

外资企业全部由外国投资者组成,既可以是组织机构,也可以是自然人。在股东为自然人的情形下,无论其与谁登记结婚(可能是与中国大陆公民登记结婚,也可能是与外国公民登记结婚,或者是与中国港澳台地区的居民登记结婚,甚至是与无国籍人登记结婚),如果中国大陆法院对离婚案具有管辖权,作为自然人的外国投资者在外资企业中的出资额就会产生分割问题。

外资企业的组织形式为有限责任公司。经批准也可以成为其他责任形式。外资企业为其他责任形式的,外国投资者对企业的责任适用中国法律、法规的规定。这也让讨论外资企业股权分割时变得相当复杂,囊括了外资企业为有限责任公司、股份有限公司、合伙企业、个人独资企业这四种类型的分析讨论,除了应注意法律对外资企业的特别规定外,在分割方式与内资企业上殊途同归,相应的,可以运用"有限责任公司模式""股份有限公司模式""合伙企业模式""个人独资企业模式"来分割处理,请参照前文有关章节内容,在此不再展开讨论。

二、乡镇企业(社区股份合作公司)

《中华人民共和国乡镇企业法》第 2 条规定:"本法所称乡镇企业,是指农村集体经济组织或者农民投资为主,在乡镇(包括所辖村)举办的承担支援农业义务的各类企业。前款所称投资为主,是指农村集体经济组织或者农民投资超过百分之五十,或者虽不足百分之五十,但能起到控股或者实际支配作用。乡镇企业符合企业法人条件的,依法取得企业法人资格。"

分割乡镇企业中的股权之规则与分割前述各种企业中股权没有根本区别,只是要注意乡镇企业中的股权一般只限制在成员之间转让,经股东同意才能对外转让,在分割股权时要考虑夫妻双方是否都具备集体成员资格,股权转让是否经过其他股东同意,是否违背股东之间的协议约定等因素。

农村股份合作企业也称社区股份合作公司,可视为一种特殊的乡镇企业,集体成员按其出资额在企业财产中的比例拥有份额所有权,在盈余分配中可以获得股息和红利,在企业解散时有权按出资比例分割企业剩余财产。

分割社区股份合作公司中的夫妻财产权有如下方式：
1. 分割成员在企业中享有的财产份额(股权)。
2. 分割获得的股息和红利。
3. 分割企业解散后实际分配所得的财产。

三、私募股权基金、众筹

(一) 私募股权基金

私募股权基金，是指由两个以上的出资人以其出资及合法筹集的资金，从事对其他企业进行直接股权投资或者持有股份而设立基金，形成新的财产主体。

私募股权基金主要划分为三种架构：第一种是公司型基金，通过设立投资公司，面向特定对象发行股票募集资金，并从事对外投资业务；第二种是有限合伙型基金，通过设立有限合伙企业，合伙事务执行人是无限责任合伙人，吸引的投资者成为有限合伙人，合伙事务执行人负责对合伙企业财产实行对外投资；第三种是信托型基金，委托人和受托人签订信托合同，约定由受托人负责运用委托人的财产进行对外投资活动，获取的收益在提取佣金后由受益人享有。

现以最常见的有限合伙型基金为例：

普通合伙人(GeneralPartner，简称 GP)：通常以有限责任公司形式存在，也有以自然人形式存在的，是基金的管理人，平时收取管理费，负责公司的日常运作事宜，也通常会委托顾问公司具体运作基金；

有限合伙人(LimitedPartner，简称 LP)：是基金的投资者，主要负责筹措资金和提供资金，比如负责对外的贷款；

创始合伙人：是对基金拥有个人份额的基金经理，通常可获得 20% 左右的管理分红。

视不同的当事人，对有限合伙型基金中的夫妻财产权分割有如下方式：
1. 对普通合伙人而言，可分割收取的投资收益。
2. 对有限合伙人而言，可分割获得的投资收益。

3. 对创始合伙人而言,可分割获得的管理分红。

4. 在还没有产生上述投资收益、管理分红的情况下,可运用"合伙企业模式"对合伙人在私募股权基金(有限合伙企业)中属于夫妻共同财产的股权进行分割。

收益分配是股权投资基金设计中最为复杂的部分,基金设计的结构上结合了投资人与管理人的才能,是"资合 + 智合"结果,有限合伙型基金的收益分配通常还附加有更加复杂的回报机制,以便平衡投资人与管理人的利益,导致夫妻财产分割会更复杂,在此不详细阐述。

(二)众筹

众筹,是指众筹利用互联网传播的特性,争取大家对创意项目的关注和支持,获得所需要的资金援助。

众筹主要有三种模式:第一种是债权模式,投资者对项目投资,获得一定比例的债权,未来获取利息收益并收回本金;第二种是股权模式,投资者对项目投资,获得其一定比例的股权;第三种是奖励模式,投资者对项目投资,获得一定形式的回馈品或纪念品;第四种是捐赠模式,投资者对项目无偿捐赠,不求回报。

现以最常见的股权众筹为例,涉及如下当事人:

领投人:负责寻找众筹项目、分析项目、尽职调查、投后管理,是众筹项目的实际管理人,平时可收取管理费,相当于私募基金中的普通合伙人(GP);

跟投人:是众筹项目的资金提供者,相当于私募基金中的有限合伙人(LP);

创业者:众筹项目的创意设计者和众筹方案的设计者。

视不同的当事人,对股权众筹基金中的夫妻财产权分割有如下方式:

1. 对领投人而言,可分割收取的投资收益。

2. 对跟投人而言,可分割获得的投资收益。

3. 对创业者而言,可分割获得的投资收益。

4. 在还没有产生上述投资收益的情况下,可运用"合伙企业模式"对合伙人在众筹基金(有限合伙企业)中属于夫妻共同财产的股权进行分割。

第六章 夫妻财产分割与房产法的结合

第一节 按 揭 房

一、补偿价值的计算

（一）按揭房模式

按揭，是指购房人将房屋抵押给银行，银行贷款给购房人并以购房人名义将款项交由房产商以支付房屋价款，若购房人到期不能还本付息，则按揭银行有权将房屋变价并优先受偿的一种商业模式，处于此商业模式之上的房屋被称为按揭房。

《婚姻法司法解释（三）》第10条规定："夫妻一方婚前签订不动产买卖合同，以个人财产支付首付款并在银行贷款，婚后用夫妻共同财产还贷，不动产登记于首付款支付方名下的，离婚时该不动产由双方协议处理。依前款规定不能达成协议的，人民法院可以判决该不动产归产权登记一方，尚未归还的贷款为产权登记一方的个人债务。双方婚后共同还贷支付的款项及其相对应财产增值部分，离婚时应根据婚姻法第三十九条第一款规定的原则，由产权登记一方对另一方进行补偿。"

我们将此规定称为"按揭房模式"，在财产分割上应当注意如下要点：

1. 按揭形式：仅指在婚前签订购房合同并以个人财产支付首付款，婚后用夫妻共同财产共同还贷的情况。

2. 产权状况：按揭房已办理产权登记，并且登记在首付方名下。

3. 产权归属：先由夫妻双方对房屋权属自由约定，如果没有约定，原则上归支付首付款一方所有。

4. 分割对象：一是婚后共同还贷部分；二是共同还贷部分在房产中所占

据的相应的增值部分。

不属上述按揭房情形的,根据案情综合运用各种分割模式来处理。

(二)"按揭房模式"的运用

按揭房产权归属争议不大,按揭房的共同还贷部分也很明确,通过银行还贷清单就可反映出来,但按揭房的婚后共同还贷部分所对应财产增值部分有不同计算方式,首期款、贷款本息、合同购买价、评估价、契税、维修基金、房屋装修费、水电费、物业管理费、公证费、保险费、涉及第三人的借款等,将这些因素进行不同的排列组合,计算结果也不同,当事人所获得权益也相差甚远。

案例6-1　婚前购房,婚后夫妻双方及父母共同还贷

婚前,男方以自己名义签订购房合同,支付首付款247 345元,向银行贷款12万元。婚后至起诉离婚时,包含父母偿还部分在内共已偿还贷款126 033元,已支付利息39 285元。婚后取得房屋所有权证,产权登记在男方名下。离婚诉讼中,双方认可房屋价值140万元。

法院经审理认为,在没有指定是对自己子女赠与情况下,婚后男方父母偿还的房屋贷款视为对男女双方赠与,房屋属夫妻共同财产。婚后共同还贷支付的款项及其相对应财产增值部分由男方对女方进行补偿,双方应共同还贷部分的增值数额为433 553.52元[1 400 000元×126 033元÷(247 345元+120 000元+39 285元)]。判决房屋归男方所有,男方应支付女方补偿款216 776.76元(433 553.52元÷2)。

本案运用了"婚后所得模式"对房屋进行定性,婚前取得的房屋属夫妻个人财产;运用"父母出资模式",即当事人结婚后,父母为双方购置房屋出资的,该出资应当认定为对夫妻双方的赠与,但父母明确表示赠与一方的除外,故本案中父母还贷部分定位性为对夫妻双方的赠与。运用"按揭房模式"对按揭房进行分割,值得注意的是分割过程遗漏了分割共同还贷部分本身,司法解释中规定应补偿的是"双方婚后共同还贷支付的款项及其相对应财产增值部分","及"字是"和"之意,两者都须具备,而不是选择其一,更不是只选择分割"增值部分",因此男方应支付女方补偿款应为 279 793.26 元 (433 553.52 元÷2 + 126 033 元÷2)。

案例 6-2　婚后购房,夫妻双方共同还贷

婚后,以男女双方名义购房屋一套,交付首期款 86 908 元、契税等代收费用 13 995 元,余款向银行按揭贷款,房产登记在男女双方名下,至起诉离婚之日已交付购房款 186 187.01 元,尚欠银行按揭贷款 139 852.67 元及利息。离婚诉讼中,男女双均主张分割房屋,经评估房屋总价值 568 000 元。

一审法院经审理认为,房屋判给女方为宜,女方应予支付男方房屋折价款 162 448 元 = 568 000 元 × [186 187.01 元÷(186 187.01 元 + 139 852.67 元)]÷2,尚欠银行贷款 139 852.67 元及利息由女方负责偿还。

二审法院经审理认为,女方补偿给男方相应的款项应是以房屋评估价值乘以男方的出资比例为准。因房产评估时已包含房屋的装修价值,故计算女方与男方投入该房的款项时也应包括装修在内,原审法院没有把装修款列入双方的投入不当,应予纠正;房产是女方与男方通过交付首期款及按揭取得的,对于未还的按揭本金应由女方与男方共同承担,而对于按揭款所增值的部分也应由女方与男方共同享有,故原审法院没有对未还的按揭款本金及按揭所增值的部分作出处理不当,应予纠正。房产经评估的价值为 568 000 元,双方至法庭辩论之日取得该房需支出的款项为 388 731.67 元(首期款 86 908 元 + 已按揭款项 193 486.46 元 + 未还按揭款本金 135 245.21 元 + 装修款 60 000 元)。女方认为投入款应包含后期按揭款本金的利息在内,但女方与男方分割房产后,女方取得了房产的所有权,其为自身利益采取的按揭的方式按揭 135 245.21 元所产生的利息不应由男方来承担。经查明,购房款中有 5.8 万元是来源于女方母亲的款项,该款应视为黄某对女方的赠与,属女方个人财产。因此,男方应分得的房屋折价款为 174 003.72 元 = [(193 486.46 元 + 60 000 元 − 58 000 元 + 135 245.21 元)÷2÷(193 486.46 元 + 60 000 元 +

135 425.21 元)] × 568 000 − 135 245.21 元 ÷ 2。

本案二审判决在计算房屋购买时的原始价值方式比较特别,既不是将房屋买卖合同确定的房价为基数,也不是简单将首期款、已按揭数额、尚欠贷款金额之和作为基数,而是补充包含了装修款,因为考虑到诉讼中的评估价包含了装修价值,因此原始的房价基数也当然包含装修价值。

同时运用父母出资购房模式,即当事人结婚前,父母为双方购置房屋出资的,该出资应当认定为对自己子女的个人赠与,但父母明确表示赠与双方的除外,认定女方母亲出资是对女儿的单方赠与(房产证登记在夫妻双方名下,看起来似乎是对夫妻双方的赠与,因女方申请其母亲出庭作证认可了对其女儿的单方赠与),并将出资在房款计算基数中给予扣除。按揭房计算过程比较繁杂,但也合情合理。但是,本案仍忽视对共同还贷部分分割,这是分割按揭房补偿价值时存在的普遍现象。

案例6-3 婚前购房,婚后夫妻双方共同还贷之一

婚前,男方签订商品房预购销合同,以 77 133.78 元的价格购买房屋一套,支付首期款 15 819.76 元后,婚前共偿还了供楼款 5 069 元,向银行抵押贷款 59 000 元,分 360 期偿还,婚后取得房地产权证,权属人为男方。婚后,支付供楼款 63 089.28 元,并提前还清按揭贷款。离婚诉讼中,双方确认房屋价值 150 000 元。

法院经审理认为,房屋婚前由男方签订合同,并以个人财产支付首期款,双方无法达成协议,故房屋应归男方所有。同时,婚后用于支付供楼款的 63 089.28 元属夫妻共同财产,该款项占房屋全部价款(包括房价款及按揭贷款所产生的利息,即首期款 + 原告婚前所支付的供楼款 + 婚后所支付的供楼款)比例为 75.13%(63 089.28 元 ÷ (15 819.76 元 + 5 069 元 + 63 089.28 元)],婚后共同还贷支付的款项及其相对应财产增值部分应为 112 695.56 元(150 000 元 × 75.13%)。判决男方应支付女方补偿款 56 347.78 元(112 695.56 元 ÷ 2)。

本案将"首期款+婚前首期款+婚后供楼款"作为计算房屋原始总价值的依据。

案例6-4 婚前购房,婚后夫妻双方共同还贷之二

婚前,男方签订《商品房买卖合同》购买房屋一套,总房款76851.3元,其中房款66694.3元,车房款10157元。男方支付了首付款23055.39元,各项杂费2766.34元。婚前男方按月支付银行按揭每月400元,至结婚时男方共支付银行按揭款8400元(400×21=8400),余款42629.61元由双方婚后共同归还。婚后该房以25万元转让,转让房时支付各项费用共4574.84元,实收房款245425元。

法院经审理认为,房屋是男方婚前签订购房合同并支付首付款及归还部分银行贷款,房产登记在男方名下,婚后夫妻共同归还部分银行贷款,该房应为男方所有。婚后共同还贷支付的款项及其相对应财产增值部分应属夫妻共同财产。房产购买时总房款为76851.3元,婚前男方首付23055.39元,还贷8400元,支付各项费用2766.3元,三项合计34221.69元,余款42629.61元女方、男方婚后共同归还,属男方婚前所值的总房款比例为44.53%〔34221.69(23055.39+8400+2766.3=34221.69)元÷76851.3元=44.53%〕。属双方婚后共同还贷的总房款比例为55.47%〔42629.61÷(76851.3-34221.69=42629.61)元÷76851.3元=55.47%〕。房产以25万元转让,转让时交付各项费用共4574.84元,实收房款245425元,房款由男方收取。男方应支付该房屋夫妻共同还贷的增值部分价值的转让款68068元〔245425(250000-4575=245425)元×55.47%÷2〕给女方。

本案将按揭房转卖后以所得款作为房屋原始总价的标准。但完整的算法上还应考虑所缴纳的税费作为房屋价款总和的一部分。另外,本案没有分割共同还贷的部分,是其明显的不足之处。

二、出资购房的风险防范

（一）转账支付购房资金，保留转账凭证

现金支付与转账支付会产生不同的证明效果，比如在婚后提取婚前的资金并以现金方式去交付房屋首期款，因为货币的种类物特性决定，具有不记名特征，婚前婚后取款的时间和金钱尽管在数量上一致，也很难认定是同一笔款，往往会被认为是婚后用夫妻共同财产支付的首期款，夫妻个人财产性质就会被否认，计算房屋价值补偿的结果也就会不同。

转账单据上最好有交易注释，诸如"婚前售""婚前财产售房款""母亲存入现金""母亲出资购房""购房首期款""购房余款"等备注，明确了款项出资人，结合出资人在庭是否有赠与意思表示，就可以判断出赠与关系是否成立，如果成立赠与，再结合其他证据判断是对夫妻个人赠与还是对夫妻双方赠与。

案例6-5　银行个人业务凭证的证明力

婚后，以男方名义购买房屋一套，花费147 670元。离婚诉讼中，男方提出该房屋为男方原工作单位的存量公房，故需由其名义购买，但实由其父母全额出资，故不属夫妻共同财产。男方为此提交中国工商银行《个人业务凭证》两张，内容反映婚后从男方父亲名下的银行账户分别转账各100 000元至男方名下银行账户；存量公房选房确认单、计价表、购房款发票各一张，刷卡消费凭条两张，确认男方购买房屋并在婚后支付了购房款147 670元。

法院经审理认为，男方提出该房屋的实际出资人为其父母，审查男方提交的证据，可证实该房屋实为存量公房，是单位对其员工给予的一种福利待遇。而男方提交的证据，其中《个人业务凭证》并不能反映相应款项用于支付购房款，而存量公房选房确认单、计价表、购房款发票等认购、付款凭证所指向的对象均为男方本人，无法据此认定男方的陈述，房屋以男方的名义购买于婚姻期间，如无特别约定，应属夫妻共同财产。判决房屋归男方所有，男方向女方补偿 73 835 元(147 670 元÷2)。

本案中,银行个人业务凭证没有显示交易注释,无法直接证明该款用于购房。个人业务凭证只是张凭条,所记载事项不多(见下图),在办理支付过程如果实际是在填单上填写有转账用途,那么就要申请法院去调取业务凭证所对应的银行填单资料,作为直接证明该款系购房的证据。

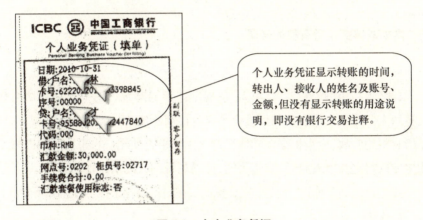

图 6-1　个人业务凭证

(二) 转账过程中不可将资金挪作他用

比如子女将属于父母的赠与给其个人的钱款提取出来,再存入自己的账户进行炒股,后又从股票账户提款出来支付房款,经系列的转换,父母出资的赠与性质与自己财产性质已混同,分离了父母出资的账户与子女接收出资款项账户之间的关联性,改变了父母出资的性质。

案例 6-6　将父母购房出资挪作他用

婚后,夫妻购买房屋一套,登记在双方名下。离婚诉讼中,男方提出房屋是其以婚前财产出资所购买。法院经审理认为,男方用于支付购房的款项直接从其名下个人账户中扣划,却主张相应款项实由其母亲出资,但其母亲转账付款的时间与男方划扣房款的时间并不吻合,且男方确认其将上述款项先用于股票投资,再多次通过其名下数个账户转款而筹集房款,基于因货币具有流通性且不记名的特点,法院最终判决该房屋是夫妻共同财产,应予分割。

本案中,男方的败诉原因在于他将母亲的出资先挪用用于炒股,抹煞了母亲出资的目的。

第二节 房 改 房

一、尚未取得完全所有权的房屋

(一)不完全产权模式

《婚姻法司法解释(二)》第21条规定:"离婚时双方对尚未取得所有权或者尚未取得完全所有权的房屋有争议且协商不成的,人民法院不宜判决房屋所有权的归属,应当根据实际情况判决由当事人使用。当事人就前款规定的房屋取得完全所有权后,有争议的,可以另行向人民法院提起诉讼。"

我们将此规定称为"不完全产权模式",在财产分割上应当注意如下要点:

1. 标的:房屋。

2. 产权:尚未取得所有权或尚未完全取得所有权,包括完全没有所有权,只有部分产权两种情况。

3. 分割:不处理所有权,只处理使用权,由取得房屋使用权的一方给予另一方相应的补偿。取得房屋所有权后,当事人离婚后可单独提起分割房屋的诉讼。

公有住房是典型的不完全产权房。依据《国务院关于深化城镇住房制度改革的决定》第21条的规定,只有公民在按照房改的政策,以市场价或成本价购买所承租的公有住房的,才取得该房屋的所有权。如果以标准价购买的,还只是拥有部分产权。

(二)"不完全产权模式"的运用

案例6-7 夫妻一方购买的大学住房如何分割

婚后,女方与大学签订公有住房买卖合同,约定女方以房改成本价购买房屋一套，核定成本售价为 25 480 元，一次性付清购房款，大学按规定给予 20% 的折扣，计 5 096 元，女方实交购房款 20 384 元；女方付清购房款后，凭缴款收据到房改办办理交易及权属转移手续；女方购房后，拥有住房的占有权、使用权、处分权和收益权，可以继承。

合同签订后，女方已向大学缴清购房款，之后大学向房产局提交房改房交易过户权属登记申请表，申请对上述房屋办理房产交易立契和产权登记手续。但直到离婚诉讼时，该房屋的产权证尚未办理下来，男方提出要分割该房屋的主张。

法院经审理认为，房屋尚未实际取得产权，应由女方继续居住使用。判决房屋内家用电器全部归女方所有，女方给予男方一万元补偿。

本案的补偿款是法官酌情确定的数额。特别注意，按揭房不属"尚未取得完全所有权"的情形，购房部分资金来源于购房者，部分来源于银行提供的贷款，房款实际已支付完毕，房屋虽被抵押给银行，但所有权还是完整的，实践中对按揭房的处理并不适用"不完全产权模式"。

二、婚后用共同财产购买婚前承租的公房

公房，是指所有权属国家机关、企事业单位或集体组织的房屋。

《婚姻法司法解释（二）》第 19 条规定："由一方婚前承租、婚后用共同财产购买的房屋，房屋权属证书登记在一方名下的，应当认定为夫妻共同财产。"

房屋系婚后用夫妻共同财产购买所得，运用"婚后所得模式"，属夫妻共同财产，婚前一方承租对房屋权属认定不产生实质影响。按照政策，公房分配时会考虑申请者的职务、工龄等因素，实际购房价格会包含夫妻工龄等因素所带来的价格优惠，分割时需注意这种情况是否存在。

案例 6-8　婚后一方购买的公房如何分割之一

婚后，女方缴纳 26 688.10 元购买公房一套，产权证登记在女方名下。

《公房产权评估计价核定表》载明:计算工龄为25年,住房已使用年限15年,住房建筑面积49.5㎡,超标部分面积为0㎡,售房平均成本价为900元÷㎡,工龄折扣额为4.88元÷㎡年,成新率70%,地段增减率-4%,楼层增减率+3%,故该房按成本价出售标准内面积住房的实际售价为[(900-4.88×25)×70%×(1-4%+3%)-0]×49.50+0=26688.12元,因超标面积为0,故该房合计实际售房价为26688.12元。离婚诉讼中,女方称该房改房抵扣的系其个人的工龄,男方对此表示认可。房屋经评估价值12万元。

法院经审理认为,房屋于婚后以夫妻共同财产购得,该房属夫妻共同财产,应予分割。房屋折算的是女方工龄,根据《公房产权评估计价核定表》计算方式,确定女方购房时其工龄的价值为:[(4.88×25)×70%×(1-4%+3%)-0]×49.50+0=4185.027元;房屋价值12万元,女方工龄价值为:18817.5元(120000÷26688.12×4185.027);房屋中属夫妻共同财产部分的价值为:101182.5元(120000元-18817.5元)。因单位根据女方的职务、工龄、工作级别等多种因素才给予女方福利购房,女方且仍在该房中居住,判决房屋归女方所有,女方支付给男方房屋折价款50591.3元(101182.5÷2)。

本案核定出申请购房的夫妻一方的工龄价值,所剩价值即为夫妻共同财产价值,计算相当详尽。

案例6-9 婚后一方购买的公房如何分割之二

婚后,女方作为申请人向单位购买公房一套,《职工购买公有住房申请书》上载明:"男方与女方均没有享受过按房改优惠价或购买公房以及购买解困房记录;申请人工龄二十年,男方工龄九年……"女方一次性付清房价款31524.62元,产权证办理在女方名下。离婚诉讼中,男方主张分割房屋。

法院经审理认为,房价款已付清,女方未能证明房款全部系其个人财产,视为以夫妻共同财产支付,房屋属夫妻共同财产。因双方均要求继续居住该屋,判房屋由男女双各占一半产权。

本案运用"婚后所得模式"确定房屋属夫妻共同财产,判决各自占有产权份额,将房屋由共同共有转化为按份共有。传统的判决思路是对房屋评估,由取得产权的一方给予另一方相应的补偿。

三、用夫妻共同财产出资购买父母名义参加的房改房

房改房,是根据政策规定,符合分房条件的职工、实际承租者以标准价或成本价购买来的公房。

《婚姻法司法解释(三)》第 12 条规定:"婚姻关系存续期间,双方用夫妻共同财产出资购买以一方父母名义参加房改的房屋,产权登记在一方父母名下,离婚时另一方主张按照夫妻共同财产对该房屋进行分割的,人民法院不予支持。购买该房屋时的出资,可以作为债权处理。"

此种情形之下的房改房已为完全产权的房屋,属父母共同财产,而非夫妻共同财产或夫妻一方个人财产。子女出资按债权债务关系处理,夫妻是债权人,父母是债务人。

四、公房承租使用权

我国城镇住房制度改革之前,公民居住的房屋大部分是由国家或单位提供的直管公房或自管公房,房屋所有权属国家或单位,国家和单位是房屋的所有权主体,公民其对承租的房屋只享有占有使用的权利。

针对公房承租,最高人民法院于 1996 年发布《关于审理离婚案件中公房使用、承租若干问题的解答》作了详尽规定,在财产分割上应当注意如下要点:

1. 公房承租权分割纠纷不是租赁关系中出租人与承租人的纠纷,而是享有居住权的共同承租权之间的争议。

2. 公有住房福利的享受人并非仅是承租人,还包括家庭成员在内的同住人,同住人与常住户口相联系。公有住房的承租人,原则限于本单位职工房屋范围内,有正当理由与承租人同居的人,如配偶因长期居住而对该房屋也享有权利。

2013年12月,住房城乡建设部、财政部、国家发展改革委员会联合发布《关于公共租赁住房和廉租住房并轨运行的通知》,从2014年起,全国各地公共租赁住房和廉租住房并轨运行,并轨后统称为公共租赁住房。

案例6-10　一方居住的大学宿舍如何分割

婚后,女方居住在大学分配的宿舍中,后与学院签订《住房协议书》,确定女方有终身居住使用权,居住期间不得以任何方式出租、转借他人;教职工调离、辞职、辞退、离职、开除、去世后由学院收回住房。离婚诉讼中,女方提出应继续使用该房屋。

法院经审理认为,住房所有权归大学所有,不能作为夫妻共同财产分割。判决该房由女方居住使用,并补偿男方10万元。

本案运用"不完全产权模式",分割了学院的公房承租使用权。

五、经济适用房、集资房、两限房

(一)经济适用房

经济适用住房,是指政府提供政策优惠,限定套型面积和销售价格,按照合理标准建设,面向城市低收入住房困难家庭供应,具有保障性质的政策性住房。

《经济适用房管理办法》第30条规定:"经济适用住房购房人拥有有限产权。购买经济适用住房不满5年,不得直接上市交易,购房人因特殊原因确需转让经济适用住房的,由政府按照原价格并考虑折旧和物价水平等因素进行回购。购买经济适用住房满5年,购房人上市转让经济适用住房的,应按照届时同地段普通商品住房与经济适用住房差价的一定比例向政府交纳土地收益等相关价款,具体交纳比例由市、县人民政府确定,政府可优先回购;购房人也可以按照政府所定的标准向政府交纳土地收益等相关价款后,取得完全产权。"

可见经济适用房首先是一种不完全产权房,符合一定条件后可以转换为完全产权的房屋。经济适用房的分割有如下形式：

1. 经济适用房未满5年的,运用"不完全产权模式",只判决房屋使用权归属,由取得使用权的一方给予另一方相应的补偿。

2. 经济适用房由政府回购的,可以分割回购款。

3. 经济适用房已满5年并已取得完全产权的,按照普通商品房来分割,形式灵活多样。比如,可以由取得房屋所有权的一方给了另一方相应的补偿,或者判决夫妻对房屋双方按份共有,或者判决按份共有的同时对房屋具体的使用权也作出处理等。

案例6-11 婚前购买的经济适用房婚后共同还贷

婚前,男方购得经济适用房一套,房屋购买价50 000元,男方支付首付款12 000元,婚前已还贷8 400元,总共贷款38 000元,该房屋经评估价155 407元,离婚诉讼中已还清贷款。离婚诉讼中,男女双方为分割该房屋产生争议。

法院经审理认为,该房产由男方婚前取得,属男方个人财产,结合评估价,扣除男方购房时出资及贷款所占当时总房款比例进行平均分割,男方应向女方补偿46 000.5元[(155 407元－155 407元×(12 000元＋8 400元)÷50 000元]×0.5]。

本案厘清婚前投入财产在整个房屋价值中所占据的比例,剩余所得即为夫妻共同财产价值,可予分割。此种计算补偿款的思路不同于"按揭房模式",按照该模式,应是计算出共同还贷部分,以及共同还贷部分在房产中所占据的相应的增值部分,对这两部分分割即可,但本案的处理上绕开了直接计算共同还贷部分,而是剔除出婚前夫妻一方独自还贷的部分,剩余即为夫妻共同财产部分,这不能不说是种特别的思路。

(二) 集资房

集资房,是由政府、单位、职工个人三方面共担建房成本,不通过市场购买并直接分配给职工的房屋。最常见的为单位集资房。

国务院《关于解决城市低收入家庭住房困难的若干意见》第3条第(十二)项规定:"……单位集资合作建房只能由距离城区较远的独立工矿企业和住房困难户较多的企业,在符合城市规划前提下,经城市人民政府批准,并利用自用土地组织实施。单位集资合作建房纳入当地经济适用住房供应计划,其建设标准、供应对象、产权关系等均按照经济适用住房的有关规定执行……"

可见,与经济适用房一样,集资房首先是不完全产权房,条件成熟后才可以转换为完全产权房。集资房的分割有如下形式:

1. 集资房未满5年的,运用"不完全产权模式",只判决房屋使用权归属,由取得使用权的一方给予另一方相应的补偿。

2. 集资房由政府回购的,分割回购款。

3. 集资房已满5年并已取得完全产权的,按照普通商品房来分割,形式灵活多样,比如可以由取得房屋所有权的一方给予另一方相应的补偿,或者判决夫妻双方对房屋按份共有,或者判决按份共有的同时对房屋的使用权作出处理等。

案例6-12　婚前双方共同出资购买集资房,婚后共同出资装修

婚前,男方与单位签订《职工集资住房协议书》,购买房屋一套,男方出资65 000元、女方出资28 564元,装修部分为男女双方共同出资所完成,后才登记结婚。婚后,房屋所有权证登记在男方名下,离婚诉讼中房屋经评估总价格为259 000元,其中房屋价格227 448元、装修价格31 522元。

法院经审理认为,不动产物权的设立,依照法律规定应当登记的,自记载于不动产登记簿时发生效力。房屋登记时间在婚后,属婚姻期间取得的财产,应认定为夫妻共同财产。综合考虑房屋实际价值和男女双方出资数额等因素,判决该房屋归男方所有;男方给予女方房屋补偿款111 222元[(房屋目前价格227 448元 – 购房价93 654元 = 65 000 + 28 564) ÷ 2 + 被告购房出资28 564元 + 房屋装修价格31 522元 ÷ 2]。

本案中的集资房已取得完全所有权,可以分割处理房屋的所有权。判决书以房产证取得的时间作为判断取得物权所有权的依据似有不妥,如果表述为"该房屋虽然在婚前就由男女双方共同出资购买,但婚后登记在男方名下,视为女方对男女双方的共同赠与,房屋属夫妻共同财产"更为妥当。

(三)两限房

两限房,是指政府采取招标、拍卖、挂牌方式出让商品住房用地时,提出限制房价、限制套型的要求,由建设单位通过公开竞争方式取得土地进行开发建设和定向销售的普通商品住房。

两限房的分割,可综合运用"按揭房模式""不完全产权模式""婚后所得模式"等模式做具体分析,在此不再分析举例。

第三节 拆 迁 房

一、城市拆迁房

城市房屋是建立在国有土地之上的建筑,因公共利益需要,国家对房屋拆迁并进行补偿。

《国有土地上房屋征收与补偿条例》第17条规定:"作出房屋征收决定的市、县级人民政府对被征收人给予的补偿包括:(一)被征收房屋价值的补偿;(二)因征收房屋造成的搬迁、临时安置的补偿;(三)因征收房屋造成的停产停业损失的补偿。"第21条规定:"被征收人可以选择货币补偿,也可以选择房屋产权调换。被征收人选择房屋产权调换的,市、县级人民政府应当提供用于产权调换的房屋,并与被征收人计算、结清被征收房屋价值与用于产权调换房屋价值的差价。因旧城区改建征收个人住宅,被征收人选择在改建地段进行房屋产权调换的,作出房屋征收决定的市、县级人民政府应当提供改建地段或者就近地段的房屋。"

因此,基于被拆迁人选择补偿方式不同,城市拆迁房的分割有如下方式:

（1）分割因房屋拆迁获得的补偿款。

（2）分割因房屋拆迁而调换的新的房屋。

（3）分割因停产停业损失而获得的补偿款。

案例 6-13　卖掉婚前旧房换新房，新房被拆迁获补偿

婚前，男方向单位购买了房屋 A，女方及其女儿、女婿、外孙女的户口迁入了该房。后男方将该房屋以 8 万元价格转让给他人，男方以人民币 5 万元的价格购买了公有住房 B，产权登记在男方名下。婚后，女方及其女儿、女婿、外孙女的户口迁入了房屋 B，但都并不实际居住。房屋管理局与男方签订了房屋征收与补偿协议，男方获得了房屋价值补偿款 752 721.8 元、签约搬迁补贴 352 090 元、156 630 元、鼓励奖 15 000 元、利息 9 979.46 元、奖励 105 000 元，共计 1 391 421.26 元。离婚诉讼中，女方主张分割房屋补偿款、补贴、奖励等款项。

法院经审理认为，房屋 A 之征收补偿款系男方婚前出资购买的使用权房，属男方婚前个人财产，因房屋拆迁而产生的权益亦属男方个人财产。同时，女方虽在房屋 B 内有户籍，但与其他家属一样并不属该房屋内的共同居住人，女方无权享有房屋 B 的征收补偿利益。判决男方名下的征收补偿款人民币合计 1 391 421.26 元归男方所有，驳回女方的诉讼请求。

本案中，确定哪些人实际享有对房屋拆迁补偿款的分割权利成为关键。房屋产权人有权分得房屋补偿款，这是没有疑义的，如果房屋属夫妻财产，产权人之配偶也可以分割房屋补偿款。对于共同居住人是否可以分得房屋补偿款，则要看当地政府的规定来做出判断。本案根据"婚后所得模式"，讼争房屋系在婚后将夫妻一方婚前房屋卖掉之后所购得，新房补偿款等费用只是婚前房屋的转换形式，并未改变其属夫妻个人财产的性质。因此，女方无权参与分割房屋补偿款。

同时要掌握确定可获得补偿款的人员资格的途径，一般有几种：一是根据《房屋拆迁安置补偿协议》中所附的安置人员名单来确定；二是可以根据拆迁之前拆迁单位制定的核定人员表等资料记载的名单来确定;三是可以申请法院到动拆迁单位调查确定安置人员名单。

案例 6-14　婚后夫妻房屋被动迁获新房补偿之一

婚后,男女双方以夫妻共同财产购置了房屋 A,后因动迁,由案外人(被告父亲)作为被拆迁人,原、被告及女儿、案外人(被告母亲)作为被安置人,获得政府补偿一套房屋 B,产权登记于原、被告及女儿名下。经估价房屋市场价格为 244.40 万元。离婚诉讼中,男方双方为分割房屋发生争议。

法院经审理认为,诉争房屋产权登记为三人名下,故房屋属三人的共同共有财产。结合女儿抚养权的情况,判决房屋 B 归原告及女儿共有;考虑到被告对家庭做出的贡献较大,原告补偿被告房屋折价款 100 万元。

本案中,房屋因产权登记在三人名下,而改变了原属夫妻共同财产的性质。如果三人对房屋约定占有比例,则属按份共有,没有约定比例的属共同共有,原则上平均享有份额。

附:房屋征收补偿安置方案

某道路扩建红线范围房屋征收补偿安置方案

为配合市政道路建设,落实市政府指示精神,加快某某道路扩建工程,做到依法和谐征收,根据《中华人民共和国城乡规划法》《中华人民共和国土地管理法》和《国有土地上房屋征收与补偿条例》等相关法律、法规,制定本方案。

一、征收范围和面积:征收范围见征收红线图,用地面积 0.96 亩。

二、房屋征收部门:××人民政府。

三、房屋征收实施单位:××三旧改造工作领导小组办公室。

四、被征收人:上述路段征收范围被征收房屋所有权人。

五、征收补偿依据及原则

（一）房屋补偿的面积及使用功能依据为：房地产管理部门核发的《房地产权证》或其他权属证明记载的合法面积及使用功能；《房地产权证》或其他权属证明登记的使用功能不清晰或与国有土地使用权证登记功能有冲突时，以土地使用权证登记功能为准。

（二）本着"尊重历史，和谐征收"原则，对1990年4月1日《中华人民共和国城市规划法》实施前建设的住宅房屋（有相关证明材料），按照不超过房屋征收公告之日被征收房屋房地产市场评估价值，如被征收人在规定时间内签订补偿协议的，征收人可按评估价足价给予货币补偿。

（三）补偿标准的依据：一是依照有关法规；二是依据房地产评估结果。

六、征收补偿方式

征收补偿提供货币补偿、产权调换、货币补偿与产权调换三种方式给被征收人选择。

七、征收补偿标准

（一）货币补偿

补偿分住宅和非住宅两类。非住宅包括商铺、办公及仓储用房等。根据《国有土地上房屋征收与补偿条例》要求，按程序依法确定评估机构，由评估机构做出评估报告，参照评估价确定补偿标准。

（二）产权调换

1. 住宅

（1）因本次征收属道路基础设施建设（公共利益）的需要，不提供原地回迁，确实需要调换的，可提供就近或环境条件、各项设施配套及商业价值与现居住基本相同的地段调换。

（2）仅具有完全合法产权的房屋可选择房屋产权调换，无合法产权的房屋只可选择货币补偿。

(3)选定某大厦作为安置楼房,以该楼盘的开盘均价作为基准,按被征收房屋的合法产权证载面积与基准价1:1的比例进行调换。在征收期限内,安置房屋调换的办法如下:

被征收人选安置房应从被征收房屋面积及自身经济条件考虑安置房的面积大小及层数,因房源有限,采取先签合同先选房的原则。如选定安置房涉及增加购买安置房面积的,按增加的建筑面积的市场销售价由乙方直接与开发商结算增加款项。如被征收人选定安置房比楼盘的开盘均价(基准价)低的,由征收人补足差价;如被征收人选定安置房比楼盘的开盘均价(基准价)高的,由被征收人向征收人补足差价。

2. 商铺

原则上不进行产权调换。对于有证商铺,确实需要调换的,根据已确定的评估机构对被征收商铺作出的市场评估价及调换商铺的市场价,按照等价调换原则确定调换面积。

(三)奖励。对在规定时间内签订补偿安置协议的被征收人进行适当奖励,逾期不予奖励。

八、一次性搬家(迁)补助费

(一)住宅、办公房屋搬家补助费

被征收人在征收期限内搬迁的,以户为单位发放一次性搬家补助费:房屋100平方米以下(含100平方米)的搬家补助费2 000元;100平方米以上的按20元/㎡补助。

(二)商业房屋搬迁补助费

被征收人在征收期限内搬迁的,以户为单位发放一次性搬迁补助费:房屋100平方米以下(含100平方米)的搬迁补助费3 000元;100平方米以上的6 000元;被征收人自行解决搬迁问题。

(三)被征收人在征收期限外搬迁或依法实施强制征收的,不发搬家(迁)补助费。

> 九、征收部门与被征收人应当依照国家的相关法律法规和本方案的规定,就征收补偿方式、补偿金额、产权调换房屋面积、搬迁期限、搬迁补助等事项签订房屋征收补偿安置协议。被征收人在征收期限内未达成协议的,依照相关法律法规程序处理。
>
> 十、争议的解决
>
> 按照《国有土地上房屋征收与补偿条例》等法规执行。争议期间不停止征收的正常进行。
>
> 十一、本方案未尽事宜,按有关法律法规执行。
>
> 十二、本方案由征收部门负责解释。
>
> ××人民政府
> 2013年9月25日

二、农村拆迁房

农村房屋是建立在集体土地之上的建筑,因公共利益需要,国家对房屋实行拆迁并进行补偿。

农村拆迁房的分割有如下方式:

1. 分割因房屋拆迁获得的补偿款。
2. 分割因房屋拆迁而调换的新的房屋。

案例6-15 婚后夫妻房屋被动迁获新房补偿之二

婚前,男方建有三间平房。婚后,房屋被拆迁,以优惠价获得安置房一套,获得搬迁补助、补贴等27 345.8元,共计126 707.06元。被拆迁的三间房评估总价值为99 361.26元。按照村委会拆迁安置方案规定,凡在拆迁范围内有住房长期居住并有本村集体户口的,购买拆迁安置房,每人可享受60㎡的安置优惠价面积,超出部分按市场价购买,安置优惠价为1 250元÷㎡,市场价为 1 820 元÷㎡。男方以该补偿款购买了面积为 127.71 ㎡的安置房一套,并向开发商补缴房款 37 325.14 元。离婚诉讼中,女方主张分割男方购置的安置房。

法院经审理认为,补偿款包括原房屋评估总价值、装饰补偿金、搬迁补助费、搬迁奖励金等,该补偿款是由被拆迁房屋转化而来,婚前财产并不因财产形态的变化而改变其性质,仍属男方个人财产。开发商允许被拆迁人根据人口数以优惠价购买安置房,实际是一种对人的补偿。补偿发生在婚姻期间,按照男方婚后所计算的人口确定,女方也作为居住人口之一属被安置对象,安置房也包含了女方"人"的因素,因此安置房并不完全属男方的个人财产。

安置房价值应由两部分组成:一是对物的补偿,形式为拆迁补偿款 126 707.06 元;二是对人的安置,形式为安置优惠价,即购房者可以比市场价购买少交的那部分房款。拆迁安置房的面积为 127.71 ㎡,总价为 1 640 322.2 元(126 707.06 元 + 37 325.14 元)。根据拆迁安置方案,夫妻双方均能以 1 250 元÷㎡的优惠价购买 60 ㎡的安置房,超出部分按照市场价 1 820 元÷㎡计算。因此,该安置房价值成分中,126 707.06 元的房款系房屋拆迁补偿款,属男方个人财产;因优惠价购买少交的那部分房款,具体数额为 68 400 元(1 820 元÷㎡×127.71 ㎡ - 1 250 元÷㎡×60×2 - 1 820 元÷㎡× 7.71 ㎡),系对人的安置,应为夫妻共同财产,原则上予以均分,即各占 34 200 元。另外,男方补缴房款 37 325.14 元系婚姻期间缴的,也属夫妻共同财产,双方各占份额 18 662.57 元。因此,男方在拆迁安置房所占的份额为 179 569.63 元(126 707.06 元 + 34 200 元 + 18 662.57 元),女方所占份额为 52 862.57 元(34 200 元 + 18 662.57 元)。考虑到房屋增值,结合房屋现有价值,增值部分为:评估价 99 361.26 元×(52 862.57 元÷179 569.63 元) = _____ 元,再补偿价值的一半即 _____ 元给女方。

本案中,对房屋和补偿的归属做了分别处理。宅基地上的房屋被拆迁后,一般都采取补偿款与优惠价安置相结合的办法,对被拆迁人原有房屋价值给予相应补偿款,同时也根据原房屋居住人口数确定被拆迁人所能够以优惠价计算的安置房面积。补偿款是对物的补偿,优惠价是对人的安置,房屋价值构成充分考虑了人与物两方面的因素。

第四节　其他形式房产

一、农村自建房

农村自建房,是指经村集体允许批准在宅基地上建造的房屋。

《房屋登记办法》第87条规定:"申请农村村民住房所有权转移登记,受让人不属房屋所在地农村集体经济组织成员的,除法律、法规另有规定外,房屋登记机构应当不予办理。"故农村自建房不可以办理产权过户手续,只可以在本集体内部买卖。

对农村自建房的分割,要考虑房屋使用权原则上应与宅基地使用权人保持一致,由取得房屋的一方给予另一方相应的补偿。

案例6-16　以夫妻双方及子女名义申请建房

婚后,男女双方以夫妻及两个未成年女儿的名义向政府申请建房,建造了三间三层楼。离婚时,男女双方对财产未作处理。离婚后,女方和两个孩子作为共同原告,起诉男方要求分割三间三层楼房。女方认为,楼房是家庭共同财产,她们理应享有3/4的份额。男方认为,建房时两个小孩处于被抚养状态,孩子没有权利参与份额分配。经评估,宅基地价值32万元,房屋及装修价值30万元。

法院经审理认为,该房屋建造及装修时,孩子均未成年,无法证明有出资行为,房屋属夫妻共有财产;房屋与宅基地是以男女双方及孩子名义共同申请,宅基地属四个人的共同共有财产,各占1/4份额。判决女方总共可获得这套房子折价销售补偿款23万元(32万÷4+30万÷2)。

本案判决分别认定宅基地使用权与房屋的不同权属。

二、小产权房

小产权房,是指在农民集体土地上建设的房屋,未缴纳土地出让金等费用,没有国家发的土地使用权证和预售许可证。常见的如农民自行建造的"商品房"。

《中华人民共和国土地管理法》第 63 条规定:"农民集体所有的土地的使用权不得出让、转让或者出租用于非农业建设……"可见小产权房的转让目前无法得到法律的认可,其不具备合法性。

小产权房的分割有如下方式:

1. 运用"不完全产权模式",对小产权房屋的所有权不做处理,只对房屋的使用权进行分割,由取得使用权的一方给另一方相应的补偿。

2. 因房屋没有产权证,对小产权房可不予分割。

案例 6-17　夫妻双方购买他人的小产权房是否有效

婚后,居住城镇的男女双方以夫妻共同财产购买某村民位于自家宅基地的小产权房一套,并签订房屋买卖协议。离婚诉讼中,男女双方对小产权房分割产生争议。

法院经审理认为,与村民签订的房屋买卖协议因违反法律和国家政策禁止性规定而无效,男女双方并未取得房屋的所有权,对小产权房不予处理。

本案涉及购买小产权房合同的有效性问题。宅基地所有权属村集体,房屋所有权与宅基地使用权人应保持一致,如允许宅基地及附属房屋同时转让和抵押,新取得宅基地使用权的人可能不是本村成员,不符合土地管理法的规定,故法律和国家政策均禁止城镇居民购买宅基地和农村住宅。因涉及第三人(宅基地使用权人),房屋及购买价款在离婚案中均不宜作处理,由当事人另行提出诉讼主张买卖合同无效,返还购房款。

三、违章建筑

违章建筑,是指未经批准、私自搭建的建筑。

《国有土地上房屋征收与补偿条例》第 24 条规定:"市、县级人民政府及其有关部门应当依法加强对建设活动的监督管理,对违反城乡规划进行建设的,依法予以处理。市、县级人民政府作出房屋征收决定前,应当组织有关部门依法对征收范围内未经登记的建筑进行调查、认定和处理。对认定为合法建筑和未超过批准期限的临时建筑的,应当给予补偿;对认定为违法建筑和超过批准期限的临时建筑的,不予补偿。"因此对违章建筑不存在分割拆迁补偿款问题。

违章建筑的分割有如下方式:

1. 已有生效文书决定要拆除的,不予处理。

2. 离婚诉讼中补办了合法批准手续的,可以依法进行分割;离婚后补办合法批准手续的,当事人可以另行提起分割诉讼。

3. 运用"不完全产权模式",只处理违章建筑物的使用权,取得使用权的一方给予另一方相应的补偿。

4. 分割违章建筑的残值。残值由当事人协商确定,协商不下的评估作价。

案例 6-18 婚后未经许可对房屋进行翻建

婚前,男方居住使用一层朝南两居室及二层朝南卧室,两间平房系工厂分配给男方父亲的住房,后其父去世。婚后,男女双方携子女与男方母亲及孙某共同居住于房屋,并落户于该房屋。男方对房屋进行翻建,将原房屋两间平房推倒,建成二层结构,无建房许可手续,花费50万元左右。离婚诉讼中,男方认为翻建房屋属其母亲个人财产,不应分割。

法院经审理认为,房屋承租人虽为男方母亲,但其母承租范围系按照翻建之前房屋面积计算,故男方以房屋承租人为其母亲为由,主张翻建之后房屋居住权利由男方母亲个人享有,无事实和法律依据。房屋翻建无相关审批手续,系自建房屋,故仅对房屋使用权处理。判决房屋一层朝南两居室由男方居住使用;男方支付女方存款折价款人民币 38 722 元。

本案运用"不完全产权模式"处理,因翻建房屋没有取得报批手续,属违章建筑,只判决房屋使用权,由取得使用权的一方酌情给予另一方经济补偿。

四、军产房

军产房,是指在划拨给军队使用的土地上开发建设的房屋。

《中国人民解放军房地产管理条例》第 4 条规定:"军队房地产的权属统归于军委、总部。其产权产籍由各级后勤基建营房部门归口管理,按其用途分别由有关业务部门具体负责使用和管护。"《军队现有住房出售管理办法》第 4 条规定:"出售军队现有住房,必须经军区级单位审查并报总后勤部批准,由售房单位组织实施。"综合上述军队房地产管理规定,军产房的产权单位是总后勤部,军队产权房屋向地方转让,必须取得总后勤部的审批,否则无权转让,转让无效。

军产房的分割可以有如下形式:

1. 对分配给军人使用的军产房,可以判决房屋使用权归军人,军人一方给予非军人方相应的补偿。

2. 对于支付了市场对价并经军队总后勤部同意取得房屋完全产权的,如是军人一方婚前购买的房产,则属军人一方婚前个人财产;如有贷款部分,婚后配偶参与还贷,则可运用"按揭房模式"来分割;如是婚后夫妻共同出资购买的,属夫妻共同财产,由取得产权的一方给予另一方相应的补偿。

3. 对于支付了部分对价的军产房,因购房者只有部分产权,另外部分产权在解放军总后勤部,运用"不完全产权模式",只判决房屋使用权归属,由取得使用权的一方给予另一方相应的补偿。取得完全产权后,可另行提起诉讼分割房屋。

4. 夫妻一方取得没有支付任何对价的军队营房。"营房"是指专供军队驻扎的士兵住房,相当于宿舍,对这类房屋既不分割使用权,也不存在对另外一方的经济补偿问题。

案例 6-19 婚后使用夫妻双方的工龄购买军产房

婚后,干部休养所与男方签订《军产住房出售合同》,约定将军产房一套出售给男方,军产住房房价计算表显示购房时使用了男方35年军龄、女方10年军龄,共计军龄合为45年,房屋实际售价为18 898元。离婚时,男女双方均主张分割军产房。

法院经审理认为,军产房系婚后购买,并且使用了男女双方军龄,根据《军产住房出售合同》《购买军产住房申请书》、房价计算表等证据,可以认定军产房是夫妻共同财产。鉴于上述房屋系干部休养所主要给予男方的福利住房,考虑到女方无其他住房,判决住房由男女双方共同所有,男方对该房屋享有60%的份额,女方对该房屋享有40%的份额;男方对该房屋内离户门最近一间卧室有使用权,女方对该房屋内离户门最远的一间卧室有使用权;双方对于其余房屋、客厅、厕所及厨房均有使用权。

本案既判决军产房的产权归属由原夫妻双方按份共有,也判决军产房使用权由原夫妻双方各占一部分,判决思路很特殊。按惯常思路,军产房已取得完全产权,对房屋评估后,可以由取得房屋所有权的一方给予另一方相应的补偿。

案例6-20　部队分配给军人使用的公寓住房

男方为现役军人,单位分配给他两间住房,系军产公寓住房,无房产证,无租赁合同。部队同意男方与女方离婚,但女方认为住房应予分割,双方产生争议。

法院经审理认为,男方目前对军产房仅享有承租权利,尚未获得实际利益,今后男方是否可因该房屋获得实际利益亦未确定,女方亦未提供男方所在单位同意变更其为承租人的相关证据。判决驳回女方的诉讼请求。

本案中如果存在租赁合同,可判决军产房使用权归男方,由男方给予女方一定的补偿。另外,根据最高人民法院《关于审理离婚案件中公房使用、承租若干问题的解答》第八问中提到,在调整和变更单位自管房屋租赁关系时,是否需征得自管房单位的同意?回答是:人民法院在调整和变更单位自管房屋(包括单位委托房地产管理部门代管的房屋)的租赁关系时,应征求自管房单位的意见。经调解或判决变更房屋租赁关系的，承租人应依照有关规定办理房屋变更登记手续。本案法院以"女方亦未提供男方所在单位同意变更其为承租人的相关证据"为由不支持女方的主张是正确的。

案例 6-21 夫妻双方购买的军产房

婚后，夫妻双方以夫妻共同财产向第三人（部队转业人员）购买军产房一套，签订了房屋买卖合同，但办理不了产权登记，原因是未取得部队有关部门的同意，该军产房不能向地方人员转让。请问，夫妻双方享有房屋的所有权吗？

本案涉及军产房买卖的有效性问题。如果买卖合同有效，夫妻取得房屋所有权，房屋属于夫妻共同财产，离婚时应予分割；反之合同无效，也产生如何处理房屋的问题。

中央军委及其总后勤部对于军产房向地方转让的合同的效力之规定，可参见《中国人民解放军房地产管理条例》《军队房地产开发管理暂行规定》《军队现有住房出售管理办法》《总参谋部、总政治部、总后勤部关于利用军队房地产开发经营有关问题的通知》、中华人民共和国建设部房地产业司、中国人民解放军总后勤部基建营房部关于《城镇驻军营房产权转移和房屋现状变更登记实施细则》等文件，这些规定不是法律，也不是行政法规，应属于军事法规和军事规章。

根据《合同法》第 52 条第 5 项的规定，违反法律、行政法规强制性规定的合同无效，并没有规定军事法规和军事规章的合同效力。根据《立法法》第 65 条的规定，国务院根据宪法和法律，制定行政法规。故要解决军事法规、军事规章与合同效力的关系问题，需要通过法律或中央军事委员会与国务院联合发文的形式明确军产房向地方转让时的法律适用与合同效力问题。

因此，碰到涉及购买军产房合同有效性认定问题，离婚案中一般不予处理，如果作为与第三人的买卖合同纠纷的案件出现，法院会以不属于地方法院受理案件范围为由，作出不予受理的裁定。

第七章 夫妻财产分割与物权法的结合

第一节 财产的认定

夫妻财产分割上的"财产",最常见的是具体可见的财产,可触摸的有价值的"有体物",这种情况下,财产和"物"完全等同。当财产的形态为无形的时候,就不能从外观形态上判断它是否有价值,是否属于法律意义上的财产。

根据马克思关于"价值"的论述,商品既有价值又有使用价值。价值是商品的内在属性,不能独立存在,必须依附在具体的物质上面;使用价值是价值的物质承担者,使用价值离不开价值,商品是使用价值和价值的统一体。要分割某些特殊的财产类型,首先必须判断其是否属于法律意义上的"财产",因此我们可以从"价值""使用价值"两个角度来阐述。

一、高尔夫球会员证、画家画作、金牌奖牌、奥运火炬

案例7-1 白领婚后购买的高尔夫球会员证

男方为企业高级管理人员,婚后,为了交际需要,花费9万元购买了一张高尔夫球会员证,取得该俱乐部创始个人会员身份,会员证登记在男方名下。离婚诉讼中,女方认为该会员证属于夫妻共同财产,应予分割。男方认为会员证属于个人生活专用物品,不能作为夫妻共同财产分割。请问,会员证属于夫妻共同财产吗?

高尔夫球会员证由使用人支付9万元的价款获得,会员证具有商品的"价值";取得会员证后,可以在高尔夫球场打高尔夫球、娱乐、交友、进行商业合作洽谈等,会员证代表了会员可以享有俱乐部各种权利,具有"使用价

值"。故会员证是具有"价值"和"使用价值"的商品,属于法律意义上的财产,可以被分割。婚后取得的会员证,属于夫妻共同财产,应予分割。双方可以协商会员证的价值,协商不成,可以购买价作为财产分割的基数,或者对会员证的价值进行评估,由获得高尔夫球会员证的一方给予另一方相应的补偿。

案例 7-2 职业画家被拍卖的画作

离婚诉讼中,女方提出,男方是职业画家,他的五幅画被拍卖行拍出了近千万元的高价,属于夫妻共同财产,应予分割,并提供了网络拍卖的详细资料。男方指出,这些画在结婚之前就已被抵债或以物换物了,自己对这些画只享有署名权,不享有著作财产权,谈不上分割财产。

法院经审理认为,根据男方的职业特点,其创作的作品具有一定的流动性,现有证据仅能反映画作作者为男方,并不足以认定拍卖款权利人或现在的画作所有权人属于男方,女方也未能提供男方已收到拍卖款的证据。判决驳回女方要求分割画作价款的诉讼请求。

本案中的画作创作完成时并不产生经济价值,通过流通比如拍卖行为,才使画作产生经济价值。由于无法证明拍卖所得进入男方的账户,而女方也无法证明男方与拍卖行为有关,应承担举证不能的后果。要分割艺术作品,首先应当详细了解作品性质、转化为经济价值的方式并掌握相关证据材料。

案例 7-3 奥运冠军获得的金牌、奖金、捐款、广告收入

男方系国家运动员,婚后由于在外训练时间居多,与女方时常发生争执。离婚诉讼中,双方对男方获得的奥运冠军金牌、国家体育总局奖励的 25 万元、市体育局奖励的 25 万元、海外人士捐赠的 70 万元、广告收入 15 万元的分割产生分歧。

法院经过审理认为,奥运奖牌系运动员的一种荣誉象征,有特定的人身

性,属男方的个人财产;国家相关部门及社会有关人士给予的奖励与捐赠,一方面具有荣誉性,一方面又具有物质性,具有一定经济价值,故上述在婚姻期间所得的奖励和捐赠款项应认定为夫妻共同财产。考虑到财产的来源主要系男方多年奋斗的结果,男方离婚后还需要进行伤病治疗等因素,判决奖牌归男方所有,男方可分得奖励与捐赠款项的70%,女方获得30%。

本案判决,运用"人身属性模式"认定奥运奖牌具有专属于特定人身的属性,属于夫妻个人财产类。类似的还有奥运火炬,它是国家给予火炬手的特殊荣誉,与个人人身属性有紧密关系,也属夫妻个人财产。对奖励与捐赠款项运用"婚后所得模式",婚后取得该类财产属于夫妻共同财产,应予分割。

二、虚拟财产、淘宝网店

(一)虚拟财产

虚拟财产是依赖于互联网,以电子记录为存在形态的虚拟物品,比如QQ、网络游戏账号、虚拟货币、虚拟装备、电子邮箱账号、微博、微信、域名等。

虚拟财产可以被用于交流、娱乐、工作,与实体财产的使用功能无异,虚拟财产的使用价值显而易见。有些虚拟财产比如网络游戏账号,是游戏玩家长期经营的结果,甚至要用现实中的金钱来换取,凝聚了使用者的金钱、时间、精力,具备商品的一般属性,因此虚拟财产也具有价值。故虚拟财产属于法律上的"财产",可以作为夫妻共同财产来分割。

分割虚拟财产遇到的障碍是如何确定其价值。首先可以由双方协商确定价格,协商不成的,可从如下几个角度来确定:评估机构作出的评估价;网络服务商公布的价格;虚拟财产线下交易的价格;对虚拟财产实际投入的资金。

分割虚拟财产时要考虑网络服务商的服务协议,有些虚拟财产不能转让,比如QQ号码所有权归属于腾讯公司,我们只享有QQ号码使用权,原则上只能判决QQ号码归一方使用并给予另一方相应的补偿。

在确定虚拟财产价值的基础上,分割虚拟财产有如下方式:

1. 分割价款。变卖虚拟财产,双方就变卖所得款进行分割。
2. 作价补偿。取得虚拟财产的使用权或所有权一方给予另一方相应的补偿。

（二）淘宝网店

与虚拟财产类似,淘宝网店具有价值和使用价值,对此不再赘述。分割淘宝网店首先也涉及如何确定网店的价值,应综合考虑店铺的存货价值、支付宝账户中尚存的资金、客户资源、信用评价、经营年限、交易笔数、年平均销售额、店铺的债务等因素作价评估。

对淘宝网店某些数据需要查询的,可由法院出具查询通知书给阿里巴巴公司,由阿里巴巴公司出具正式文书函告法院。

目前淘宝网已开放了店铺过户线上入口,符合协议离婚、判决离婚以及法定继承三种情形的淘宝店铺可申请过户,过户后淘宝店铺信誉保持不变,所有经营性成果都会被保留。

在确定网店价值的基础上,对淘宝网店的分割有如下方式:
1. 双方协商一致的,取得网店经营权的一方给予另一方相应的补偿。
2. 双方协商不成并且都不愿意继续经营网店的,直接分割网店价值。

三、经登记的财产

物权登记,是指经权利人申请,由国家相关部门将物权事项记载于登记簿的一种法律行为。

物权登记是确认物权归属的必要条件,但不是充分条件。登记物权不具有绝对的物权效力,在事实物权和登记物权不一致的情况下,法律保护真正的事实物权,而不必然做出对登记证书上记载的权利人有利的结论。离婚案中涉及要认定真正事实物权的问题,表明财产所有权发生了争议,在离婚案中不予处理,由当事人另案提出确权诉讼,确权属于夫妻共同财产后,再另行诉讼请求分割该财产。

物权登记对财产分割产生如下效力:

1. 物权设立的效力

即将登记作为不动产物权变动要件的效力,不登记则不发生物权变动效力。首先以登记证书为证明财产所有权的初始证据,谁是登记证书上记载的权利人谁就享有财产所有权,除非有相反的证据证明登记是错误的,或有证据证明当事人之间有特别的约定。登记效力在夫妻财产分割上却显示出特殊性,婚后取得的物权登记在夫妻一方名下属于夫妻共同财产,此时以夫妻一方名义登记或以夫妻双方名义登记物权没有区别。

如下财产经登记后产生物权设立效力:

(1) 不动产

《物权法》第9条第1款规定:"不动产物权的设立、变更、转让和消灭,经依法登记,发生效力;未经登记,不发生效力,但法律另有规定的除外。"第17条规定:"不动产权属证书是权利人享有该不动产的证明。"

(2) 建设用地使用权

《物权法》第139条规定:"设立建设用地使用权的,应当向登记机构申请建设用地使用权登记。建设用地使用权自登记时设立。登记机构应当向建设用地使用权人发放建设用地使用权证书。"

2. 对抗第三人的效力

所谓对抗第三人,是指双方发生争议,指向的标的物相同,都主张享有对该标的物的权利时,登记的一方受法律的保护,优先享有权利。例如,甲将一套房卖给乙,办理了房屋产权转移登记,同时甲又将房屋以欺骗手段卖给丙,未办理过户手续,则乙取得房屋所有权,而丙无法取得房屋所有权,只能要求甲给予赔偿。因为登记事实存在,乙可以据此对抗丙要求将房屋过户的主张。对抗第三人效力可以看做是物权设立效力的衍生。

如下财产类型经登记后可以产生对抗第三人的效力:

(1) 船舶、航空器和机动车

《物权法》第24条规定:"船舶、航空器和机动车等物权的设立、变更、转让和消灭,未经登记,不得对抗善意第三人。"

特别要注意,船舶、航空器和机动车长期以来被称为"准不动产",甚至以不动产称谓,误认为它们只有办理了登记才能产生物权设立的效力,这是不正确的,它们属于动产的范畴。《物权法》对于船舶、飞行器、机动车等交通工具的买卖采用混合主义的物权变动模式,以"交付"作为船舶、飞行器、机动车所有权转移的生效要件,将"登记"作为其所有权转移的公示要件。以机动车来说,机动车的买卖必须完成交付转移和登记对抗两个法律行为,交付只是机动车所有权转移的标志,只有经过登记才产生对抗第三人的效力。在夫妻财产分割上,要注意这类财产是否完成了交付、登记这两个要件。

(2) 土地承包经营权

《物权法》第129条规定:"土地承包经营权人将土地承包经营权互换、转让,当事人要求登记的,应当向县级以上地方人民政府申请土地承包经营权变更登记;未经登记,不得对抗善意第三人。"

(3) 地役权

《物权法》第158条规定:"地役权自地役权合同生效时设立。当事人要求登记的,可以向登记机构申请地役权登记;未经登记,不得对抗善意第三人。"

(4) 抵押权

根据《物权法》第188条、第189条规定的财产类型设定抵押,抵押权自抵押合同生效时设立。未经登记,不得对抗善意第三人。

(5) 股权

《公司法》第32条规定:"……公司应当将股东的姓名或者名称及其出资额向公司登记机关登记;登记事项发生变更的,应当办理变更登记。未经登记或者变更登记的,不得对抗第三人。"

(6) 记名股票

《公司法》第139条规定:"记名股票,由股东以背书方式或者法律、行政法规规定的其他方式转让;转让后由公司将受让人的姓名或者名称及住所记载于股东名册……"

案例7-4 车辆不过户,赠与行为是否成立

男女双方在民政局协议离婚时签订离婚协议书,关于财产的内容约定为:"双方婚前财产各自不变,现名下车辆归男方所有,还有6个月按揭贷款由女方付清后过户给男方;车子按揭款付清后,女方配合男方过户至男方名下。"离婚后,男方将汽车贷款还清,但女方不配合办理过户手续,男方诉至法院请求判决女方协助其办理过户手续。车辆一直由男方实际占有并使用。

法院经审理认为,离婚协议是当事人真实意思表示,内容不违反法律规定,合法有效。双方约定婚前个人财产应归各自所有,约定车辆归男方所有,应视为女方将该车辆赠与男方。赠与人在赠与财产的权利转移之前可以撤销赠与,赠与的财产需要办理登记等手续的,应当办理有关手续。动产物权的设立和转让,自交付时发生效力,但法律另有规定的除外。动产物权设立和转让前,权利人已经依法占有该动产的,物权自法律行为生效时发生效力。本案车辆属动产,在赠与合同生效时车辆已由男方实际占有使用,车辆已转为男方享有,女方辩称其享有赠与合同撤销权的意见不成立。判决女方应于判决生效之日起三十日内协助男方办理车辆过户手续。

本案中,车辆登记过户并非车辆产权变动的要件,而是对抗第三人的要件。车辆交付后权利已发生转移,赠与行为已成立并生效,女方不享有对赠与车辆的任意撤销权。

第二节 所有权取得方式

一、生产、经营、投资、收益

(一)婚后收益模式

《婚姻法》第17条规定:"夫妻在婚姻关系存续期间所得的下列财产,归夫妻共同所有:……(二)生产、经营的收益……"

《婚姻法司法解释(二)》第11条规定:"婚姻关系存续期间,下列财产属婚姻法第17条规定的'其他应当归共同所有的财产':(一)一方以个人财产投资取得的收益……"

《婚姻法司法解释(三)》第5条规定:"夫妻一方个人财产在婚后产生的收益,除孳息和自然增值外,应认定为夫妻共同财产。"

我们将此规定称为"婚后收益模式",在财产分割上应当注意如下要点:

1. 时间:婚姻期间。
2. 基础:收益可以是因夫妻共同财产而产生,也可以因夫妻个人财产而产生。
3. 行为:收益可以基于如下行为产生。

生产:是指自然人通过自己的生产劳动创造的劳动产品,由生产资料所有人或劳动者取得所有权。

经营:是对生产进行管理和运营的活动。

投资:是指投入一定的物或资本,通过自己或他人的劳动而获得财产的方式。

上述行为无论是在婚前发生,还是在婚姻期间发生,无论是使用夫妻个人财产还是使用夫妻共同财产而为之,婚姻期间产生的收益都属夫妻共同财产。它强调了夫妻双方共同参与经营管理、共同作出贡献这个角度。

4. 后果:除了如下两项之外,收益原则上被定性为夫妻共同财产:

(1)孳息:指因物的使用或权利的行使而获得的收益。孳息又分两类:

① 天然孳息:指依照物的自然属性而产生的收益物,比如树木结的果实,动物的产物等。

② 法定孳息:指依照法律规定产生的收益,比如租金、承包金、利息、迟延支付的利息及罚金等。

《婚姻法司法解释(三)》第5条将孳息被一律排除在共同财产之外,并不区分天然孳息和法定孳息。《物权法》第116条规定:"天然孳息,由所有权人取得;既有所有权人又有用益物权人的,由用益物权人取得。当事人另有约定的,按照约定。法定孳息,当事人有约定的,按照约定取得;没有约定或者约定不明确的,按照交易习惯取得。"因此在夫妻财产分割中还是要区分孳息类型作出不同认定。

（2）增值:是指物或权利在价格上的提升。增值又分为两类:

① 自然增值:是指不需要投入劳动或资金,不需要夫妻双方共同付出而产生的增值。比如购买房屋后,因经济发展导致房屋价格上涨,属于典型的自然增值。

② 被动增值:是指需要夫妻双方共同付出而产生的增值。

值得注意的是,《婚姻法司法解释（二）》第11条、《婚姻法司法解释（三）》第5条规定中均出现夫妻"个人财产"的表述,夫妻个人财产包括婚前取得的个人财产,还包括婚姻期间取得的个人财产,但规定未就"夫妻个人财产"的取得时间予以界定,容易引发争议。因为婚姻期间获得的个人财产包括一方因身体受到伤害获得的医疗赔费、残疾人生活补助等费用,还包括遗嘱或赠与合同中确定只归夫或妻一方的财产,以及一方专用的生活用品等,若将此类财产在婚姻期间所获的收益也属夫妻共同财产而予以分割,显然不公平。

另外,根据《婚姻法司法解释（二）》第11条的规定"一方以个人财产投资取得的收益"属夫妻共同财产,是一种普通规定,收益中如果产生"自然增值和孳息",则应根据《婚姻法司法解释（三）》第5条规定认定为夫妻个人财产,此规定属于一种特别的规定。

（二）"婚后收益模式"的运用

案例7-5　婚后将出租车转让,分割营运收入有争议

婚后,男方购买货车挂靠于汽车运输公司名下,从事营运活动,不久将车转让给男方哥哥。离婚诉讼中,夫妻双方认可货车转让款为15万元,但对分割该车的营运收入有争议。

法院经审理认为,对于货车的营运收入,双方均未提供相关证据加以证明,且也未申请相关评估鉴定,但基于该车确实存在营运收入的事实,经考量

争议车辆的经营期限,综合各方陈述的车辆营运收入状况等,酌定货车的营运收入为 7 万元,车辆转让款及营运收入合计 22 万元(15 万元 + 7 万元)。判决男方补偿给女方 11 万元。

本案中,对从事运输经营活动的货车分割,考虑到了货车本身价值和货车营运收入两个方面的分割,较好地保护了当事人的合法权益。

案例 7-6　婚前购买出租车,婚后取得营运手续

婚前,男方父母出资 7 万元给男方购买出租车一辆(包括营运手续),登记在男方姑姑名下。婚后,出租车营运手续过户到男方名下。离婚诉讼中,出租车鉴定经评估值 2 万元,增值部分值 15 万元。

法院经审理认为,婚后,出租车营运手续已过户到男方名下,出租车本身价值及出租手续增值部分属夫妻共同财产,应予分割。因该车一直由男方占有使用,判决出租车及其运营手续归男方所有,男方给付女方出租车折价款的一半即 1 万元及出租车手续增值部分的一半即 75 000 元,合计 85 000 元。

本案对从事出租经营活动的出租车分割,考虑到了出租车本身价值和出租车手续增值部分两个方面。

案例 7-7　婚前持有股份婚后产生的分红是否可分割

婚前,男方持有公司 A 的股份 5 万股,婚后领取分红共计 17 500 元;持有公司 B 的股份 2 万股,婚后领取分红共计 99 326 元。离婚诉讼中,女方主张分割所有分红,男方则主张分红属孳息,属其个人财产,不应分割。

法院经审理认为,被告所持有的公司 A、公司 B 股份均系结婚之前取得,应属被告个人财产。但股份在婚姻期间的分红为投资收益,应为夫妻共有财产,被告主张婚后分红为孳息的观点不成立。

本案中,婚前持有的股份除非双方有特别约定,不会自动转化为夫妻共同财产,这是"婚后收益模式"运用的典型。

案例 7-8　一方婚前房屋在婚后收取的租金能否分割

夫妻一方在婚前有房屋一套,婚后该房屋每月收取租金5 000元,请问租金属夫妻共同财产吗?

房屋租金属特殊的孳息。如果有证据证明双方均投入了管理或付出劳务,根据"婚后收益模式",租金收益属夫妻共同财产,如果能证明非房屋所有人的一方并未参与房屋的经营管理,租金属夫妻个人财产。租金的分割体现了"共同协力"原则,即分割时考虑到夫妻一方对财产的产生及增值作出的贡献,虽然法律没有明确规定该原则,但其精神在一些财产分割中已有体现,比如"按揭房模式"中,之所以规定对共同还贷部分所对应的相应增值部分进行分割,主要是考虑到一方付出的共同还贷部分对增值作出了贡献;同样在"按揭房模式"中,在双方对房产产权协商不成的情况下,之所以原则上判归支付首期款的一方,主要也是考虑另一方既没有购买房屋的主观意图,更没有对购房作出贡献和协力,比如没有签订合同,没有支付首期款。在各种经营收入的分割中,更加会考虑双方是否存在共同协力情况。

二、善意取得

《婚姻法司法解释(三)》第11条规定:"一方未经另一方同意出售夫妻共同共有的房屋,第三人善意购买、支付合理对价并办理产权登记手续,另一方主张追回该房屋的,人民法院不予支持。夫妻一方擅自处分共同共有的房屋造成另一方损失,离婚时另一方请求赔偿损失的,人民法院应予支持。"在适用该条上应当注意如下要点:

1. 标的:限于房屋。
2. 条件:受让时须为善意;支付了合理对价;房屋已过户到第三人名下。
3. 后果:构成善意取得,维持第三人取得房屋所有权,夫妻一方向另一方赔偿损失;反之,买卖合同无效,房屋仍属夫妻共同财产,应予分割。
4. 不属上述规定的情形,可以运用如下有关法律来处理:

《民法通则意见》第89条规定:"共同共有人对共有财产享有共同的权利,承担共同的义务。在共同共有关系存续期间,部分共有人擅自处分共有财产的,一般认定无效。但第三人善意、有偿取得该财产的,应当维护第三人的合法权益,对其他共有人的损失,由擅自处分共有财产的人赔偿。"

《物权法》第106条规定:"无处分权人将不动产或者动产转让给受让人的,所有权人有权追回;除法律另有规定外,符合下列情形的,受让人取得该不动产或者动产的所有权:(一)受让人受让该不动产或者动产时是善意的;(二)以合理的价格转让;(三)转让的不动产或者动产依照法律规定应当登记的已经登记,不需要登记的已经交付给受让人。受让人依照前款规定取得不动产或者动产的所有权的,原所有权人有权向无处分权人请求赔偿损失。当事人善意取得其他物权的,参照前两款规定。"

案例7-9 婚后一方擅自将房屋转卖给第三人

婚后,男方以夫妻共同财产购买房屋一套,产权登记在男方名下。后男方擅自将房屋以30万元价格卖给第三人孙某,产权登记在孙某名下。离婚后,女方得知房屋被卖掉,诉至法院请求确认男方与孙某之间的房屋买卖行为无效。房屋评估价为389 251.2元。

法院经审理认为,房屋在转让时,房权证中的权利人仅登记为男方一人,根据房权证的物权法定和公示原则,孙某有理由相信其为男方的个人财产。而女方除了个人怀疑,并无充分证据证明孙某在交易时具有恶意,故应认定孙某系善意购买。且房屋经评估市场价为389 251.2元,而男方与孙某买卖时的实际交易价30万元,达到了市场价的77.1%(300 000÷389 251.2),可以认定孙某支付的对价是合理的,加上房屋已过户至孙某名下,孙某取得讼争房屋认定构成善意取得。判决驳回女方的诉讼请求。

本案中,法院着重从交易价格合理角度论证了第三人构成善意取得。《合同法》第74条规定:"……债务人以明显不合理的低价转让财产,对债权人造成损害,并且受让人知道该情形的,债权人也可以请求人民法院撤销债务人的行为。"对于何为"明显不合理的低价",《合同法司法解释(二)》第19条规定:"对于合同法第七十四条规定的'明显不合理的低价',人民法院应当以交易当地一般经营者的判断,并参考交易当时交易地的物价部门指导价或者市场交易价,结合其他相关因素综合考虑予以确认。转让价格达不到交易时交易地的指导价或者市场交易价70%的,一般可以视为明显不合理的低价……"据此,法院认为孙某构成善意取得的理由充分。

案例7-10　一方擅自转让股权,受让方取得股权是否构成善意取得

婚后,男方和第三人A作为股东成立了一家有限责任公司,各占50%的股权。在离婚诉讼前,男方将自己的股权全部转让给第三人B,B已支付了股权对价30万元人民币,同时办理了工商变更登记。女方以男方为被告,B为第三人提起诉讼,认为男方持有的股权属夫妻共同财产,主张男方与B签订的股权转让擅自转让股权行为无效。第三人则辩称其获得股权属善意取得。请问:本案的股权转让是否有效? B受让的股权是否适用善意取得制度?

最高人民法院《关于适用〈中华人民共和国公司法〉若干问题的规定(三)》第25条规定:"名义股东将登记于其名下的股权转让、质押或者以其他方式处分,实际出资人以其对于股权享有实际权利为由,请求认定处分股权行为无效的,人民法院可以运用物权法第一百零六条的规定处理。名义股东处分股权造成实际出资人损失,实际出资人请求名义股东承担赔偿责任的,人民法院应予支持。"此规定表明名义股东擅自处分公司股份的可以适用善意取得制度。第27条规定:"股权转让后尚未向公司登记机关办理变更登记,原股东将仍登记于其名下的股权转让、质押或者以其他形式处分,受让股东以其对于股权享有实际权力为由,请求认定处分股权行为无效的,人民法院可以运用物权法第一百零六条的规定处理。"依照此规定,原股东擅自处分已转让股权的同样适用善意取得制度,故本案中B受让股权的行为应受到法律的保护,男方的侵权行为给女方造成的损失,女方可以单独起诉男方要求赔偿。

三、添附、占有、拾得漂流物、发现埋藏物或隐藏物

（一）添附

添附，是指不同所有人的财产因结合或加工而形成的不可分割的新财产。

添附分为三种情形：混合，指不同所有人的动产互相混合而难以识别和分离；附合，指不同所有人的物互相紧密连接形成新物；加工，指利用他人数个原材料工作，或者对他人物改造出新物。

《财产分割意见》第12条规定："婚后8年内双方对婚前一方所有的房屋进行过修缮、装修、原拆原建，离婚时未变更产权的，房屋仍归产权人所有，增值部分中属另一方应得的份额，由房屋所有权人折价补偿另一方；进行过扩建的，扩建部分的房屋应按夫妻共同财产处理。"（注："8年"在实践中已不受限制。）

添附财产的分割有如下方式：

1. 夫妻一方婚后对自己婚前的房屋进行添附，房屋产权不变，属原产权人即夫妻一方个人财产，不予分割；根据从物随主物的原则，添附部分也属夫妻一方个人财产，不予分割。

2. 夫妻双方婚后对夫妻一方婚前的房屋进行添附，房屋产权不变，仍属原产权人即夫妻一方个人财产，不予分割；添附部分属夫妻共同财产，应予分割。

（二）占有、拾得遗失物、拾得漂流物、发现埋藏物或隐藏物

1. 占有

占有，是指对不动产或动产事实上的控制与支配。

《物权法》第243条之规定："不动产或者动产被占有人占有的，权利人可以请求返还原物及其孳息，但应当支付善意占有人因维护该不动产或者动产支出的必要费用。"

据此，占有物属他人财产，不宜将其作为夫妻共同财产来分割，占有人有返还的义务。

2. 拾得遗失物

遗失物,是指他人丢失的动产,包括所有人不慎丢失的动产和占有人不慎丢失的合法占有的动产。

《物权法》第109条规定:"拾得遗失物,应当返还权利人。拾得人应当及时通知权利人领取,或者送交公安等有关部门。"《民法通则意见》第94条规定:"拾得物灭失、毁损,拾得人没有故意的,不承担民事责任。拾得人将拾得物据为己有,拒不返还而引起诉讼的,按照侵权之诉处理。"

据此,拾得遗失物属他人财产,不宜将其作为夫妻共同财产来分割,拾得人有返还的义务。

3. 拾得漂流物、发现埋藏物或隐藏物

《民法通则》第79条规定:"所有人不明的埋藏物、隐藏物,归国家所有。接收单位应当对上缴的单位或者个人,给予表扬或者物质奖励。拾得遗失物、漂流物或者失散的饲养动物,应当归还失主,因此而支出的费用由失主偿还。"《物权法》第114条规定:"拾得漂流物、发现埋藏物或者隐藏物的,参照拾得遗失物的有关规定。文物保护法等法律另有规定的,依照其规定。"

据此,拾得的漂流物、发现的埋藏物或隐藏物属他人财产或国家财产,不宜将其作为夫妻共同财产来分割,拾得人、发现人有返还、通知的义务。

第三节 所有权类型

一、国家财产、集体财产、私人财产

(一)国家财产

《物权法》第45条规定:"法律规定属于国家所有的财产,属于国家所有即全民所有。国有财产由国务院代表国家行使所有权;法律另有规定的,依照其规定。"

所有权归国家所有的财产权种类相当广泛,比如矿藏、水流、海域、土地、森林、山岭、草原、荒地、滩涂、国防资产、无线电频谱、城市土地、铁路、公路、

电力、通讯设备等。国家财产专属国家所有,禁止买卖、出租、抵押或以其他方式非法转让,必须依法取得相应的权利,才能对这类财产合法占有和使用。

离婚案中如涉及这些财产,不存在分割所有权的问题,只能分割财产的使用权。

(二)集体财产

集体财产分为农村集体所有财产和城镇集体所有财产,土地、森林、草原、滩涂、山岭、荒地、建筑物、自留地、自留山、生产设施、教育文化设施等都可以成为集体所有的财产。

离婚案中如涉及这些财产,不存在分割所有权的问题,只能分割财产的使用权,如采矿权、狩猎权、渔业权、养殖权等。

(三)私人财产

《民法通则》第75条第1款规定了自然人可以拥有的财产范围:公民的个人财产,包括公民的合法收入、房屋、储蓄、生活用品、文物、图书资料、林木、牲畜和法律允许公民所有的生产资料以及其他合法财产。这些经合法取得的所有权属于自然人的财产,运用相应财产分割模式,就知道是否可以作为夫妻共同财产来分割以及该如何分割。

二、建筑物区分所有权(车位车库)

建筑物所有权的形态类型有三种:一是单独所有;二是共有(包括共同共有和按份共有);三是建筑物区分所有权。

建筑物区分所有权,是指数人区分一建筑物而各专有其一部分,就专有部分享有单独的所有权,并就该建筑物及其附属物的共同部分,按其专有部分比例共有的建筑物所有权。建筑区内的车位车库属最常见的建筑物区分所有权形式。

《物权法》第74条规定:"建筑区划内,规划用于停放汽车的车位、车库应当首先满足业主的需要。建筑区划内,规划用于停放汽车的车位、车库的归属,由当事人通过出售、附赠或者出租等方式约定。占用业主共有的道路或者其他场地用于停放汽车的车位,属业主共有。"

车位车库的分割有如下方式:

1. 有产权证的车位车库,由取得车库所有权的一方给予另一方相应补偿。

2. 没有产权证的车位车库,由取得车库使用权的一方给予另一方相应补偿。

3. 夫妻一方已将车位车库转卖,则分割转卖所得款项。

案例 7-11　婚后一方购买车位使用权

婚后,以男方名义购买了一处车位使用权,支付款项 73 460 元,使用期限 50 年,使用期内可自行出租、赠与或协议转让。离婚诉讼中,女方主张分割车位。

法院经审理认为,车位虽未取得不动产权属证明,但是婚姻期间以一方名义出资购买,且车位可通过出租、赠与或协议转让等方式体现其不动产价值,车位使用权应作为夫妻共同财产予以分割。由于房屋已判归男方所有,考虑到车位与房屋之间的关联性,判决车位归男方使用,男方应按车位使用权实际购买价值的一半补偿女方 36 820 元(73 640 元÷2)。

本案运用"不完全产权模式",只判决车位使用权的归属。

案例 7-12　婚后父母出资为子女购买车位

婚后,女方父母以女方名义交纳了 60 000 元购买车位一个,产权登记在女方名下。离婚诉讼中,男方认为车位属夫妻共同财产,应予分割。

法院经审理认为,车位是女方父母对女方个人的赠与,属女方个人财产,不应分割。但办理该车位产权手续所支付 15 714.30 元,是女方在婚后交纳的款项,并非女方父母支付的款项,属夫妻共同财产,应予分割。判决该车位归女方所有,女方补偿男方 7 857.15 元(15 714.30 元÷2)。

本案运用"婚后父母出资购买不动产模式"确定车位权属,即婚后由一方父母出资为子女购买的不动产,产权登记在出资人子女名下的,可按照《婚姻法》第18条第(三)项的规定,视为只对自己子女一方的赠与,该不动产应认定为夫妻一方的个人财产。本案同时提示我们,在分割车库车位的时候要注意出资问题,应当仔细比较"婚后父母出资购买不动产模式"与"父母出资购买房屋模式"在适用上的区别。

三、共同共有(赠送给"二奶"的财产)

共有,是指某项财产由两个或两个以上的权利主体共同享有所有权。

共有分为共同共有和按份共有。按份共有,是指两个或两个以上的共有人按照各自份额分别对财产享有权利和承担义务的关系;共同共有,是指两个或者两个以上的共有人对财产不分份额地共同享有权利并承担义务的关系。

共同共有关系存续期间,共有人不分份额地共有财产所有权,对共有财产无法划分各自份额,故对共同共有财产的处分,必须征得全体共有人同意。因此,在婚姻期间,夫妻一方未征得另一方的同意处分共同共有财产,实际上等于否定了夫妻共有财产的性质。

《婚姻法司法解释(三)》第4条规定:"婚姻关系存续期间,夫妻一方请求分割共同财产的,人民法院不予支持,但有下列重大理由且不损害债权人利益的除外:(一)一方有隐藏、转移、变卖、毁损、挥霍夫妻共同财产或者伪造夫妻共同债务等严重损害夫妻共同财产利益行为的;(二)一方负有法定扶养义务的人患重大疾病需要医治,另一方不同意支付相关医疗费用的。"

因此,除了基于上述理由可以分割夫妻共同财产外,婚姻期间任何分割、转移夫妻共同财产之行为应认定为无效。

案例7-13 不履行约定将房产过户,儿子起诉父母

在离婚协议书中,男女双方约定房产归儿子所有,离婚后半年之内办理

过户手续。离婚后,男方拒绝将房屋产权过户至儿子名下。儿子以上述离婚协议为依据,将原本夫妻的男女双方列为共同被告起诉至法院,请求确认房屋归其所有。

法院经审理认为,根据共同共有财产的分割原则,男方撤销了房屋赠与,该撤销赠与的效力应及于整个赠与条款,女方作为夫妻财产的共同共有人,也无法单独将房屋赠与儿子。房屋尚未进行分割,女方无法单独处分其中一半财产。其次,在男女双方分割上述房屋时,除应遵循共同共有财产等分的原则外,还应根据婚姻法中有关离婚财产的分割原则并结合离婚协议中对其他财产的处分约定来综合考虑,诉争房屋的实际分割可能并非男女双方各半产权,女方不能确定就享有财产的一半份额,也就无法单独将房屋的一半赠与儿子。综上,男方将离婚协议中的赠与条款撤销后,男女双方应对诉争的房屋按照夫妻共同财产重新进行分割。判决驳回儿子的诉讼请求。

《物权法》第97条规定:"处分共有的不动产或者动产以及对共有的不动产或者动产作重大修缮的,应当经占份额三分之二以上的按份共有人或者全体共同共有人同意,但共有人之间另有约定的除外。"因此,夫妻一方对夫妻共同财产擅自处分,另一方事先不知情,事后也没有追认,此行为因为损害其他共有人合法权益而无效,不存在夫妻一方对自己个人财产处分的探讨空间。法院认定"诉争房屋的实际分割,可能并非男女双方各半产权,女方不能确定就享有财产的一半份额,女方也就不能单独将房屋的一半赠与儿子"的表述非常准确。

实践中,对此会产生不同见解。有人主张,离婚协议具有确定的法律效力,理由是根据《婚姻法司法解释(二)》第8条规定:"离婚协议中关于财产分割的条款或者当事人因离婚就财产分割达成的协议,对男女双方具有法律约束力。当事人因履行上述财产分割协议发生纠纷提起诉讼的,人民法院应当受理。"法院仅在发现订立财产分割协议时存在欺诈、胁迫等情形才可将有关财产分割的条款撤销。还有人主张,离婚协议中的赠与条款与整个离婚协议是一个整体,不能单独撤销,因为离婚协议主要是为解除双方的婚姻关系,有关财产分割、子女抚育等条款均是为了解除双方身份关系而设。很明显,这些理由比起共同共有理论来稍逊一筹,共同共有理论无疑是解决此类约定内容是否可以撤销的最充分依据。

案例7-14　婚后一方擅自变卖房屋及车库

婚姻期间,以男方名义购得房屋一套及配套车库。男方作为出卖人与案外人签订《房屋买卖合同》,约定以总价款2 854 000元购买房屋及车库;合同签订后,案外人已按约定给付男方全部购房款。

法院经审理认为,婚后男方将属夫妻共同财产的房屋及车库出卖,所得款项应作为夫妻共同财产分割;男方出售房屋及车库行为系擅自变卖夫妻共同财产,其在婚姻中存在过错,因男方未充分举证证明该款项已用于夫妻共同生活及共同投资经营,故确定按照售房所得价款扣除尚欠银行贷款后的剩余部分在男女双方之间予以分割。判决男方给付女方夫妻共同财产折价款180万元。

若按平均分割原则,男方应当补偿给女方的价款是142.7万元(285.4万÷2),因男方擅自变卖房屋,严重损害夫妻共同财产权,被认定为离婚时存在过错,女方多获得了37.3万元(180万-142.7万)。《婚姻法》第47条规定:"离婚时,一方隐藏、转移、变卖、毁损夫妻共同财产,或伪造债务企图侵占另一方财产的,分割夫妻共同财产时,对隐藏、转移、变卖、毁损夫妻共同财产或伪造债务的一方,可以少分或不分。离婚后,另一方发现有上述行为的,可以向人民法院提起诉讼,请求再次分割夫妻共同财产。"《财产分割意见》第21条也做了同样的规定:"一方将夫妻共同财产非法隐藏、转移拒不交出的,或非法变卖、毁损的,分割财产时,对隐藏、转移、变卖、毁损财产的一方,应予以少分或不分。具体处理时,应把隐藏、转移、变卖、毁损的财产作为隐藏、转移、变卖、毁损财产的一方分得的财产份额,对另一方应得的份额应以其他夫妻共同财产折抵,不足折抵的,差额部分由隐藏、转移、变卖、毁损财产的一方折价补偿对方……"

案例7-15 婚后一方将房屋赠与"小三"后反悔

婚后,甲与乙因性格不合分居生活,甲瞒着乙与小他21岁的丙发生婚外恋,为了达到能和丙长期同居的目的,甲将以自己的名义购买的房屋一套和大量家具、电器赠与了丙,总价值102万元,房屋办理了过户手续。好景不长,甲、丙两人发生矛盾,甲要求丙归还房屋和购买家庭用品的费用,丙却拒绝返还,甲于是将丙告上了法庭。

在审理案件过程中,法院追加甲的配偶乙为第三人。法院经审理认为,甲在婚姻期间与他人同居的行为违反了社会公共道德,属违背公序良俗的行为。甲丙双方建立不正当的性关系后给予丙财物,以期维持不正当的性关系,故甲丙之间的赠与合同违反了社会公共道德,赠与行为无效,丙应全部返还财产。

通过本案我们要梳理如下几个问题:

1. 诉讼主体如何确定

(1)原告。情形之一,夫妻双方作为原告,即夫妻联手向受赠与人请求返还赠与物;情形之二,夫妻一方作为原告,即夫妻中非赠与方单独提出请求,因实际中常有赠与方虽然反悔但是碍于情面而不单独提出返还赠与物。

(2)被告。情形之一,被告是赠与人;情形之二,被告是赠与人与受赠人,即夫妻中的赠与方和"二奶"作为共同被告出现。

2. 提出诉讼的理由。通常以侵权为理由提出诉讼,因为赠与人和受赠人恶意串通共同侵害了夫妻财产权益,但实际中比较难证明"恶意串通"。

3. 判决全部返还赠与物还是返还一半赠与物。

一般判决全部返还赠与财产。判决返还一半的赠与物没有法律依据,因为违背共同共有理论,夫妻共同财产不分份额,不能确定夫妻在财产中一定是各占据一半比例,夫妻一方以有权处分自己的一半份额而认为赠与"二奶"财产中的一半是有效的观点不成立。

如果是在遗嘱中指定将自己的一半财产给第三人,就不须考虑共有的问

题了,只能按遗嘱执行,赠与属于部分有效,可以返还一半财产。(请注意下列批复中的波浪线部分)

附:最高人民法院关于财产共有人立遗嘱处分自己的财产部分有效,处分他人的财产部分无效的批复

> 广东省高级人民法院:
>
> 你院(86)粤法民字第 16 号请示报告收悉。
>
> 关于刘坚诉冯仲勤房屋继承一案,经研究,我们基本同意你院审判委员会讨论的第一种意见。双方讼争的房屋,原系冯奇生及女儿冯湛清、女婿刘卓三人所共有。冯奇生于一九四九年病故前,经女儿冯湛清同意,用遗嘱处分属自己和冯湛清的财产是有效的。但是,在未取得产权共有人刘卓的同意下,遗嘱也处分了刘卓的那一份财产,因此,该遗嘱所涉及刘卓财产部分则是无效的。在刘卓的权利受到侵害期间,讼争房屋进行了社会主义改造,致使刘卓无法主张权利。现讼争房屋发还,属刘卓的那份房产应归其法定继承人刘坚等依法继承。

4. 赠与合同的效力。

存在三种观点:第一种观点,赠与全部有效,因为将房屋产权登记在"二奶"的名下,实际上是将房屋的所有权赠与"二奶","二奶"也同意接受赠与,赠与成立;第二种观点,赠与部分有效,因为包"二奶"者有权将夫妻共同财产中属自己的一半份额赠与他人;第三种观点,因违背善良风俗,赠与无效。

5. 抗辩思路。这要站在不同当事人角度来分析:

假如由擅自赠与财产人的配偶提出返还财产诉讼,擅自赠与财产人与"二奶"一般有如下的抗辩理由:

(1) 平等处理权

《婚姻法》第 17 条规定:"夫妻在婚姻关系存续期间所得的下列财产,归夫妻共同所有:(一)工资、奖金;(二)生产、经营的收益;(三)知识产权的收益;(四)继承或赠与所得的财产,但本法第十八条第三项规定的除外;(五)其他应当归共同所有的财产。夫妻对共同所有的财产,有平等的处理权。"《婚姻法司法解释(一)》第17条对"平等处理权"做出了限定,该条规定:"婚姻法第17条关于'夫或妻对夫妻共同所有的财产,有平等的处理权'的规定,应当理解为:(一)夫或妻在处理夫妻共同财产上的权利是平等的。因日常生活需要而处理夫妻共同财产的,任何一方均有权决定。(二)夫或妻非因日常生活需要对夫妻共同财产做重要处理决定,夫妻双方应当平等协商,取得一致意见。他人有理由相信其为夫妻双方共同意思表示的,另一方不得以不同意或不知道为由对抗善意第三人。"因此过错方擅自转移贵重财产之行为,以"平等处理权"来进行抗辩没有效果。

(2) 相互代理权

在配偶之间,相互有代理权,对于一般的夫妻共有财产处理,可以代表对方进行。但是重大事项夫妻应平等协商,否则该行为无效,此种抗辩与平等处理权的抗辩观点大致相同,理由也比较勉强。

(3) 善意取得

假如是站在"二奶"角度,一般会以"善意取得"作为抗辩理由。《民法通则意见》第89条规定:"共同共有人对共有财产享有共同的权利,承担共同的义务。在共同共有关系存续期间,部分共有人擅自处分共有财产的,一般认定无效。但第三人善意、有偿取得该财产的,应当维护第三人的合法权益,对其他共有人的损失,由擅自处分共有财产的人赔偿。""二奶"如果明知赠与人是存在婚姻关系,明知受赠的房屋属夫妻共同财产而接受,不属善意取得。"二奶"如确实不知道赠与人的婚姻状况,赠与财产也可以基于夫妻共同财产而被撤销,恢复到夫妻共同共有状态。因此"善意取得"之理由也没有适用的余地。

6. 救济途径

作为婚姻无过错方可以通过如下途径维护自己的合法权益:

(1) 异议登记后再提起民事诉讼

异议登记是利害关系人对不动产登记簿记载的权利提出异议并记入登

记簿的行为,是在更正登记不能获得权利人同意后的补救措施,使登记簿上所记载权利失去正确性推定的效力。《物权法》第 19 条规定:"不动产登记簿记载的权利人不同意更正的,利害关系人可以申请异议登记。登记机构予以异议登记的,申请人在异议登记之日起十五日内不起诉,异议登记失效。"若利害关系人(比如无过错方)在 15 日内起诉或申请仲裁的,还应携带立案通知证明到登记机构办理异议登记有效期续展手续。

(2) 确认房屋共有并在房产证上"加名"

目前各地房屋管理系统在房屋过户上绝大多数情形是只认房产证上的"人",房屋在谁的名下谁就可以办理转让过户,不问产权证上产权人的婚姻状况,客观上也就损害了产权人之配偶的权益。对于第三人而言,很多情形下由于"善于取得"房屋所有权,配偶也难以主张买卖合同无效,请求法院判决恢复房屋产权状况很难得到支持。在婚姻期间将自己的名字记载于房屋所有权证上,对外具有公示效力,未经夫妻双方同意,夫妻一方无法将房屋过户给第三人,这是保护配偶一方财产权最稳妥的办法。对于能否提起在房产证上"加名"之诉,我们认为这本质上属于确权纠纷,无论从立案的基本条件,还是从起诉的事实理由来看都不存在问题,对"加名"之诉给予立案是没有问题的。

第四节 用益物权

用益物权,是物权的一种,是指非所有权人(用益物权人)对他人之物所享有的占有、使用、收益的排他性的权利。比如土地承包经营权、建设用地使用权、宅基地使用权、地役权、典权等。

一、土地承包经营权

土地承包经营权,是指土地承包经营人为了从事农业生产,依法享有的对承包经营的耕地、林地、草地等农用地的占有、使用和收益的权利。

《婚姻法》第 39 条规定:"……夫或妻在家庭土地承包经营中享有的权

益等,应当依法予以保护。"

土地承包经营权的分割有如下方式:

1. 分割土地承包经营权。由取得土地承包经营权的一方给予另一方相应的补偿。

2. 分割因征用土地承包经营权产生的收益(比如土地补偿款)。

案例7-16 离婚时双方是否可以自行调整土地承包经营权

女方原系A区农民,婚后将户口迁至B区某村,原籍承包地被收回。B区某村将男方家庭承包土地中的一份调整给女方耕种,但未签订书面协议,土地一直由男方耕种。离婚后,女方因此起诉来院要求男方归还承包地。

法院经审理后认为,《土地管理法》第14条规定:"……在土地承包经营期限内,对个别承包经营者之间承包的土地进行适当调整的,必须经村民会议三分之二以上成员或者三分之二以上村民代表的同意,并报乡(镇)人民政府和县级人民政府农业行政主管部门批准。"男方承包土地并未履行上述手续,不能享有诉争土地的承包经营权。判决驳回女方的诉讼请求。

本案的判决思路值得磋商。在土地承包经营合同履行期间,婚姻关系解除时,有权就土地承包经营的权利义务分配自行达成协议,这种因身份关系的变化而引起的承包经营主体一分为二,不属承包权利义务的转让,只是承包方内部分配经营权问题,无需发包方同意,也就不存在报请政府批准的问题。本案女方应享有对土地承包经营权的分割权益。

案例7-17 婚后一方取得农村土地使用权但不从事农业生产

婚后,男方与村民委员会签订土地使用合同一份,约定使用村土地25亩建车间、厂房,期限50年,每亩价款6 500元,共计162 500元,签订合同时已支付给村委会全部款项。另外,男方与村民委员会签订土地使用合同一份,约定使用土地12亩建车间、厂房,每亩6 500元,共计78 000元,使用期限50

年,男方于合同签订时支付给村委会全部款项。离婚诉讼中,女方对男方的两处土地承包经营权提出分割请求。

法院经审理认为,目前我国法律规定的土地承包经营合同有两种方式:一种是家庭方式承包,指本集体经济组织内部的农户以家庭为单位承包经营;另一种是对四荒地,通过招标、拍卖、公开协商等方式承包,承包人不限于本集体经济组织成员。无论哪种方式,均不能改变土地的农业生产用途。本案中两份土地使用合同并非是为从事农业生产,以家庭为单位而签订的土地承包经营合同,并且该合同的签订是否经过了招标、拍卖、公开协商的形式,女方也未能进行证明,土地承包经营权是否存在尚未确定,故法院对该土地承包经营权的分割请求不予处理。判决驳回女方的诉讼请求。

本案从是否从事农业生产角度来确定当事人是否取得土地承包经营权,这是分割土地承包经营权的前提。

案例 7-18 婚前取得土地承包经营权,婚后土地被征用

婚前,村委会与男方签订土地承包合同书,将土地发包给男方一户 2 人经营。婚后土地被征用,男方领到土地补偿款 117 161.4 元,领取林木赔偿款 14 971.26 元。协议离婚后,女方起诉要求分割土地补偿款及林木补偿款合计 132 132.26 元。

法院经审理认为,村民委员会称由于没有承包底册,不能确定男方一户 2 人具体为谁,女方也未能提交证据证实该 2 人为男女双方,且男方承包土地时间在婚前,男女双方结婚时间在后,土地补偿款的取得是基于男方对土地享有承包经营权,故土地补偿款不属夫妻共同财产,不予分割;男女双方在婚姻期间对林木进行了管理照顾,林木产生收益属夫妻共同财产,应当分割。判决男方付给女方 7 485.63 元(14 971.26 元÷2)。

本案中,被分割的土地承包经营权收益包括土地补偿款和林木赔偿款两部分,其中运用"婚后所得模式"对土地补偿款进行定性,运用"婚后收益模式"对林木赔偿款进行定性。

二、宅基地使用权

宅基地使用权,是指农村集体经济组织的成员依法享有的在农民集体所有的土地上建造个人住宅及其附属设施的权利。

宅基地使用权的分割有如下方式:

1. 分割宅基地使用权。由取得宅基地使用权的一方给予另一方相应的补偿。

2. 分割因征用宅基地使用权产生的收益,比如生活补助费、土地补偿款。由取得生活补助费、土地补偿款的一方给予另一方相应的补偿。

案例7-19 双方均是农业户口,宅基地使用权如何分割

婚后,女方将户口迁到男方所在的村集体(双方都是农业户口),在村里分得宅基地一块,未建房。离婚诉讼中,女方请求法院依法分割宅基地。

法院经审理认为,农村宅基地属农村集体所有,不属夫妻共同财产,村民对集体分配的宅基地只享有使用权。婚姻期间取得宅基地使用权为用益物权的一种,属夫妻共同财产,应予分割。判决宅基地由男方使用,男方给予女方补偿款酌定为2万元。

本案运用"不完全产权模式",不取得完全所有权的宅基地只分割其使用权。在对财产定性上,运用了"婚后所得模式",宅基地使用权作为财产的一种形式,系婚姻期间取得的财产,属夫妻共同财产,应予分割。

案例7-20 非农户口一方能否分割农业户口一方享有的宅基地补偿款

男方是国企职工,城市户口。女方是郊区的农民,农村户口。婚后以女方的名义申请获得一处宅基地,并建起了两层住宅。离婚诉讼中,因城市建设需要,双方共建的房屋被征收,获得房屋补偿款18万元,宅基地补偿款21万元。男方主张分割上述款项,女方不同意分割,双方发生争议。

法院经审理认为,房屋为夫妻婚姻期间所建造,属夫妻共同财产。宅基地属农村集体土地,宅基地补偿款是政府对失去宅基地使用权的农民作出的补偿,为农民今后生活提供的一种保障,补偿款具有很强的人身依附性质。女方作为农民有权获得补偿,而男方系非农业人口无权获得补偿,故宅基地款属女方个人财产,不予分割。判决驳回男方的诉讼请求。

本案区分宅基地使用权和宅基地上房屋在产权上的不同归属。运用"婚后所得模式",两者均为婚后取得的财产,属夫妻共同财产,均可予分割;对宅基地补偿款运用"人身属性模式",强调了宅基地使用权的取得与集体经济组织成员权密不可分,推论出基于宅基地使用权产生的土地补偿款也具有专属特定人身属性,属于夫妻个人财产,不予分割。

案例 7-21　因征收宅基地而获得的生活补助费

婚后,男方以自己名义从村委会领取因征收宅基地而获得的生活补助费 2.5 万元。离婚诉讼中,女方主张分割生活补助费。

法院审理认为,农村土地被征收后村民所获得生活补助费,虽然是以村民个人形式发放,但该笔费用是为了保障农村家庭的基本生活,不具备专属于特定的人身性质,不属夫妻个人财产。判决男方向女方补偿 2.5 万元。

本案根据生活补助费判断该款不属于个人财产。《物权法》第 42 条第 2 款规定:"征收集体所有的土地,应当依法足额支付土地补偿费、安置补偿费、地上附着物和青苗的补偿费等费用,安排被征地农民的社会保障费用,保障被征地农民的生活,维护被征地农民的合法权益。"

案例 7-22　儿子落户村集体,后母亲出嫁儿子是否享有土地补偿款

婚后,女方的户籍继续留在女方所在的村集体(本案被告),育有婚生子小明(本案原告),其户籍亦登记在被告处,属集体经济组织成员。后因需要国家征用了部分土地,被告制定土地补偿和安置补偿费方案,向每位集体成

员发放征地补偿款4 000元。该款应全额向女方发放,但被告却以女方系出嫁女,小明系出嫁女所生子女为由拒绝支付补偿款。故原告小明诉至法院请求判令被告支付征地补偿款4 000元。

法院经审理认为,原告出生后,随母亲将户口落户于被告处,由于女方系集体经济组织成员,应视为小明原始取得集体成员资格。原告因出生落户而原始取得集体成员资格,且被告征地补偿款分配方案规定在某时间段之内,凡嫁入、出生、领养并落户的给予分配,而原告出生于补偿款分配基准时间段内,其主张有事实依据,应予支持。被告抗辩称原告属出嫁女的子女,不适用该条款,不予支持。由于对其母的成员资格已予以认可,其亦应认定原告为某社区成员,应分得土地补偿款。判决被告向原告支付土地补偿款4 000元。

能否分得因征用宅基地而获得的土地补偿款,取决于是否具备集体经济组织成员资格,这也是分配土地补偿款的前提。确定集体经济组织成员资格主要有三种观点:(1) 户籍说。认为只要户口在该村,就是该村集体经济组织成员。(2) 权利义务说。认为只要尽了村民义务,就具有集体经济组织成员资格。(3) 生活来源说。认为只要是以该村土地耕作收益作为个人主要生活来源,就是该村集体经济组织成员。因现实中有较为完善的户籍管理制度作为支撑,可操作性强,因此一般以户籍作为判断是否享有集体经济组织成员资格的标准。

三、建设用地使用权、地役权、典权

(一) 建设用地使用权

建设用地使用权,是指建设用地使用权人依法对国家所有的土地享有的占有、使用、收益并利用该土地上建筑物、构筑物及其附属设施的权利。

建设用地使用权的分割有如下的方式:

1. 分割建设用地使用权。由取得建设用地使用权的一方给予对方相应的补偿。

2. 分割因征用建设用地使用权而产生的收益,比如生活补助费、土地补偿款。由取得生活补助费、土地补偿款的一方给予另一方相应的补偿。

案例7-23 婚后一方购买的土地使用权

婚后,以男方名义购买的一宗土地使用权,在另案中被法院判决确认第三人与男方各享有国有土地使用权50%的份额,该判决已生效。离婚诉讼中,女方主张分割男方名下的土地使用权份额。

法院经审理认为,土地使用权系婚姻期间取得,属夫妻共同财产,已经法院确权为男方享有土地使用权50%的份额,该份额亦属夫妻共同财产,应予分割。判决女方享有男方在该宗国有土地使用权份额的一半即25%的份额,男方协助女方办理产权变更登记手续。

本案运用"婚后所得模式",婚后取得的国有土地使用权份额属夫妻共同财产,应予分割,只是确认使用权份额多了一道另案诉讼的程序。

(二) 地役权

地役权,是地役权人按照合同约定,利用他人的不动产,以提高自己的不动产的效益的一种权利。他人的不动产为供役地,自己的不动产为需役地。

例如,甲买一块A地,与乙买的B地相毗邻。甲在A地上起了一幢楼房,为达到观看无敌海景的效果,与乙约定,乙10年之内不能在B地上建造任何建筑物,甲向乙支付10年的费用。这里,甲是地役权人,他自己楼房所在的A地就是需役地,乙是供役地权利人,乙的B地是供役地。

视不同的当事人,对地役权法律关系中的夫妻财产权分割有如下方式:

1. 对供役地权利人而言,分割收取的供役地使用费。《物权法》第157条规定:"设立地役权,当事人应当采取书面形式订立地役权合同。地役权合同一般包括下列条款:……(五)费用及其支付方式……"可见地役权一般是基于有偿而获得,可以考虑分割获得的使用费。

2. 对地役权人而言,如果取得供役地的使用权,则可分割土地使用权。

(三) 典权

典权,是指承典人以支付典价为条件,取得对出典人不动产的占有、使用和收益的权利,典期届满时出典人有权赎回出典财产的一种法律关系。

我国《民法通则》《物权法》没有规定典权,《民法通则意见》第120条规定了典价:"在房屋出典期间或者典期届满时,当事人之间约定延长典期或者增减典价的,应当准许。承典人要求出典人高于原典价回赎的,一般不予支持,以合法流通物作典价的,应当按照回赎的市场零售价格折算。"1984年最高人民法院在《关于贯彻执行民事政策法律若干问题的意见》第58条中规定了典物回赎期间:"对法律、政策允许范围内的房屋典当关系,应予承认。但土改中已解决的房屋典当关系,不再变动。典期届满逾期十年或典契未载明期限经过三十年未赎的,原则上应视为绝卖。"

视不同的当事人,对典权法律关系中的夫妻财产权分割有如下方式:

1. 对出典人而言,在出典期间可以分割获得的典价,这是"婚后所得模式"的运用,典价只是出典财产价值形态上的变化;典期届满后赎回出典财产的,可以分割出典财产。

2. 对承典人而言,在出典期间,如将不动产转典,可分割转典获得的典价;如将不动产出租,可分割出租收取的租金收益,这是"婚后收益模式"的运用。

四、抵押权、质权、留置权

担保物权,是指以确保债权的实现为目的,于债务人或第三人的特定财产或权利上所设定的物权。担保物权一般分为三种:抵押权、留置权、质权。

(一)抵押权

抵押权,是指为担保债务的履行,债务人或者第三人不转移财产的占有,将该财产抵押给债权人,债务人不履行到期债务或者发生当事人约定的实现抵押权的情形,债权人有权就该财产优先受偿。债务人或者第三人为抵押人,债权人为抵押权人,提供担保的财产为抵押财产。

设定了抵押权的夫妻财产是否可以分割?当然可以,前已阐述的按揭房就属典型的设定了抵押权的财产,完全可以作为夫妻财产予以分割。

视不同的当事人,对抵押法律关系中的夫妻财产权分割有如下方式:

图 7-1　抵押法律关系图

1. 对抵押人而言,在抵押财产的所有权并未丧失的情况下,由取得财产所有权的一方给予另一方相应的补偿;

2. 对抵押权人而言,可以有如下分割方式:

(1) 因抵押人没有清偿债务,抵押财产所有权确定归属抵押权人后,可以分割抵押财产,由取得财产所有权的一方给予另一方相应的补偿;

(2) 分割拍卖变卖抵押财产所得的价款;

(3) 分割抵押财产产生的孳息。《物权法》第 197 条规定:"债务人不履行到期债务或者发生当事人约定的实现抵押权的情形,致使抵押财产被人民法院依法扣押的,自扣押之日起抵押权人有权收取该抵押财产的天然孳息或者法定孳息,但抵押权人未通知应当清偿法定孳息的义务人的除外。前款规定的孳息应当先充抵收取孳息的费用。"

案例 7-24　设定抵押权的房屋能否分割

夫妻在诉争的房屋设立了抵押权登记,涉及抵押权人即银行的权益,离婚诉讼中是否需要追加银行为第三人?

不需要。《担保法》第 49 条规定:"抵押期间,抵押人转让已办理登记的抵押物的,应当通知抵押权人并告知受让人转让物已经抵押的情况;抵押人未通知抵押权人或者未告知受让人的,转让行为无效……"《物权法》第 191 条规定:"……抵押期间,抵押人未经抵押权人同意,不得转让抵押财产,但受让人代为清偿债务消灭抵押权的除外。"可见一般情况下,抵押财产如果需要转让或过户,需要征得抵押权人的同意。抵押财产在夫妻分割中却具有特殊性。因为法院会将财产分割和债务承担分别处理,判决仅对夫妻双方有约束力,未改变该债务系夫妻共同债务的性质,银行仍可向原夫妻双方追偿,银行自身风险并未增加。因此,不必追加银行作为第三人在离婚案件中出现。

(二)质押权

质权,是指债权人与债务人或债务人提供的第三人以协商订立书面合同的方式,移转债务人或者债务人提供的第三人的动产或权利的占有,在债务人不履行债务时,债权人有权以该财产价款优先受偿,也叫"质押权"。债务人或者第三人为出质人,债权人为质权人,交付的动产为质押财产。

质权的客体仅限于动产和权利,根据《物权法》第223条的规定,可以出质的权利范围包括汇票、支票、本票、债券、存款单、仓单、提单、可以转让的基金份额、股权、可以转让的注册商标专用权、专利权、著作权等知识产权中的财产权、应收账款等。

图7-2 质押法律关系图

视不同的当事人,对质押法律关系中的夫妻财产权分割有如下方式:

1. 对出质人而言,在质押财产的所有权未丧失的情况下,由取得财产所有权的一方给予另一方相应的补偿。

2. 对质权人而言,有如下分割方式:

(1)因出质人没有清偿债务,质押财产所有权确定归属质权人后,可以分割质押财产,由取得财产所有权的一方给予另一方相应的补偿。

(2)分割拍卖变卖质押财产所得的价款。

(3)分割质押财产产生的孳息。《物权法》第213条规定:"质权人有权收取质押财产的孳息,但合同另有约定的除外。前款规定的孳息应当先充抵收取孳息的费用。"

(三）留置权

留置权,是指债务人不履行到期债务,债权人可以留置已经合法占有的债务人的动产,并有权就该动产优先受偿的一种权利。债权人为留置权人,占有的动产为留置财产。

图 7-3　留置法律关系图

视不同的当事人,对留置法律关系中的夫妻财产权分割有如下方式：

1. 对债务人而言,在留置财产的所有权未丧失的情况下,由取得财产所有权的一方给予另一方相应的补偿。

2. 对留置权人而言,有如下分割方式：

（1）因债务人没有清偿债务,留置财产所有权确定归属留置权人后,可以分割留置财产,由取得财产所有权的一方给予另一方相应的补偿；

（2）分割拍卖变卖留置财产所得的价款；

（3）分割留置财产产生的孳息。《物权法》第 235 条规定:"留置权人有权收取留置财产的孳息。前款规定的孳息应当先充抵收取孳息的费用。"

第八章 夫妻财产分割与金融法的结合

第一节 有价证券

有价证券,是指标有票面金额,对特定财产拥有所有权或债权的一种书面凭证,它代表着一定量的财产权利,持有者可以凭它直接取得一定量的商品或货币。因此有价证券在形式上有个特点,既有"价",又有"量"。

《婚姻法司法解释(二)》第15条规定:"夫妻双方分割共同财产中的股票、债券、投资基金份额等有价证券以及未上市股份有限公司股份时,协商不成或者按市价分配有困难的,人民法院可以根据数量按比例分配。"

我们将此规定称为"有价证券模式",该模式在分割有价证券上的特点是:

1. 分割数量:夫妻各分得一定数量的有价证券。
2. 分割价款:由全部取得有价证券的夫妻一方给予对方相应的补偿。
3. 夫妻双方都不想取得有价证券的,将有价证券转让出售,分割转让所得款。

一、基金

基金,是指为了某种目的而设立的具有一定数量的资金集合,主要有证券投资基金、公积金、保险基金、退休基金等,这里指的是证券投资基金。

运用"有价证券模式",基金的分割有如下方式:

1. 分割基金的价款。
2. 分割基金的份额(数量)。
3. 双方都不想持有基金的,将基金抛售,分割抛售所得款。

案例 8-1　婚后一方持有股票、基金的分割

婚后，男方在证券公司开立证券账号，账户内有"中信证券"8 000 股、"雅戈尔"2 000 股、"锦州港"2 000 股、"申能股份"1 800 股、"中国铁建"2 000 股、"中国北车"3 000 股、"中国平安"3 000 股、"中国中冶"4 000 股、"中国人寿"1 000 股、"中国建筑"2 000 股、"万科 A"5 000 股、"华联控股"6 000 股、"江钻股份"3 000 股，该账户另有"富国天益前端"基金 4 860.01 份、"富国天瑞前端"基金 40 222.77 份、"新华优选分红前"基金 55 253.01 份。

法院经审理，判决男方名下证券账号内的"中信证券""雅戈尔""富国天益前端"等股票、基金数量的一半归男方所有，一半归女方所有，因办理股票、基金过户手续而产生的费用由男女双方各负担一半。

本案运用"有价证券模式"对股票和基金的数量进行分割。

二、存款单

存款单是银行签发给存款人的存款凭证。常见的是定期存款单。

运用"有价证券模式"，存款单的分割有如下方式：

1. 只有一张存款单的，不存在分割存款单数量问题，只分割存款单的本金及利息。

2. 有多张存款单的，可以分割存款单数量，再根据不同数量存款单本金之间的差价给予另一方相应的补偿。

3. 存款单在婚前已存在，不能分割存款单的本金，只能运用"婚后收益模式"分割婚后存款单产生的利息；婚后以夫妻共同财产形成存款单，可分割存款单的本金及利息。

案例 8-2　分割本息已取出来的定期存款单之一

婚后，以女方名义开立的定期存款单金额分别有 4 万元、10 万元、13.8

万元、18万元、18万元,该五笔存款单已销户。男方主张五笔存款单均在女方处,要求分割。女方辩称4万元被男方取走买车,并提供男方签字取款的存单原件;10万元和13.8万元中的10万元均是女方父母的钱,让其保管;两个18万元是同一笔钱,并提供女方父亲在银行的账户信息,显示女方父亲取出309 202元,在同日向女方的银行账户存入30万元,又取出30万元,同日女方银行账户存入10万元,女方又将10万元取出。

法院经审理认为,除4万元是男方取出买车外,其余均是女方在双方分居之后取出转移。女方主张其中有20万元是其父母的钱,但其提供的证据均不足以证明其名下的存款所有人为其父亲,而且其父母自己有银行账户,按照女方主张的先存入其妹妹账户,其妹也可以保管,因此女方此辩解不符合情理,不予采信。两笔18万元存款,在男方没有证据证明是两笔款项的情况下,根据存取款的时间可以认定是同一笔存款,女方取出的存款中系夫妻共同存款部分应为41.8万元。判决女方向男方补偿25.9万元。

定期存款取出来后又存进银行账户,会产生是否同一笔款项的问题。一般来说,可以根据存取款的金额、大小、时间、是否同一银行办理等因素来认定是否属于同一笔款项。

案例8-3 分割本息已取出来的定期存款单之二

婚后,男方名下存款单的存取款情况如下:

1. 工商银行定期存折A:余额为0,已取出本金38 000元及利息1 386.97元;已取出本金6 000元及利息34.42元;已取出本金2 600元及税前利息14.08元;已取出本金8 000元及利息9.10元。

2. 工商银行定期存折B:余额为0,已取出本金20 474元及利息4 519.02元;已取出本金10 013.92元及利息2 261.79元;已取出本金5 000元及利息1 126.66元;已取出本金19 311.36元及利息4 349.95元;已取出本金5 000元及利息984.71元;已取出本金10 000元及利息1 649.69元;已取出本金34 000元及利息3 163.80元;已取出本金7 020元及利息652.83元;已取出本金 27 000 元及利息 156.19 元;已取出 9 800 元,后再取出剩余本金 10 000.58 元及利息 42.68 元。

3. 工商银行定期存单 C:存入 5 万元,本息均尚未提取。

法院经审理认为,三份定期存款单的本息均属夫妻共同财产,但应扣除男方的合理支出:其一,医疗费、敬老院费用、水电煤费用、房屋租金、保安保洁费、出租车费、外购药品费等费用,系男方对自身权利义务的处分,同时得到女方的认可,属合理支出。其二,孢子粉费,男方体弱多病,购买孢子粉强身健体符合常理,属合理支出;其三,律师费,系男方为本案离婚诉讼,提升自身的诉讼能力所支出的费用,属合理支出;其四,护理费,男方提供的居委会证明显示每月需支出护理费 3 000 元,考虑到男方身患疾病确实需要护理及当地护理费标准,酌情认可男方每月需支出 3 000 元护理费,认定婚姻期间男方支出的护理费为 27 000 元,属合理支出;其五,诉讼费,男方提供的银行卡取款业务回单显示该笔款项系案外人自其银行账户中取出,并非男方实际支出的费用,不属合理支出;其六,男方并无证据表明其曾向兄妹借款,无法认定上述借款实际存在,不属合理支出。在扣除上述合理费用后,其余钱款应作为夫妻共同财产予以分割。判决男方名下三份定期存款单中已提取的款项和尚未提取的款项归男方所有;男方给付女方财产折价款 10 万元。

本案中,两份定期存款单的本金和利息已被取出来,考虑取款时间长短、存取金额大小、是否有合理消耗、是否要剔除借款、他人赠与等因素来酌情处理。未取存款的存款单,则以存款单产生的本息金额作为分割基数,取得存款单的一方给予另一方相应的补偿。

三、仓单、提单、债券、票据

(一) 仓单

仓单,是保管人收到仓储物后给存货人开具的提取仓储物的凭证。仓单可以通过背书方式转让仓单项下货物的所有权,或者用于出质。

运用"有价证券模式",仓单的分割有如下方式:

1. 只有一张仓单,既可分割仓单所涉仓储物的数量,也可分割仓储物的价款。

2. 有多张仓单的,先分割仓单数量,再根据不同仓单数量所涉仓储物价款之间的差价给予另一方相应的补偿。

(二) 提单

提单,是承运人和托运人之间处理运输中双方权利和义务的依据。对于将货物交给承运人运输的托运人,提单具有货物收据的功能;对于合法取得提单的持有人,提单具有物权凭证的功能,提单的转移意味着物权的转移。

提单的主要关系人是签订运输合同的托运人和承运人,托运人为货方,承运人为船方。

运用"有价证券模式",提单的分割有如下方式:

1. 只有一张提单,既可分割提单所涉货物的数量,也可分割货物的价款。

2. 有多张仓单的,先分割提单数量,再根据不同提单数量所涉货物价款之间的差价给予另一方相应的补偿。

(三) 债券

债券,是经济主体为了筹措资金而向证券投资者出具的,承诺按一定方式还本付息的,债券的购买者与发行者之间的一种债权债务凭证。

债券发行的主体可以是国家财政部、地方政府、银行或非银行金融机构、公司企业等。债券按照偿还期限分类,可分为短期债券、中期债券、长期债券和永久债券。一年或一年以下期限的为短期债券,一年以上十年以下期限的为中期债券,十年以上期限的为长期债券,不规定到期期限的为永久债券。

运用"有价证券模式",债券的分割有如下方式:

1. 只有一张债券的,分割债券的票面价值及利息。

2. 有多张债券的,可以分割债券数量,再根据不同数量债券面值之间的差额给予另一方相应的补偿。

3. 债券在婚前已存在,不能分割债券本金,只能运用"婚后收益模式"分割婚后债券产生的利息;婚后以夫妻共同财产形成债券,可分割债券的本金及利息。

(四)票据

票据,是出票人签发的,约定由自己或其指定的人在一定时间,一定地点,按票载文义无条件支付一定金额的有价证券。

票据主要包括汇票、本票及支票三种类型。汇票,是指出票人签发的,委托付款人在见票时或在指定日期无条件支付确定金额给收款人或持票人的票据;本票,是由出票人签发的,承诺自己在见票时无条件支付确定的金额给收款人或者持票人的票据;支票,是出票人签发的,委托办理支票业务的银行或其他金融机构在见票时无条件支付确定的金额给收款人或者持票人的票据。

运用"有价证券模式",票据的分割有如下方式:

1. 只有一张票据的,分割票据的面值。
2. 有多张票据的,先分割票据数量,再根据不同数量票据面值之间的差额给予另一方相应的补偿。
3. 票据在婚前已存在,不能分割票据本金;如果该票据为带息票据,只能运用"婚后收益模式"分割婚后票据产生的利息;婚后以夫妻共同财产形成票据,可分割票据的本金及利息。

第二节 金融投资

一、信托

信托,是指委托人将其财产权委托给受托人,由受托人按委托人的意愿以受托人的名义,为受益人的利益或者特定目的进行管理或者处分信托财产的行为。

《信托法》第14条规定:"受托人因承诺信托而取得的财产是信托财产。受托人因信托财产的管理运用、处分或者其他情形而取得的财产,也归入信托财产。法律、行政法规禁止流通的财产,不得作为信托财产。法律、行政法规限制流通的财产,依法经有关主管部门批准后,可以作为信托财产。"

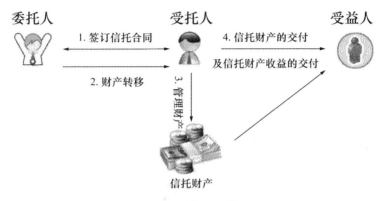

图8-1 信托流程简图

上图中,委托人,是指基于对受托人的信任将自己的特定财产委托给受托人,使信托得以成立的人;受托人,是指接受委托人的委托,为受益人的利益对信托财产进行管理和处分的人;受益人,是指基于信托合同的指定享有信托利益的人。

视不同的当事人,对信托法律关系中的夫妻财产权分割有如下方式:

1. 就委托人而言,将财产交付信托后就丧失对该财产的所有权,因此委托人的夫妻双方不能主张分割交付给受托人的财产。

2. 就受托人而言,因信托而取得信托财产的经营管理权,但必须将信托财产与其自有财产严格区分,因此受托人的夫妻双方不能主张对其所管理的信托财产及收益进行分割,只能主张分割管理信托财产而获取的管理费和劳务费。

3. 就受益人而言,不享有信托财产的所有权,因信托运作而获得的收益则归其所有,因此受益人的夫妻双方不能主张对被管理的信托财产分割,只能分割因运作信托财产而获取的收益。受益人的确定须以信托合同约定为准。

4.《信托法》第 54 条规定:"信托终止的,信托财产归属于信托文件规定的人;信托文件未规定的,按下列顺序确定归属:(一)受益人或者其继承人;(二)委托人或者其继承人。"故在信托关系终止的情形下,作为受益人的夫妻双方才可以分割信托财产,这是"婚后所得模式"和"婚后收益模式"的具体运用。

案例 8-4 离婚协议中设计信托方案,保障孩子权益

男女双方在离婚协议中约定,孩子归女方抚养,男方一次性支付抚养费 150 万元,抚养费由女方代为收取。为了防止女方再婚后被再婚对象占有抚养费,男方到信托公司设立离婚信托,具体做法是:首先,将 150 万元的抚养费作为信托财产与受托人(信托公司)签订合同;接着,将 150 万元放入信托专项账户,由信托公司管理,允许信托公司投资一些低风险稳健型的理财品种;最后,在信托合同上写明,信托受益人是孩子,信托公司每月支付孩子抚养费 8 000 元(含教育费、生活费、医疗费、保险费),并负担疾病等突发事件的费用支出,其余理财增值收入划入信托账户。

这样孩子可以定期取得相应的生活费,但女方却不能动用全部的 150 万元财产,即使孩子母亲再婚,也不具有这部分财产的所有权,她的再婚对象也无法动用这部分财产,切实保障了孩子的权益。

从本案中可以看出信托的优点在于可以实现财产隔离功能,使信托受益人在面对以后不可预测的情况时仍达到委托人设立信托时的初衷。对于高净值资产人群而言,设立信托也可以尽可能较少地暴露自己的财产,减少被司法追索的机会,降低财产被处置的风险。

二、期货

期货一般是指期货合约,是由期货交易所统一制定的,规定在将来某特定时间内和地点交割的一定数量标的物的标准化合约。该标的物可以是商品,如铜或原油,也可以是外汇、债券、股票等金融资产。

期货的分割有如下方式:

1. 分割初始保证金。初始保证金,是指交易者新开仓时所需交纳的资金。保证金在开仓之前可以分割,在开仓后等于开始履行交易合同,保证金多少处于不确定状态,不可作为夫妻共同财产分割。

2. 分割期货交割后的收益。交割是期货合约到期时,了结到期末平仓合约的过程。运用"婚后收益模式",婚后一方实际取得的期货交割收益属于夫妻共同财产,应予分割。

三、股票期权

股票期权,是指企业向特定人员提供一种在一定期限内按照某一既定价格(行权价)购买一定数量本公司股票的权利,受权人通过行使这一权利购买股票,从而赚取该股票的市价与行权价格间的差价。

分割股票期权总的原则是:取得股票期权的一方视情况给予另一方相应的经济补偿。

受权人的收益与股票授予价、股票市场价、行权条件、行权期限、税制等有关,因此分割股票期权法律关系中的夫妻财产权受很多因素的影响,在此我们引用广东省高级人民法院的一份批复来做个大概的了解。

附:广东省高级人民法院关于婚前取得的股票期权,离婚后行权所得能否确认为夫妻共同财产问题的批复

广东省高级人民法院关于婚前取得的股票期权,离婚后行权所得能否确认为夫妻共同财产问题的批复

(粤高法民一复字[2009]5号)

××市中级人民法院:

你院《关于婚前取得的股票期权,离婚后行权所得能否确认为夫妻共同财产问题的请示》收悉。经研究,答复如下:

基本同意你院审判委员会的多数意见。

> LF婚前取得的股票期权,是×T科技公司作为一种激励机制而赋予员工有条件地购买本企业股票的资格,并非具有确定价值的财产性权益。该期权要转化为可实际取得财产权益的股票,必须以员工在公司工作时间的积累为前提条件。在LF与SHS二人婚姻关系存续期间,LF的部分股票期权可行权并获得财产权益。虽然LF是在离婚后才行使股票期权,但无法改变其在婚姻关系存续期间可以行使部分期权并获得实际财产权益的事实。
>
> 根据《中华人民共和国婚姻法》第十七条,运用最高人民法院《关于适用〈中华人民共和国婚姻法〉若干问题的解释(二)》第十一条、第十二条的规定,LF在婚姻关系存续期间可通过行使股票期权获得的该部分股票财产权益,属于在婚姻关系存续期间明确可以取得的财产性收益,宜认定为夫妻共同财产。

附:××市中级人民法院关于婚前取得的股票期权,离婚后行权所得能否确认为夫妻共同财产问题的请示

> ## ××市中级人民法院关于婚前取得的股票期权,离婚后行权所得能否确认为夫妻共同财产问题的请示
>
> ×中法(2009)44号
>
> 一、案件的基本情况
>
> SHS、LF于2002年×月29日登记结婚,2004年×月20日在AB市DC区人民法院调解离婚。(2004)××法民一初字第2566号民事调解书内容为:"一、LF与SHS自愿离婚;二、位于××市××区××路××家园××7E商品房一套归LF管理使用,未付清的房款由LF本人继续支付;三、LF应于2004年12月20日前支付给SHS房款60 000元;四、LF应于

2004年12月20日前支付给SHS补偿金15000元;五、现个人使用的日常衣物归个人所有;六、LF应于2004年12月20日前支付给SHS房屋租金3500元。"

×T科技(××)有限公司(以下简称×T科技公司)是×T控股有限公司(以下简称×T控股公司)的全资子公司。2000年3月份LF入职×T科技公司。2001年8月10日,×T控股公司授予LF期权525000股,授予价为每股0.0497美元。根据期权计划规定,授予期每满一年,LF可行使期权总额的1/4,满4年后可全部行使。2004年6月份,×T控股公司在KH证券交易所上市。2004年12月,LF行使期权80000股(即以每股0.0497美元的价格购得了相同数量的股票),并在行权当日抛售80000股股票获取了现金。2005年1月份,LF行权85000股后抛售了股票。2005年7月,LF行权60000股后抛售了股票。2004年12月、2005年1月、2005年7月×T股票收盘价分别为港币4.62元、4.55元、6.1元。SHS的诉讼请求是:1. 判令被告偿还原告在离婚财产分割时未分割的财产约50万元人民币,实际财产据法院调查结果确定。2. 本案诉讼费由被告承担。

在上述案例中,法院运用"婚后收益模式",根据《婚姻法司法解释(二)》第11条的规定,婚姻关系存续期间,一方以个人财产投资取得的收益属于夫妻共同财产。因此,婚前取得的股票期权,婚后产生的收益属于夫妻共同财产应予分割。此种观点优势在于实践中容易操作,分割收益简单明了。

第二种观点认为,根据《婚姻法司法解释(三)》第5条规定:"夫妻一方个人财产在婚后产生的收益,除孳息和自然增值外,应认定为夫妻共同财产。"因此,婚姻期间夫妻一方对婚前取得的股票期权进行行权,所产生的收益属于自然增值,属于夫妻个人财产,不应予分割。

第三种观点认为,股票期权与员工的身份、工作能力、工作年限、工作业绩、工作的努力程度等密切相关,股票期权的行权收益自然不属于自然增值,而是属于孳息,根据《婚姻法司法解释(三)》第5条规定属于夫妻个人财产,不应予以分割。

以上三种观点代表了婚前取得的股票期权在婚后产生的收益之性质问题,第二第三种观点在分割效果上都是主张不予分割,都是定性为夫妻个人财产,只是在定性的名目上有所区别。

股票期权属于金融衍生产品范畴,金融衍生产品具有跨期性(约定在未来时间按照选择是否交易)、杠杆性(只需要支付少量保证金就可以以小搏大)、不确定性、高风险性等特点,决定了对"运动"状态中金融衍生产品的分割具有复杂性,也缺乏可操作性。对金融衍生产品可等到取得实际收益后才考虑分割处理,这样操作似乎比较简单易行。

第三节 保 险 合 同

一、人身保险合同

人身保险合同,是以人的寿命或身体为保险标的的保险合同。

中国保监会发布《关于合理购买人身保险产品的公告》(保监公告〔2012〕6号)指出:"人身保险产品按照保障责任来看,主要分为意外伤害保险、健康保险、人寿保险和年金保险。其中人寿保险按保险责任,可分为定期寿险、终身寿险和两全保险;按保险利益是否确定,可以分为传统寿险、分红保险、万能保险和投资连结保险。传统寿险的保险利益事先确定;分红保险、万能保险有确定的利益保证,但超出利益保证的收益则视保险公司经营情况而定;投资连结保险没有收益保证,投资回报完全有赖于保险公司的投资运作,因此投保人承担的风险最高。"

在人身保险合同中,与合同发生直接关系的投保人和保险人,是人身保险合同的当事人;与合同发生间接关系的被保险人或受益人,是人身保险合同的关系人。

保险人:指依法经营保险业务的保险公司。

投保人:指与保险人订立保险合同,并负有保险费支付义务的合同当事人。在人身保险合同关系中,因险种或责任范围不同,投保人与被保险人、受益人的身份发生不同,出现这一种情况时,法律要求投保人对于被保险人的生命、身体利益必须存在可保利益,而且应当经被保险人同意。

被保险人:指在保险事故发生后,享有保险金请求权的人。

受益人:又称保险金受领人,只有在人寿保险中的死亡保险合同,或者意外伤害保险合同和健康合同中附加死亡给付时,受益人才能够独立存在。

受益人由投保人或被保险人指定,既可以是一个人,也可以是数人。受益人为数人时,被保险或者投保人可以确定受益顺序和受益份额,未确定受益份额的,受益人按照相等份额享有受益权。

人身保险合同的分割有如下方式:

1. 分割保险费。保险费,是指投保人参加保险时,向保险人交付的费用。

2. 分割现金价值。现金价值,是指退保时,寿险公司退还的金额。

3. 分割保险金。保险金,指约定的保险事故发生时,保险人支付的金额。

4. 分割保险收益。保险收益,是指根据保险合同约定获得的分红、利息等收益。

案例8-5 一方为未成年子女购买人身保险

男方与保险公司签订了人身保险合同,男方为投保人,被保险人为未成年儿子,投保主险为少儿两全保险(分红型),缴费期限10年,年缴费金额10 000元,首期保费交付10 117元。后男方从该保险公司退保,获得保险公司的退回保费4 090.14元。离婚诉讼中,女方主张对该保费进行分割。

法院经审理认为,保险费的支出在婚姻期间,属夫妻共同财产,因终止保险合同发生的退费亦属夫妻共同财产。判决男方给付女方保险退费2 045.07元(4 090.14÷2)。

本案分割了退保费(即现金价值),就不再分割保险费。《保险法》第47

条规定:"投保人解除合同的,保险人应当自收到解除合同通知之日起 30 日内,按照合同约定退还保险单的现金价值。"

案例 8-6　婚后一方为自己、为对方购买人身保险

婚后,男方投保一份养老型保险,被保险人为男方,缴费方式为趸缴,趸缴金额 52 377 元,保险金额为 10 万元,保险期限为终身。另外两份男方投保的人身保险的被保险人分别为男方、女方,均已退保,退保金额共计39 530.85 元。离婚诉讼中,男女双方均主张对三份保险合同进行分割。

法院经审理认为,婚后男方以夫妻共同财产投保两份保险,领取退保金39 530.85 元,退保金属夫妻共同财产,应予分割。夫妻关系解除,养老型保险的保险利益可归被保险人(投保人)男方所有,投保人应将保险价值的一半补偿对方。同时,现金价值是能够确定夫妻关系解除时点的价值,也是能够确定衡量保险合同价值的标准,对解决保险权益的分割较为合理。判决男方支付女方 19 500 元(39 530.85 元÷2);养老型保险的保险利益归男方,男方支付女方 47 327.14 元(94 654.28 元÷2),两项合计 66 827.14 元。

本案中,人身保险均为夫妻一方婚后投保,所获得的退保费根据"婚后所得模式",属夫妻共同财产,应予分割;对于养老型保险的分割,现金价值只在退保时候才发生,在不解除保险合同的情形下,只将确定起诉离婚时的现金价值作为分割基数。我们可以通过保险合同中的保单价值利益表,对照缴费年度查询出人身保险合同的现金价值是多少。

案例 8-7　单位为夫妻一方购买人身保险

婚后,男方为被保险人、电力公司为投保人签订了生效的团体年金保险合同(分红型),后由男方办理退保,退保金额为 12 678.35 元;另外一份退休金保险(分红型)合同由电力公司为投保人、男方为被保险人,也于婚后由男方办理退保,退保金额为 12 374.03 元。

离婚诉讼中,男女双方均同意,团体年金保险(分红型)保险同意按照投保金额 11 188 元 + 利息 780 元 + 红利 160 元 = 12 128 元计算分割;团体退休金保险(分红型)保险按照投保金额 9 114 元 - 管理费 80 元 + 利息 395.83 元 + 红利估算为 70.17 元 = 9 500 元计算分割。法院据此判决结案。

本案中,如双方没有约定,按退保金额来分割,退保金额包括现金价值、利息及分红等所有现金之和,男方应向女方补偿 25 052.38 元[(12 678.35 元 + 12 374.03 元) ÷ 2]。

案例 8-8　婚前婚后一方为自己购买人身保险

婚前婚后,均以女方作为投保人,被保险人为女方的投保情况如下:

婚前,"平安长寿保险"一份,交费期限 20 年,每年缴纳保险费 1 744 元,已缴纳 15 年,每五年领取一次返利,且每五年递增 1 000 元,其中婚后领取的返利共计 15 000 元。

婚后,"红双喜两全保险(A 款)(分红型)"一份,一次性缴纳保险费 10 000 元,后女方解除合同获得解约退还金 12 224.71 元;"红双喜新 A 款两全保险(分红型)"一份,一次性缴纳保险费 30 000 元,后女方解除合同获得解约退还金 34 889.57 元;"红双喜新 A 款两全保险(分红型)"一份,一次性缴纳保险费 10 000 元,后女方解除合同获得解约退还金 11 219.73 元。

法院经审理认为,平安保险系婚前购买,婚前缴纳保险费及收益归女方所有,婚后缴纳保险费及相应收益属夫妻共同财产。婚后购买三份保险的退款属夫妻共同财产。判决女方给付男方折价款 36 667 元[(58 334.01 元 + 15 000 元) ÷ 2]。

本案运用"婚后所得模式",婚后领取的返利及获得的解约退还金属夫妻共同财产。判决只对保险合同的分红返利进行分割,并没有分割婚后缴纳的保险费。在保险合同继续履行的情况下,可以既分割保险费,也可以同时分割分红;在保险合同解除(退保)的情况下,只能分割退保费(含现金价值、分红等),不能再分割保险费。

案例8-9　一方为对方购买人身保险

周某学得一门开钩机的技能,从农村出来在工地上专事开钩机工作,收入可观。考虑到妻子在老家拖儿带女不容易,便用收入给妻子买了一份人身保险,投保人是周某,被保险人、受益人为周某的妻子。离婚诉讼中,周某提出变更被保险人、受益人。请问周某的请求有法律依据吗？

本案涉及变更人身保险合同当事人问题。《保险法》第41条规定:"被保险人或者投保人可以变更受益人并书面通知保险人。保险人收到变更受益人的书面通知后,应当在保险单或者其他保险凭证上批注或者附贴批单。投保人变更受益人时须经被保险人同意。"依此规定,被保险人对受益人的确定有最终决定权,因此周某作为投保人无权决定受益人,决定受益人的变更权在于被保险人也就是周某的妻子。

案例8-10　婚后夫妻为孩子购买人身保险

婚后,夫妻为孩子购买了两份保险:一份是"英才"险,一份是幼儿园"平安"险,投保人均是男方,被保险人是孩子,受益人是夫妻双方。后孩子刘某注射疫苗发生意外死亡,孩子生前投保"英才"险获赔18 046元,幼儿园"平安"险获赔17 000元。离婚诉讼中,夫妻双方均主张对获得的保险金进行分割。

法院经审理认为,两份保险的受益人均是夫妻双方,所获得保险金属于夫妻共同财产,应予分割。判决"英才险"保险金和幼儿"平安险"保险金由男女双方各分得其中一半。

本案表明,人身保险合同的受益人不同,保险合同所涉保险利益的分割也不同。

第一种情形:受益人是夫妻双方的,因人身保险合同产生的现金价值、保险金等利益属于夫妻共同财产,应予分割。

第二种情形:受益人是夫妻一方的,相当于当事人在保险合同中对财产归属进行特别约定,因人身保险合同产生的现金价值、保险金等利益属于受益人(夫妻一方)的个人财产,不予分割。

第三种情形:受益人是第三人:这也相当于当事人在保险合同中对财产归属进行特别约定,因人身保险合同产生的现金价值、保险金等利益属于受益人(第三人)的个人财产,与夫妻无关,不予分割。

第四种情形:受益人是未成年子女的,这也相当于当事人在保险合同中对财产归属进行特别约定,因人身保险合同产生的现金价值、保险金等利益属于受益人(未成年子女)的个人财产,不予分割;因子女未成年,离婚的时候分割的财产一般由抚养子女的夫妻一方代为管理,用于未成年子女的教育和生活等。

简言之,运用"婚后所得模式",婚后赠与一方的财产属夫妻个人财产,保险合同中指定受益人为夫妻一方可视为财产的赠与,保险金应当由受益人享有,属于夫妻个人财产,不予分割。反之,受益人为夫妻双方的,保险金为夫妻共同财产,应予分割。

除了受益人,下列因素还对人身保险合同分割产生影响:保险费是以夫妻个人财产还是以夫妻共同财产缴纳;保险费是一次性缴纳还是分期缴纳;保险费是否处于缴费犹豫期;小孩归谁抚养;保险事故是否发生;保险合同的类型、保险合同内容有无特别约定等。

二、财产保险合同

财产保险合同,是以财产及其有关利益为保险标的的保险合同。

财产保险合同的当事人为保险人和投保人,被保险人并非财产保险合同的当事人,学术上一般被称为"关系人",本章将保险人、投保人、被保险人统称为财产保险合同的当事人。

保险人:是收取保险费并按照财产保险合同规定负责赔偿损失的人。

投保人:是与保险人签订财产保险合同并负有缴付保险费义务的人。投保人须对保险标的具有可保利益。

被保险人(关系人):是指保险事故发生时,有权按照财产保险合同向保险人要求赔偿损失的人。

财产保险合同的分割有如下方式:

1. 分割保险费。保险费,是指投保人参加保险时,向保险人交付的费用。

2. 分割保险金。保险金,是指约定的保险事故发生时,保险人支付的金额。

案例 8-11　涉及房屋和家具的保险合同如何分割

婚后,男女双方为自有产权的房屋和家具购买了一份财产保险,保险期限从 2012 年 12 月 1 日至 2013 年 12 月 1 日,保费 2 500 元。假设双方于 2013 年 4 月 1 日由法院判决离婚并于当日生效,那么保险合同如何分割?

本案中,从 2012 年 12 月 1 日至 2013 年 4 月 1 日已过 121 天(一年按 365 天计算,2 月为 28 天),现在该份保险的剩余价值为 1 671.2 元 = 2 500 ÷ 365 × 244(365 − 121),将其作为夫妻共同财产予以分割。此种方式通过将保费除以保险期限(以天计算),得出日平均保费,从保险期限开始之日到判决书生效之日的保费价值应属夫妻共同财产的支出,判决书生效之日到保险期限届满之日所应交的保费价值就是保险费的剩余价值,而不是直接将保险费分割一半,是分割保险费中"另类"的算法。

案例 8-13　汽车发生事故,保险合同利益如何分割

婚后,男方就属于夫妻共同财产的机动车,以夫妻共同财产向保险公司投保了交强险和商业险,保险期限自 2013 年 12 月 28 日起至 2014 年 12 月 27 日止。保险期间,男方驾驶保险车辆于高速公路上发生追尾的交通事故,造成保险车辆及第三者车辆受损,男方对事故负全部责任。后男方向保险公司申请理赔,获得保险公司赔偿车辆维修费及拖车费等 35 万余元。请问,该保险金属于夫妻共同财产吗?

本案涉及婚姻期间获得的财产保险金的处理问题。婚姻期间以夫妻共同财产投保所获得的保险金，因保险标的机动车辆是夫妻共同财产，夫妻对保险标的的利益具有一致性，婚姻期间获得的保险金属于夫妻共同财产，应予分割。

我们可以假设：如果男方是以婚前个人财产为男方个人所有的车辆投保，在婚后才获得的保险金，该保险金又怎么认定？可以运用"婚后所得模式"，除夫妻另有约定外，一方婚前个人财产不因婚姻关系的延续而转化为夫妻共同财产，个人财产的灭失或损坏而获得的保险金仍反映了个人对保险标的的利益，故保险金应属于男方的个人财产。

我们又可以假设：如果男方在婚后以夫妻共同财产为男方个人婚前所有的车辆投保，同样可以运用"婚后所得模式"，所获得的保险金仍然是男方个人婚前财产价值形态上的转化，不改变车辆婚前个人财产的性质，保险金仍属男方个人财产，不予分割，夫妻之间可以分割所缴纳的保险费。

案例 8-14　汽车没有发生事故，保险合同利益如何分割

婚后，以夫妻共同财产购置小车一辆，登记在女方名下，女方作为投保人以小车作为保险标的向保险公司投保了交强险、商业险以及三责险，不计免赔。保险期内没有发生保险事故，男女双方发生离婚诉讼，男方主张小车归其所有并请求变更该车项下保险合同当事人为男方，同意给予女方一定补偿。请问男方的诉请符合规定吗？

本案涉及保险标的转移和保险合同主体的变更问题。《保险法》第49条第2款规定："保险标的的转让的，被保险人或者受让人应当及时通知保险人，但货物运输保险合同和另有约定的合同除外。"本案中可以判决小车归男方所有，因男方不是保险合同的当事人，法院最好先征询保险公司意见，如果保险公司同意继续履行合同，则办理变更手续；如保险公司不同意继续履行合同，应解除保险合同。无论是解除合同还是变更合同主体后继续履行合同，

都可以由取得小车的男方以夫妻共同缴纳的保险费作为基数给予对方相应的补偿。

实践中,有种家庭财产两全保险比较特别,它是指依据保险合同向保险人缴纳保险储备金,保险期限内发生保险事故,保险人赔付财产损失,未发生保险事故,合同期满后保险人向投保人返还全部储备金。这种保险合同类似银行存款单,并产生利息,但利息依据合同约定一般归保险人所有,作为缴纳保险费之用。因此首先要研究财产保险合同的具体约定,区分发生保险事故和不发生保险事故这两种情形来分割保险利益。

案例 8-15　汽车因故被毁,财产保险合同"受益人"受质疑

婚后,陈先生驾驶轿车在高速公路上发生交通事故起火,导致该车被烧毁,经交警队认定,陈先生对本次事故负主要责任。经价格认证中心认证,轿车修复价格超过该车实际价值,确定为全损。扣除残值后,全损价格为 186 500 元。陈先生驾驶的轿车在保险公司投有车损险,不计免赔。因该车是陈先生按揭购买,保单上有第一受益人条款,是某贸易公司,据此,保险公司拒赔给陈先生。请问,保险公司的做法是否正确?

本案涉及财产保险合同是否有"受益人"的问题。《保险法》第 12 条规定:"……被保险人是指其财产或者人身受保险合同保障,享有保险金请求权的人……"第 18 条规定:"……受益人是指人身保险合同中由被保险人或者投保人指定的享有保险金请求权的人……"可见,"受益人"概念只在人身保险合同中存在,财产保险合同中只有"被保险人"概念,不存在受益人概念,保险人只向被保险人赔偿,故保单上"受益人条款"约定无效,保险公司应将赔偿款直接支付给曹先生本人。(请注意下列批复中的划波浪线部分)

附:最高人民法院关于保险金能否作为被保险人遗产的批复

最高人民法院关于保险金能否作为被保险人遗产的批复

(1987)民他字第52号

河北省高级人民法院:

你院冀法民〔1987〕1号请示报告收悉。据报告称:栾城县南焦村个体三轮摩托车司机孙文兴于1986年5月26日运送货主张新国及其货物(锡锭)时,在京广铁路窦妪道口与火车相撞,致孙文兴、张新国双亡,三轮摩托车毁损。这次事故应由孙文兴负责。孙文兴生前在本县保险公司除投保了车损险(保险金为3500元)外,还投保了人身意外伤害险(保险金为5000元),并指定了受益人。现托运人张新国之妻梁聚芬向栾城县人民法院起诉,要求承运人孙文兴之妻郭香荣给予赔偿。

经征求有关部门的意见,现将你院请示关于人身保险金能否作为被保险人的遗产进行赔偿的问题,答复如下:

一、根据我国保险法规有关条文规定的精神,人身保险金能否列入被保险人的遗产,取决于被保险人是否指定了受益人。指定了受益人的,被保险人死亡后,其人身保险金应付给受益人;未指定受益人的,被保险人死亡后,其人身保险金应作为遗产处理,可以用来清偿债务或者赔偿。

二、财产保险与人身保险不同。财产保险不存在指定受益人的问题。因而,财产保险金属被保险人的遗产。孙文兴投保的车损险是财产保险,属他的遗产,可以用来清偿债务或者赔偿。

在处理本案时,应本上述原则,适当注意保护债权人的利益,合情合理解决。

但有一种观点认为,投保人作为被保险人,对保险人享有保险金请求权,该权利性质上为合同债权,投保人有权将该合同债权转让给第三人,表现在

保险实务上就是在财产保险合同中指定某贸易公司为受益人,意在使后者享有保险金请求权,因此指定受益人的实质是债权的让与,若被保险人与受益人同时主张保险金请求权时,合同中约定的受益人优先于被保险人,因此财产保险合同上的"受益人条款"约定有效,"受益人"的合法权益应受法律保护。

第九章 夫妻财产分割与知识产权法、继承法的结合

第一节 知识产权收益

知识产权,是法律赋予知识产权所有权人基于智力创造性所产生的权利。

按照《与贸易有关的知识产权协议》(Agreement On Trade-related Aspects of Intellectual Property Right 简称 TRIPS)第1部分第1条的规定,知识产权包括版权与邻接权、商标权、专利权、工业品外观设计权、地理标志权、集成电路布图—设计(拓扑图)权、未披露过的信息专有权。本节所称的知识产权是指狭义的知识产权,包括著作权、专利权、商标权三部分。

知识产权最重要的特征是无形性,没有物质形体,不占据空间。知识产权还具有双重性,一方面具有人身性质,即创造者享有以人身利益为内容的权利,如发表权,署名权;另一方面具有财产性,即知识产权收益,指公民转让许可、投资实施知识产权而获得的收益,它是知识产权财产性的体现,我们所讲的知识产权的分割,就是指对知识产权财产权的分割。

《婚姻法》第17条规定:"夫妻在婚姻关系存续期间所得的下列财产,归夫妻共同所有:……(三)知识产权的收益;"《婚姻法司法解释(二)》第12条规定:"婚姻法第十七条第三项规定的'知识产权的收益',是指婚姻关系存续期间,实际取得或者已经明确可以取得的财产性收益。"

知识产权权利本身与知识产权收益属于不同概念,没有必然联系,取得知识产权不等于可以获得知识产权收益,知识产权权利的取得与知识产权收益的取得发生的时间往往并不同步。著作权自作品完成之日产生,专利权在

国家有关机构最终授予之日产生,商标权由国家有关机构予以注册之日产生。上述法律规定只明确了婚姻期间知识产权收益的归属,没有对知识产权本身的权利归属作出规定,也并未限定知识产权权利的取得是在婚前还是在婚后。根据上述规定,无论是婚前还是婚后取得知识产权权利,只要知识产权的收益是发生在婚姻期间,均属于夫妻共同财产,应予分割。但在实务中,本着公平合理的角度出发,还是要注意知识产权权利取得导致对知识产权收益的不同分割。

根据知识产权权利取得时间来划分,知识产权收益的分割有如下方式:

1. 婚前取得知识产权权利,婚前取得知识产权收益。根据"婚后所得模式",婚前取得的财产属于夫妻一方个人财产,除了夫妻双方有特别约定,个人财产不因结婚而转化为夫妻共同财产,故此时知识产权收益属夫妻个人财产,不予分割。

2. 婚前取得知识产权,婚后取得知识产权收益。此种情形有两种处理方式:

(1) 根据"婚后收益模式",即《婚姻法司法解释(二)》第11条规定,一方以个人财产投资在婚姻期间取得的收益属于夫妻共同财产,认定该知识产权收益属于夫妻共同财产,应予分割。或依据《婚姻法司法解释(二)》第12条规定,不区分知识产权权利取得时间,也同样可以得出该知识产权收益属于夫妻共同财产的结论。

(2) 知识产权收益包括实际已经取得的收益和确定可以取得的收益两部分。如果知识产权的收益是一方在婚姻关系缔结之前明确可以取得,虽然在结婚后实际才拿到,这部分财产也应该属于夫妻一方婚前个人财产,不予分割。

3. 知识产权权利和知识产权收益均在婚姻期间取得。此种情形下,无论根据"婚后所得模式""婚后收益模式",还是依据《婚姻法司法解释(二)》第12条规定,均可以得出知识产权收益属于夫妻共同财产的结论,应予分割。

4. 婚姻期间完成知识产权客体,但尚未取得知识产权权利,离婚后获得知识产权收益。此种情形有两种处理方式：

（1）如果夫妻双方对创造知识产权客体共同投入劳动和相互协助，根据"婚后所得模式"，离婚后获得的知识产权收益属知识产权客体在价值上的具体体现，并未改变夫妻共同财产的性质，应作为夫妻共同财产来分割。

（2）如果夫妻双方对创造知识产权客体没有共同投入劳动和相互协助，只是夫妻一方的劳动成果，离婚后获得的知识产权收益属于夫妻个人财产，不应分割，但考虑到夫妻另一方在家庭中所作出的贡献，可以对另一方进行适当补偿。《财产分割意见》第15条规定，"离婚时一方尚未取得经济利益的知识产权，归一方所有。在分割夫妻共同财产时，可根据具体情况，对另一方予以适当的照顾。"

5. 夫妻一方婚前完成了知识产权客体，婚后取得知识产权权利，离婚后取得知识产权收益。根据"婚后所得模式"，婚后取得知识产权权利是婚前属夫妻个人所有的知识产权客体在形态上的转化和延续，而离婚后取得的知识产权收益又是婚后取得的知识产权权利在价值上的转化和延续，因此，该知识产权收益本质上仍属夫妻一方婚前财产在形态和价值上的转化和延续，属夫妻个人财产，不予分割。

案例9-1　一方投稿及出版作品获得的稿酬如何分割

婚前，男方向杂志社投稿，被杂志社采用，并于婚后获得稿酬人民币5万元。婚后，男方又出版了一部作品，出版社约定支付男方人民币15万元。离婚时，女方对5万元和15万元稿费均主张分割。

法院经审理后认为，根据《婚姻法》第18条的规定，夫妻一方的婚前财产在婚后仍是夫妻一方的财产，因此5万元稿费是男方的个人财产；根据《婚姻法》第17条以及《婚姻法司法解释（二）》第12条规定，婚后取得15万元著作权的收益是夫妻共有财产，应予分割。判决男方补偿女方人民币7.5万元。

本案运用"婚后所得模式"，认定5万元属于夫妻个人财产，不予分割；另外一笔稿费15万元属于《婚姻法司法解释(二)》第12条规定的"已经明确可以取得的财产性收益",认定属于夫妻共同财产予以分割。

第二节　继承所得财产

《婚姻法》第17条规定:"夫妻在婚姻关系存续期间所得的下列财产,归夫妻共同所有:……(四)继承或赠与所得的财产,但本法第十八条第三项规定的除外……"第18条规定,"有下列情形之一的,为夫妻一方的财产:……(三)遗嘱或赠与合同中确定只归夫或妻一方的财产……"

同时《继承法》第5条规定:"继承开始后,按照法定继承办理;有遗嘱的,按照遗嘱继承或者遗赠办理;有遗赠扶养协议的,按照协议办理。"可见继承法规定了法定继承、遗嘱继承、遗赠、遗赠扶养协议四种取得财产的方式,我们在此统称为继承所得的财产。

继承所得财产的分割有如下方式:

1. 婚后继承所得的财产原则上属夫妻共同财产,应予分割,这是"婚后所得模式"的运用。

2. 有证据证明继承所得的财产给予夫妻一方的,属夫妻个人财产,不予分割。主要有三种情况:

(1)遗嘱

《继承法》第16条第2款、第3款规定:"公民可以立遗嘱将个人财产指定由法定继承人的一人或者数人继承。公民可以立遗嘱将个人财产赠给国家、集体或者法定继承人以外的人。"可见,在我国遗嘱继承人的范围与法定继承人的范围是一致的,换言之,能够作为遗嘱继承人的,是被继承人的配偶、子女、父母、兄弟姐妹、祖父母、外祖父母,对公、婆,对岳父、岳母尽了主要赡养义务的丧偶儿媳、丧偶女婿,以及父母先于被继承人死亡的孙子女、外孙子女等。法定继承人范围以外的人不能成为遗嘱继承人,只能成为受遗赠人。

如果公民立遗嘱将财产指定由法定继承范围之内的特定的人(夫或妻一

方)继承,属明确确定只归夫妻一方的财产之情形。

(2) 遗赠

遗赠,是指被继承人通过遗嘱的方式,将其遗产的一部分或全部赠予法定继承人以外的人,于死亡时发生法律效力的民事法律行为。如果公民立遗嘱将财产指定由法定继承范围之外的特定的人(夫或妻一方)继承,属明确只归夫妻一方的财产之情形。

(3) 遗赠扶养协议

遗赠扶养协议,是遗赠人和扶养人之间关于扶养人承担遗赠人的生养死葬的义务,遗赠人的财产在其死后转归扶养人所有的协议。公民生前指定财产在其死后由承担其生养死葬的义务的人享有,亦属明确只归夫妻一方的财产之情形。

3. 先析出夫妻共同财产及他人财产,所剩为死者遗留的个人财产,再分割遗产,是两个独立的程序。我们将通过下列案例进行解释。

图 8-2 遗产继承案中必须析出的各种财产类型

案例 9-2 未析出属夫妻一方的遗产份额不能在离婚时分割

离婚诉讼中,男方主张分割房屋八分之一产权份额。法院经审理认为,该产权属男方父母的共有财产,男方父亲去世,现男方母亲依然健在,财产一直没有分割,房屋是否属男方可以继承的财产尚不明确。判决驳回男方的诉讼请求。

本案应先单独提出诉讼进行析产，确定夫妻双方共同享有的份额，再对夫妻共同财产分割。因财产状况不甚明了，离婚诉讼中对这类财产通常不做处理。《婚姻法司法解释(三)》第15条规定："婚姻关系存续期间，夫妻一方作为继承人依法可以继承的遗产，在继承人之间尚未实际分割，起诉离婚时另一方请求分割的，人民法院应当告知当事人在继承人之间实际分割遗产后另行起诉。"《财产分割意见》第20条也规定："离婚时夫妻共同财产未从家庭共同财产中析出，一方要求析产的，可先就离婚和已查清的财产问题进行处理，对一时确实难以查清的财产的分割问题可告知当事人另案处理；或者中止离婚诉讼，待析产案件审结后再恢复离婚诉讼。"

案例9-3　死后留下房屋、住房公积金、养老保险金、重大疾病险等如何分割

黎某与第一任妻子育有一子即被告黎某甲。原告张某系黎某第二任妻子，双方于1994年登记结婚，未生育子女。黎某的母亲黄某和父亲分别于2010年、2012年去世。婚前，黎某就102号房屋向单位缴纳购房款5 063元，婚后，黎某与原告张某申请购买住房的完全产权，通过折算双方工龄补交房款13 480.43元，产权登记在黎某名下。当事人在庭审时均认可房屋市场价值103 900元。

另查明，单位还发给黎某丧葬费、抚恤金、死后继发3个月工资，均尚存在单位。黎某去世后，原、被告双方共同确认家庭财产有：102号房屋一套；黎某住房公积金、黎某养老保险金、2012年年终绩效奖、黎某银行工资卡余额、黎某病重期间亲朋好友慰问金及转入黎某账户的重大疾病保险金等。还查明，被告黎某甲向法院提供遗嘱人署名为黎某的自书遗嘱一份。

法院经审理认为，遗产是指公民死亡时遗留的个人合法财产。要确定原、被告双方对被继承人黎某的遗产应得继承的份额，首先应当确定黎某遗产的范围。本案第一个争议焦点为：102号房屋是否全部为黎某个人遗产。该房产在婚前以黎某个人财产缴纳了部分购房款，婚后黎某和原告张某用夫妻共同财产补交了13 480.43元购房款，补交购房款中考虑了婚前缴纳房款

情况、夫妻各方在房改房中所享受的福利优惠,并实际折算夫妻双方工龄,应认定房产属夫妻共同财产。

关于抚恤金、丧葬费、重大疾病保险金及亲朋好友慰问金的问题。黎某所在单位按照有关规定发放的抚恤金是给予死者家属的一种补偿费用,是对死者家属的抚慰和经济补偿,应由受抚慰的家属享有,抚恤金并非黎某生前的财产,故抚恤金不属遗产的范围,不能作为遗产继承;黎某单位发放的丧葬费是单位针对黎某的丧葬事务所支付的费用,其目的是为了安置死亡职工的后事,亦不属遗产的范畴;原告诉称黎某遗产中包括有重大疾病保险金及亲朋好友慰问金,因该两笔钱款于黎某生前已取得,现其未能提供证据证实该笔钱款现仍存在。

综上,法院对原告要求分割抚恤金、丧葬费、重大疾病保险金及亲朋好友慰问金的诉讼请求,不予支持。依据《继承法》第26条规定:"夫妻在婚姻关系存续期间所得的共同所有的财产,除有约定的以外,如果分割遗产,应当先将共同所有的财产的一半分出为配偶所有,其余的为被继承人的遗产。"结合原、被告提供的证据,先将属夫妻共同财产的一半分出来,所剩的一半才是黎某的遗产,包括:102号房屋的50%份额、住房公积金35 214.18元(70 428.36元÷2)、养老保险金5 091.88元(10 185.76元÷2)、年终绩效奖金2 164.7元(4 329.4元÷2)、黎某交通银行工资卡余额1 730.15元(3 460.3元÷2)、单位继发三个月工资3 272.4元(6 544.8元÷2)。

关于遗产分配原则的问题。《继承法》第17条还规定,自书遗嘱由遗嘱人亲笔书写,签名,注明年、月、日。被告提交了黎某生前所自书的遗嘱一份,遗嘱人一栏有黎某签字并摁手印予以确认,遗嘱证明人一栏有三个证人签字并摁手印进行确认,遗嘱形式、内容完整;三个证人在庭审作证时所陈述的黎某书写遗嘱情况一致,可以相互佐证该份遗嘱为黎某亲笔所写及真实意思表示;依照遗嘱继承优于法定继承的原则,该部分遗产即102号房屋的50%份额及住房公积金35 214.18元由被告黎某甲个人继承;原告张某依其所占的夫妻共同财产份额,对102号房屋占50%份额,住房公积金占有35 214.18元。因该遗嘱未涉及养老保险金、年终绩效奖金、工资卡余额、单位继发三个月工资的遗产分配内容,故上述遗产依据法定继承原则进行分配,黎某第一顺序法定继承人为本案原告张某和被告黎某甲,故原、被告应平均分配上述遗产。

判决:被继承人黎某的养老保险金10 185.76元,分配给原告张某7 639.32元[10 185.76元×(1÷2+1÷4)]、分配给被告黎某甲2 546.44元(10 185.76元×1÷4);2012年年终绩效奖金4 329.4元,分配给原告张某3 247.05元[4 329.4元×(1÷2+1÷4)]、分配给被告黎某甲1 082.35元(4 329.4元×1÷4);黎某交通银行工资卡余额3 460.3元,分配给原告张某595.225元[3 460.3元×(1÷2+1÷4)]、分配给被告黎某甲865.075元(3 460.3元×1÷4);单位继发三个月工资6 544.8元,分配给原告张某4 908.6元[65 418元×(1÷2+1÷4)]、分配给被告黎某甲1 636.2元(6 544.8元×1÷4);因原告张某现身患疾病,且该房一直由原告居住,而被告黎某甲年纪尚轻,酌定该房归原告所有,由原告按照双方认可的房屋价值补偿给被告黎某甲51 950元(50%×103 900元);驳回原告张某其他诉讼请求。

整个案件的判决思路是先从众多财产中析出家庭共同财产或夫妻共同财产,然后确定遗产范围,再根据遗嘱继承优先于法定继承的原则进行遗产分配。遗产是死者死亡时遗留的个人财产,根据遗产定义首先就可以将死者死亡后发生的单位抚恤金、丧葬费、重大疾病保险金、亲朋好友慰问金排除在遗产范围之外。

案例9-4　遗产分割处理的四个关键时间点

白某与刘某系夫妻关系,婚后生有一子。刘某与刘某A系两兄弟。结婚时,刘某的母亲王某与丈夫陈某曾口头承诺,将位于城中村西侧的4间房屋归白某和刘某所有,东侧4间房屋归刘某A所有。

后陈某去世,刘某因欠外债,一直在外躲债没有对父亲尽到赡养义务,故全家开会决定同意刘某放弃对陈某遗产的继承权。因感情破裂,刘某向法院提起诉讼离婚,白某也向法院提起分家析产之诉,提出刘某放弃继承权是恶意减损夫妻共同财产的行为,其放弃继承权没有征得白某的同意,放弃继承权行为无效。

一审法院经过审理认为,根据《婚姻法》第17条的规定,婚姻期间所得的财产为夫妻共同财产。《物权法》第29条规定:"因继承或者受遗赠取得物权的,自继承或者受遗赠开始时发生效力。"在法定继承的情形下,被继承人死亡时,继承人即取得遗产的所有权。夫妻一方因继承而取得了遗产,在未约定夫妻财产各自所有的前提下,遗产应为夫妻共同财产。刘某放弃继承的意思表示无效,刘某所应获得的份额应属夫妻共同财产。判决白某对陈某遗产享有一半的所有权。

二审法院经过审理认为,《继承法》第25条规定:"继承开始后,继承人放弃继承的,应当在遗产处理前,作出放弃继承的表示。没有表示的,视为接受继承。"《继承法意见》第49条规定:"继承人放弃继承的意思表示,应当在继承开始后、遗产分割前作出。遗产分割后放弃的不再是继承权,而是所有权。"本案中遗产并未分割,刘某在遗产分割前向家庭做出放弃继承的意思表示合法有效,其所放弃的继承权并未转化为夫妻共同财产的所有权,故刘某放弃继承权的意思表示并未侵害白某的权益。判决撤销一审判决。

本案中,关键要界定四个时间节点:

1. 继承开始的时间。被继承人死亡之前,继承人或受赠人对财产享有期待权。被继承人死亡,继承开始,遗产所有权才开始转移,继承人的期待权成为现实的继承权。因此,被继承人死亡的时间就是继承开始的时间。

2. 遗产分割的时间。一般认为,继承开始后,应由所有继承人经协商取得一致并确定分割遗产的时间。另外,共同继承人在继承开始后都有随时请求分割遗产的权利,但应受继承诉讼时效的限制。《继承法》第8条规定:"继承权纠纷提起诉讼的期限为二年,自继承人知道或者应当知道其权利被侵犯之日起计算。但是,自继承开始之日起超过二十年的,不得再提起诉讼。"

3. 放弃继承权意思表示的时间。《民法通则意见》第177条规定:"……

但继承开始后,继承人未明确表示放弃继承的,视为接受继承,遗产未分割的,即为共同共有……"《继承法》第 25 条第 1 款规定:"继承开始后,继承人放弃继承的,应当在遗产处理前,作出放弃继承的表示。没有表示的,视为接受继承。"可见放弃继承必须在继承开始后、遗产分割前作出表示,如果遗产已分割,放弃的不是继承权,而是所有权。

4. 继承权转化为所有权的时间。一种意见认为,继承开始时,继承人没有表示放弃继承,遗产的所有权就转移给继承人,继承权便转化为所有权,因为《物权法》第 29 条规定:"因继承或者受遗赠取得物权的,自继承或者受遗赠开始时发生效力。"另一种意见认为,继承开始后,继承人应在法定时效内将遗产处理完毕,实际取得遗产的所有权,继承权才转化为所有权。我们认同第二种观点。

第十章 夫妻财产分割与财税法的结合

第一节 夫妻房屋产权变更的税费负担

(一) 营业税

《中华人民共和国营业税暂行条例实施细则》第5条规定:"纳税人有下列情形之一的,视同发生应税行为:(一)单位或者个人将不动产或者土地使用权无偿赠送其他单位或者个人……"可见,单位或者个人将不动产或者土地使用权无偿赠送其他单位或者个人,原则上应视同发生应税行为。

《财政部国家税务总局关于个人金融商品买卖等营业税若干免税政策的通知》(财税[2009]111号)第2条规定:"个人无偿赠与不动产、土地使用权,属于下列情形之一的,暂免征收营业税:(一)离婚财产分割;(二)无偿赠与配偶、父母、子女、祖父母、外祖父母、孙子女、外孙子女、兄弟姐妹;(三)无偿赠与对其承担直接抚养或者赡养义务的抚养人或者赡养人;(四)房屋产权所有人死亡,依法取得房屋产权的法定继承人、遗嘱继承人或者受遗赠人。"

因此,夫妻之间赠与房产的行为不产生营业税问题。

(二) 城建税及教育费附加

只有在需要征收营业税、增值税等税种的前提下才会征收此种税,按应缴纳营业税的一定比例缴纳,其中城建税7%、教育费附加3%。

基于夫妻之间房产赠与的行为不产生营业税,因此也不产生城建税及教育附加费的问题。

(三) 契税和印花税

1. 契税

夫妻之间房屋、土地权属变更有关契税政策,财政部、国家税务总局2013

年 12 月 31 日发布的《关于夫妻之间房屋土地权属变更有关契税政策的通知》(财税〔2014〕4 号)中指出:"在婚姻关系存续期间,房屋、土地权属原归夫妻一方所有,变更为夫妻双方共有或另一方所有的,或者房屋、土地权属原归夫妻双方共有,变更为其中一方所有的,或者房屋、土地权属原归夫妻双方共有,双方约定、变更共有份额的,免征契税。"

因此,夫妻之间房产赠与的行为、在房屋产权上加名的行为不会产生征收契税的问题。

2. 印花税

印花税,需要全额缴纳,合同双方当事人按照 0.05% 的比例缴纳。

因此,夫妻之间房产赠与的行为、在房屋产权上加名的行为会产生印花税的问题。

(四) 个人所得税

《财政部、国家税务总局关于个人无偿受赠房屋有关个人所得税问题的通知》(财税[2009]78 号)文件规定:"以下情形的房屋产权无偿赠与,对当事双方不征收个人所得税:(一) 房屋产权所有人将房屋产权无偿赠与配偶、父母、子女、祖父母、外祖父母、孙子女、外孙子女、兄弟姐妹;(二) 房屋产权所有人将房屋产权无偿赠与对其承担直接抚养或者赡养义务的抚养人或者赡养人;(三) 房屋产权所有人死亡,依法取得房屋产权的法定继承人、遗嘱继承人或者受遗赠人。"

因此,夫妻之间房产赠与的行为不产生个人所得税的问题。

另外,根据《国家税务总局关于明确个人所得税若干政策执行问题的通知》(国税发[2009]121 号)文件规定:"……2. 个人转让离婚析产房屋所取得的收入,允许扣除其相应的财产原值和合理费用后,余额按照规定的税率缴纳个人所得税;其相应的财产原值,为房屋初次购置全部原值和相关税费之和乘以转让者占房屋所有权的比例。3. 个人转让离婚析产房屋所取得的收入,符合家庭生活自用五年以上唯一住房的,可以申请免征个人所得税,其购置时间按照《国家税务总局关于房地产税收政策执行中几个具体问题的通知》(国税发[2005]172 号)执行。"

因此,夫妻一方将在离婚中取得的房屋向第三方转让所取得的收入,就该转让所得部分原则上应当缴纳个人所得税,除非符合家庭生活自用五年以上唯一住房的条件,方可申请免征个人所得税。

第二节 个人所得税的计算

(一)工资、薪金所得

工资、薪金所得适用3%到45%的超额累进税率,各级税率如表:

表10-1 工资、薪金所得适用税率表

级数	含税级距	不含税级距	税率(%)	速算扣除数
1	不超过1 500元的部分	不超过1 455元的部分	3	0
2	超过1 500元至4 500元的部分	超过1 455元至4 155元的部分	10	105
3	超过4 500元至9 000元的部分	超过4 155元至7 755元的部分	20	555
4	超过9 000元至35 000元的部分	超过7 755元至27 255元的部分	25	1 005
5	超过35 000元至55 000元的部分	超过27 255元至41 255元的部分	30	2 755
6	超过55 000元至80 000元的部分	超过41 255元至57 505元的部分	35	5 505
7	超过80 000元的部分	超过57 505元的部分	45	13 505

个人所得税应纳税额的计算公式为:(全月工资、薪金收入 − 3 500)×适用税率 − 速算扣除数

(二)个体工商户的生产、经营所得和对企事业单位的承包经营、承租经营所得

经营所得适用5%−35%五级超额累进税率,各级税率如表:

表 10-2 经营所得适用税率表

级数	全年应纳税所得额	税率(%)	速算扣除数(元)
1	不超过 15 000 的部分	5	0
2	超过 15 000 元至 30 000 元的部分	10	750
3	超过 30 000 元至 60 000 元的部分	20	3 750
4	超过 60 000 元至 100 000 元的部分	30	9 750
5	超过 100 000 元的部分	35	14 750

经营所得应纳所得税额计算公式一般为:全年应纳税所得额 × 适用税率 – 速算扣除数

(三) 稿酬、劳务报酬、特许权使用费、财产租赁所得

稿酬、劳务报酬、特许权使用费、财产租赁所得,每次收入不超过 4 000 元的,减除费用 800 元;4 000 元以上的,减除 20% 的费用,其余额为应纳税所得额。对劳务报酬所得一次收入畸高的,可以实行加成征收,即个人取得劳务报酬收入的应纳税所得额超过 2 万元至 5 万元的部分,按照税法规定计算的应纳税额,加征五成;超过 5 万元的部分,加征十成。因此,劳务报酬所得实际上适用 20%、30%、40% 的三级超额累进税率。

劳务报酬所得,属于一次性收入的,以取得该项收入为一次;属于同一项目连续性收入的,以一个月内取得收入为一次。劳务报酬所得,适用税率为 20%。

劳务报酬应纳税所得额的计算公式为:应纳税所得额 × 20%。

稿酬所得,适用比例税率,税率为 20%。对于稿酬所得,允许扣除费用的标注和计算方法与劳务报酬所得相同。在计算出应纳税额后,允许按应纳税额减征 30%,因此,稿酬所得的实际税率为 14%。

稿酬所得应纳税额的计算公式为:应纳税所得额 × 20%(1 – 30%)。

(四) 财产转让所得

财产转让所得,以转让财产的收入额减去财产原值和合理费用后的余额,为应纳税所得额。财产转让适用比例税率,税率为 20%。

财产转让所得应纳税额计算公式为:应纳税所得额 × 20%。

（五）利息、股息、红利所得、偶然所得和其他所得

以每次收入额为应纳税所得额。

应纳税额的计算公式为：应纳税所得额×20%。

案例 10-1　中巨额奖金应如何缴税

婚后，张先生因中奖得了奖金 18 000 元，在领奖时，他将其中的 3 500 元通过民政局捐赠给养老院。请问：如果该奖金为夫妻共同财产，那么在离婚时对该奖金夫妻一方可分得多少？

本案中，捐赠扣除限额为：18 000 元×30% = 5 400 元。其实际捐赠为 3 500 元，小于扣除额，因此实际捐赠额在计算应纳税所得额时据实扣除；应纳税所得额 = 中奖所得 - 捐赠额，为 18 000 元 - 3 500 元 = 14 500 元；应纳税额 = 应纳税所得额×适用税率，为 14 500 元×20% = 2 900 元；故，离婚时夫妻一方实际可分割金额为 5 800 元 = [(18 000 元 - 3 500 元 - 2 900 元)÷2]。

案例 10-2　医生的工作收入如何缴税

在医院工作的医生王某婚后的基本工资为 5 000 元，同时每周为护士学校授课一次，每次讲课费 800 元。此外，王某利用业余时间为某县 A 医院做手术，婚后从 A 医院取得手术费 3 万元。请问：对工资、讲课费、手术费，夫妻一方在离婚时实际可分得的金额是多少？

本案中，工资应缴个人所得税 = (5 000 元 - 3 500 元)×10% - 105 = 45 元；为护士学校授课取得劳务报酬收入为 3 200 元，扣除费用 800 元，应缴纳个人所得税 = (800 元×4 - 800 元)×20% = 480 元；为 A 医院做手续取得 3 万元，应纳所得税 = 30 000 元×(1 - 20%) = 24 000 元，纳所得税额 = 20 000 元×20% + 4 000 元×20%×(1 + 50%) = 5 200 元；王某应缴纳个人所得税 = 45 元 + 480 元 + 5 200 元 = 5 725 元，实际可分得的夫妻财产金额是 16 237.5 元[(5 000 元 + 3 200 元 + 30 000 元 - 5 725 元)÷2]。

第三节　财务凭证的运用

尽可能掌握财务知识,在夫妻财产分割案件中(尤其是涉及企业股权这种财产类型的分割),有利于我们:

1. 掌握谈判的筹码。一方当事人产生不切实际的漫天要价,往往基于对企业经营状况不甚了解,也看不懂有关财务凭证,在调解过程中提出不合理的要求,丧失良好的调解机会,相反,通过财务状况推测出企业的经营状况,有利于提出适当的要求,放弃幻想,在谈判中尽早达成调解,可以最大化自己的权益。

2. 确定诉讼策略。之前我们提过,在有限责任公司股权分割中,取得股东身份分割股权,必须基于双方协商一致。通过分析财务资料判断出公司的财务状况不甚良好,无论对方是否同意分割股权,在起诉状中就不要再主张取得股东身份,而是明智地选择对股份进行折价补偿,获取一些实际的利益。

3. 避免因盲目申请司法审计、评估而导致的巨大成本支出。诉前通过财务资料对公司经营状况有个基本判断,再考虑是否应对公司资产、股权价值等申请评估、审计而导致的高额成本支出,避免竹篮打水一场空。

因篇幅所限,对案例中财务知识不作具体分析,只做简要的提示,目的是为了让大家感受财务知识在夫妻财产分割中的重要性。

案例 10-3　公司账户资金进出频繁,辨别夫妻财产困难重重

婚后,男方设立一家电器有限责任公司,法定代表人为男方,经营电器公司是家庭收入的主要来源。离婚诉讼中,男女双方对来往电器公司的账目产生了严重分歧,女方主张经男方之手的一千六百多万元认为属于夫妻共同财产,应予分割;男方则主张大部分款项有其合理用途,不能分割。

法院经审理认为,有若干笔款项应做具体分析:一是根据31张现金申请领用单及所附借据、电器公司与男方之间的"其他应付款明细账",其中的九笔计305万元系借暂付款、未收到,此款应予扣除,不予认定,不能作为夫妻共同财产分割;二是男方主张616万用于支付工人工资、销售人员销售费用,但男方没有提供充足证据证明将该款项发放给公司人员,且发放现金给公司人员这种形式,也不符合财务基本规则的要求,男方提取上述款项之后不能作合理解释,应作为夫妻共同财产予以分割;三是男方汇入电器公司账户41笔合计625万元款项,男方主张该款是出借给电器公司,但男方并未提供证据证明履行了借款手续,因涉及第三人电器公司,该款在本案中不予认定和处理;四是女方对于114万元不能进一步提交与现金申请领用单、其他应付款明细账内容相符的支付凭证,对该款亦不做认定。法院最终只认定六百多万元属于夫妻共同财产而予分割。

本案复杂之处在于,夫妻财产在公司账户里流动,这就要从财务角度对资金进行定性,哪些符合财务规则,哪些不符合财务规则,据此剔除不属夫妻共同财产的部分。比如,向员工发放工资,怎么做才符合财务基本规则的要求?向公司汇入和向公司提取的资金,意味着可能是向公司借款或者还款,那么合乎手续的借款或还款是怎么通过财务手续反映出来?根据财务制度,是否可以向公司进行现金申领?现金申领单上面记载"冲账"是什么意思?有现金申领单,是否必须有借据,才符合财务制度?有现金申领单,是否意味着公司必须有相应的支付凭证,才能证明存在现金申领?等等,都属于具体的财务知识范畴,掌握这些知识对财产分割起着至关重要的作用。

案例10-4 判决书在分割财产的同时也处理税务问题

婚前,男方以自己个人财产7万元出资购买某有限责任公司股份,享有14%的股份。婚后,男方以夫妻共同财产多次增加出资,股权比例也不断变化。离婚诉讼中,女方请求分割男方在公司中的股份权益。

法院经审理认为,男方首次取得股份时间在婚前,根据《婚姻法司法解释(三)》第5条的规定"夫妻一方个人财产在婚后产生的收益,除孳息和自然增值外,应认定为夫妻共同财产。"婚前(2002年年初)所有者权益为

836 498.99 元(5 974 992.76×14%),属于男方婚前个人财产在婚后产生的孳息和自然增值,为男方个人财产。婚后,男方第一次增资 35 万元,男方名下股份享有所有者权益中原告婚前个人财产的比例为 70.51%[836 498.99 元÷(836 498.99 元+350 000 元)×100%]。2009 年初,男方名下股份享有所有者权益为 3 371 313.77 元,其中男方婚前个人财产为 2 377 113.34 元(3 371 313.77 元×70.51%),2009 年第二次增资 28 万元后,男方个人财产所占比例为 65.11%[2 377 113.34 元÷(3 371 313.77 元+280 000 元)×100%]。2013 年 9 月 30 日,男方名下股份享有的所有者权益为 3 005 442.38 元,其中属于男方婚前个人财产的为 1 956 843.53 元(3 005 442.38 元×65.11%),属于夫妻共同财产的为 1 048 598.85 元(3 005 442.38 元 – 1 956 843.53 元)。

因女方只要求原告给付折价款,根据法律规定,股权转让所得属于财产转让所得,应按照法律规定缴纳 20% 的个人所得税,截至 2013 年期末,男方名下股份增值部分为 2 305 442.38 元(3 005 442.38 元 – 700 000 元),需缴纳的个人所得税为 461 088.48 元(2 305 442.38 元×20%),夫妻共同财产部分应缴纳的个人所得税为 160 873.77 元[461 088.48 元×(1 – 65.11%)],该股份归男方所有,男方给付女方相应折价款,则股权转让时需缴纳的个人所得税由男方承担,故应缴纳的个人所得税应从夫妻共同财产部分扣除,判决原告男方名下所有的公司股份归男方所有,男方给付被告股份折价款 443 862.54 元[(1 048 598.85 元 – 160 873.77 元)÷2]。

本案根据对财务报表的分析计算出男方在公司中的所有者权益。财务报表也称为会计报表,主要包括资产负债表、利润表、现金流量表、所有者权益变动表。

资产负债表反映的是企业在会计期末(月末、季末、年末)瞬间财务状况的报表。资产负债表在金额部分的编制上分别列示其"年初余额""期末余额",前者可直接根据上年末资产负债表"期末余额"栏内所列的数字填列,后者可根据资产、负债、所有者权益类账户的期末余额直接填列,或根据上述账户余额进行加减计算分析调整后填列。

利润表,称为损益表、收益表,反映企业在一定会计期间内累计的经营成果的报表。利润表的"本期金额"栏反映各项目自年初到本月末的累计实际发生额,根据有关收入和费用的账户的本期发生额直接填列或计算后填列。"上期金额"栏反映各项目在上年度同期的累计实际发生额,根据上年同期利润表填列。

现金流量表,是反映企业在某一会计期间现金流入和流出情况的报表。

本案的判决还罕见地阐述了股权转让所得税问题,将夫妻共同财产数额计算得很详细,显得相当专业。

第十一章 夫妻财产分割与程序法的结合

第一节 诉讼费

一、涉及财产的离婚案件

诉讼费,是指法院按照规定向当事人收取的费用,不包括律师费、评估费、拍卖费等由第三方机构收取的费用。诉讼费是离婚诉讼中必然发生的成本,除非存在减免缴纳诉讼费的情况。

案例 11-1 标的 260 万元的离婚案件,诉讼费该缴纳多少

原告向法院递交离婚诉状,请求法院判决离婚并依法分割夫妻共同财产(房屋两套)。立案大厅的工作人员告诉她,必须明确两套房屋的价值,对房价有个估价,才能确定收取多少诉讼费。原告想了很久,在诉状上补充了两套房的估价 260 万。法院开出案件受理通知书,并附上缴费通知单,需要缴纳诉讼费 12 300 元。原告很想知道,这费用是怎么计算出来的?

根据《诉讼费用交纳办法》规定,离婚案件每件交纳 50 元至 300 元。涉及财产分割,财产总额不超过 20 万元的,不另行交纳;超过 20 万元的部分,按照 0.5% 交纳。因此,财产处理费为 1.2 万 =(260 万 - 20 万)×0.5%,另外还固定收取 300 元的立案费,合计诉讼为 12 300 元 = 12 000 元 + 300 元。

第一次提起离婚诉讼,在起诉状中列明诉讼标的大小有讲究。立案时确定不了夫妻财产价值,可暂定为财产价值 20 万;如果夫妻共同财产比较多,立案时同样可暂定财产总价值为 20 万。因为第一次起诉离婚,法院并不一定会判决离婚,立案时列明的财产价值高的话将要缴纳比较多的诉讼费,判不准离婚则会产生退还诉讼费的问题,比较麻烦。

二、离婚后财产纠纷案件

离婚后财产纠纷案件,是指夫妻双方在离婚之后,单独就分割夫妻财产提起诉讼的案件。该类案件是按照非财产案件标准来收取,还是按财产类型案件标准来收取,法律没有统一规定,导致计算结果相差较大。

案例 11-2　离婚后分割价值 120 万元的房产,诉讼费应当缴纳多少

男女双方在婚姻期间有房产一套,估价 120 万元。离婚后,男方提起分割房产诉讼,法院受理了案件,并开出缴费通知单,需要缴纳诉讼费 10 560 元。男方想知道,这 10 560 元是怎么算出来的?

本案是按照财产案件的标准来收取诉讼费。按照《诉讼费用交纳办法》规定,财产案件根据诉讼请求的金额或者价额,按照下列比例分段累计交纳:(1) 不超过 1 万元的,每件交纳 50 元;(2) 超过 1 万元至 10 万元的部分,按照 2.5% 交纳;(3) 超过 10 万元至 20 万元的部分,按照 2% 交纳;(4) 超过 20 万元至 50 万元的部分,按照 1.5% 交纳;(5) 超过 50 万元至 100 万元的部分,按照 1% 交纳;(6) 超过 100 万元至 200 万元的部分,按照 0.9% 交纳;(7) 超过 200 万元至 500 万元的部分,按照 0.8% 交纳;(8) 超过 500 万元至 1 000 万元的部分,按照 0.7% 交纳;(9) 超过 1 000 万元至 2 000 万元的部分,按照 0.6% 交纳;(10) 超过 2 000 万元的部分,按照 0.5% 交纳。

由于涉及分段累计问题,这里提供速算表以方便计算:

表 10-3　财产案件诉讼费速算表

诉讼标的(万元)	基础费用(元)	增加费用(元)
不超过 1 万元	50	0
超过 1 万元至 10 万元	诉讼标的额 × 2.5%	-200
超过 10 万元至 20 万元	诉讼标的额 × 2%	+300

(续表)

诉讼标的(万元)	基础费用(元)	增加费用(元)
超过 20 万元至 50 万元	诉讼标的额×1.5%	+1 300
超过 50 万元至 100 万元	诉讼标的额×1%	+3 800
超过 100 万元至 200 万元	诉讼标的额×0.9%	+4 800
超过 200 万元至 500 万元	诉讼标的额×0.8%	+6 800
超过 500 万元至 1 000 万元	诉讼标的额×0.7%	+11 800
超过 1 000 万元至 2 000 万元	诉讼标的额×0.6%	+21 800
超过 2 000 万元	诉讼标的额×0.5%	+41 800

本案按照速算表计算的结果是 10 560 元 = 120 万元×0.9 + 4 800 元,如果是按照离婚案件的收取计算,是 5 300 元 = 300 元 + (120 万元 - 20 万元)×0.5%,这比按照离婚案件标准收取多出了 5 260 元 = 10 560 元 - 5 300 元,差距相当大。(其中 300 元为假设法院固定收取的离婚案件基础费用)

最高人民法院在对个案的答复中,曾将离婚后财产纠纷的诉讼费收取作为非财产案件来收取。

附:最高人民法院关于离婚后财产纠纷案件收费标准的请示的复函

**最高人民法院关于离婚后财产纠纷案件
收费标准的请示的复函**

([2003]民立他字第 10 号)

北京市高级人民法院:

你院京高法[2003]160 号关于离婚后财产纠纷案件收费标准的请示收悉。经研究,答复如下:

原则同意你院的第一种意见。《人民法院诉讼收费办法》第五条第一

> 项的规定,只适用于当事人在提起离婚诉讼时同时提出财产分割的案件。本案当事人向人民法院起诉离婚时已提出请求分割夫妻关系存续期间共同出资建办的煤厂,人民法院因该请求涉及案外人财产在离婚判决中未予分割,告知当事人另行起诉。在离婚案件判决后,当事人向人民法院起诉请求分割该煤厂,且该煤厂所涉案外人财产已经人民法院的有关民事判决所确定。因此,应视为该案属当事人在提出离婚诉讼的同时提出财产分割的案件,按照《人民法院诉讼收费办法》第五条第一项的规定收取诉讼费用,不应按普通财产案件收费标准计收诉讼费。

适用上述答复的条件是在离婚时已提出过财产分割请求,但在离婚判决中尚未判决分割。因此,未在离婚诉讼中提及财产请求的,离婚后以发现新财产为由而提起的财产分割诉讼,是否适用该文件的标准,存在不确定性。实践中此类案件以非财产案件作为收取诉讼费的标准居多。

第二节 管 辖 权

离婚后财产纠纷案的特殊性在于标的仅为财产,管辖权也因此变得特殊,财产是因婚姻关系而衍生的法律关系,与原配偶身份关系密切相关,基于属人原则,因此产生了"被告住所地"管辖标准;如果抛开财产背后的身份关系,又表现出财产的独立性,因此又产生了"财产所在地"管辖标准。法律对离婚后财产分割案件的管辖权标准没有明确规定,实践中是对上述两种管辖标准进行选择运用。

最高人民法院《关于适用〈中华人民共和国民事诉讼法〉的解释》(法释〔2015〕5号)第34条规定:"当事人因同居或者在解除婚姻、收养关系后发生财产争议,约定管辖的,可以适用民事诉讼法第三十四条规定确定管辖。"《民事诉讼法》第34条规定:"合同或者其他财产权益纠纷的当事人可以书面协议选择被告住所地、合同履行地、合同签订地、原告住所地、标的物所在地等与争议有实际联系的地点的人民法院管辖,但不得违反本法对级别管辖和专属管辖的规定。"因此,夫妻双方可以就离婚后财产纠纷约定管辖权,管辖标准可以为被告住所地、合同履行地、合同签订地、原告住所地、标的物所在地等与争议有实际联系的地点。

一、被告住所地标准

"原告就被告"是民诉法中基本的管辖原则,也就是以被告住所地为标准的管辖原则。通常以户籍所在地作为住所地,经常居住地和户籍所在地不一致的,以经常居住地作为住所地。公民连续居住1年以上的地方被称为经常居住地,但不包括住院就医期间。

案例 11-3　因履行离婚协议产生纠纷的案件应由哪个法院管辖

男女双方在民政局办理了离婚手续,在离婚协议书中约定,位于A区房产一套及室内设施、家具、家电等归男方所有,房屋贷款由男方偿还,贷款还清后,女方应积极配合办理过户手续;男方一次性付给女方19万元等内容。离婚后男方已将19万元给付女方,并还清贷款本息。女方长期在B区工作和居住。男方起诉要求女方协助办理房屋过户。一审法院支持了男方的诉讼请求。

女方上诉称,本案争议的房产属不动产,按照专属管辖的规定应当由不动产所在地人民法院也就是A区人民法院管辖。因此,B区人民法院对该案没有管辖权。上诉人已在法定期限内向B区人民法院提出了管辖异议,要求将该案移送到A区人民法院管辖,但B区法院没有给上诉人关于管辖权处理的裁定,属程序错误,应撤销一审判决。

二审法院经审理认为,本案虽涉及A区房产过户问题,但是因女方不履行双方所签订的离婚协议引起,因此不适用专属管辖,应适用原告就被告原则,即由被告住所地B区人民法院管辖。判决驳回上诉,维持原判。

本案适用被告住所地标准来确定管辖权。

二、财产所在地标准

案例 11-4　争议两套房屋位于不同地域,案件由哪个法院管辖

离婚时,属夫妻共同财产的两套房产分别位于 A 县和 B 县,未分割处理。离婚后,女方向 B 县人民法院提起诉讼请求依法分割两套房产。一审法院判决男女双方各享有一套房产。男方不服提起上诉,称本案应适用被告住所地管辖原则,由男方经常居住地 K 区人民法院管辖。

中级人民法院经审理认为,两处房产分别位于不同县区,根据法律规定,因不动产纠纷提起的诉讼,由不动产所在地人民法院管辖,两个县的人民法院对本案均有管辖权,B 县人民法院受理本案并无不当。判决驳回男方上诉,维持一审裁定。

案件标的只涉及不动产,符合适用专属管辖的条件,不动产位于不同区域,当事人可以选择一处不动产所在地的人民法院作为管辖法院。

第三节　第　三　人

一、离婚案件中的第三人

法律对于离婚案件中第三人的规定,见《婚姻法司法解释(一)》第 16 条:"人民法院审理重婚导致的无效婚姻案件时,涉及财产处理的,应当准许合法婚姻当事人作为有独立请求权的第三人参加诉讼。"因此,即使在离婚案中涉及财产分割,财产也涉及第三人,除非是审理离婚导致的无效婚姻案件,都没有依据追加第三人进来参与离婚诉讼,一般对这部分财产不作处理,在另案中解决。

二、离婚后财产纠纷案件中的第三人

案例 11-5　离婚时约定房屋归子女,离婚后子女起诉请求确权之一

男女双方协议离婚,离婚协议书约定所有财产(包括房子一幢,二层,225平方米房屋,另外有四间偏房,房产证均办理在男方名下)都归成年的两个子女和男方共同所有,女方放弃对房屋的一切所有权。离婚后,有买房人来看房屋,子女才得知男方要将房屋卖掉,因此子女以原告身份诉至法院,请求判令依照离婚协议确认房屋系两子女与被告(男方)三人共同所有。

法院经审理认为,房屋系夫妻共同财产,双方在离婚协议中对共有房产的分割做了约定,并经民政机关确认备案,协议是双方真实意思表示,对双方具有法律约束力,均应继续履行协议。判决该房屋由两子女与男方共同所有。

本案中,原本夫妻双方的婚生子女作为原告,原夫妻一方作为被告,原夫妻另一方作为第三人出现在诉讼中。可见离婚后财产纠纷案件的诉讼主体设置比离婚诉讼更宽泛,不仅限于夫妻这两个当事人。

案例 11-6　离婚时约定房屋归子女,离婚后子女起诉请求确权之二

婚后,男女双方生育女儿王某某。双方在民政局办理离婚登记,在离婚协议中载明:"女儿归男方抚养,全部财产归女方所有。"同时双方在离婚前签订合同,约定房屋归王某某所有。男女双方离婚后,女儿王某某将父母诉至法院,请求确认父母所签订的房屋归王某某所有的合同合法有效。

法院经审理认为,男女双方在婚姻期间签订合同,约定房屋归王某某所有,系二人对夫妻共同财产的共同处分;但男方与女方在民政部门办理离婚登记时的离婚协议书,对财产处理部分的约定全部财产归女方所有。不动产物权的转让经依法登记,发生法律效力,赠与人在赠与财产的权利转移之前可以撤销赠与。合同签订后房屋未办理所有权转移登记,财产权利尚未转移,男女双方离婚登记时的重新约定变更了合同中关于房屋归王某某所有的内容,是在财产的权利转移之前对王某某赠与财产的撤销行为,王某某此时已不享有合同中关于房屋的相关权利。判决驳回原告王某某的诉讼请求。

本案中,同样是夫妻作为原被告,婚生女儿作为第三人出现的离婚后财产分割案中,判决运用了合同法中的任意撤销权理论来处理。《合同法》第186条规定:"赠与人在赠与财产的权利转移之前可以撤销赠与。具有救灾、扶贫等社会公益、道德义务性质的赠与合同或者经过公证的赠与合同,不适用前款规定。"

第四节 诉讼时效

诉讼时效,是指当事人依照法律规定向法院主张权利的限定性期限。超过诉讼时效不主张权利,则不受法律保护,其权益只能通过双方私下解决。

一、请求撤销财产约定

《婚姻法司法解释(二)》第9条规定:"男女双方协议离婚后一年内就财产分割问题反悔,请求变更或者撤销财产分割协议的,人民法院应当受理。人民法院审理后,未发现订立财产分割协议时存在欺诈、胁迫等情形的,应当依法驳回当事人的诉讼请求。"

这里的"1年"指离婚证上载明的离婚日期之次日起1年之内,该1年为不变期间,不适用中断、中止、延长的规定。第2款中使用了"等"字,说明欺诈、胁迫情形,不是法院支持当事人诉讼请求的唯一条件,审理中发现协议内容违反了《合同法》第54条第1款、第2款中规定的乘人之危、显失公平的情况下,仍然可以根据当事人的请求变更或撤销该协议。

二、请求履行财产约定

案例 11-7

男女双方先后两次办理离婚手续。按照两次双方签订的离婚协议,两套房子归女方所有。女方离婚后无一分积蓄,为了抚养小孩只能将其中一套房子卖掉。女方多次要求男方履行离婚协议中将房子过户到女方名下的约定,屡次男方都以各种理由拒绝。女方不得已起诉至法院请求判令房产过户到自己名下。男方辩称,按两份离婚协议签订的时间,女方的起诉均超过两年的诉讼时效。

法院经审理认为,一方不履行离婚协议另一方请求履行离婚协议的诉讼时效为两年,自约定履行期到期之次日起算。诉讼时效因当事人一方提出请求或者诉讼等法定事由而致使已经经过的时效期间中断,待时效中断的事由消除后,诉讼时效期间重新起算。离婚协议书对争议房屋办理房屋所有权转移登记手续未约定履行期。双方在庭上确认,女方于起诉前一年曾要求男方履行离婚协议中的过户约定,双方开始发生争议,故诉讼前一年为女方请求履行离婚协议的诉讼时效起算日。之后,女方多次向男方主张权利,诉讼时效多次中断并重新计算,女方提起本案诉讼,诉讼时效再次中断。故女方起诉未超过诉讼时效。判决房屋归女方所有,男方协助女方到房管部门办理过户登记手续。

本案的离婚协议中没有确定债务或行为履行期限,根据《合同法》第62条规定:"当事人就有关合同内容约定不明确,依照本法第六十一条的规定仍不能确定的,适用下列规定:……(四)履行期限不明确的,债务人可以随时履行,债权人也可以随时要求履行,但应当给对方必要的准备时间……"本案可以根据该条确定诉讼时效,即女方可以随时起诉要求履行协议书确定的义务,不存在超过诉讼时效风险。法院从双方履行协议过程中发生争议推断出诉讼时效的中断,确认女方的诉请没有超过诉讼时效,这种思路更严谨。

三、离婚后请求分割新发现的夫妻共同财产

《婚姻法司法解释(一)》第 31 条规定:"当事人依据婚姻法第四十七条的规定向人民法院提起诉讼,请求再次分割夫妻共同财产的诉讼时效为两年,从当事人发现之次日起计算。"这里的"2 年"适用时效中断、中止、延长的规定,规定中的"发现",与"知晓""知道"具有同等意思,证明夫妻一方是否"发现""知晓""知道"财产存在,就成为诉讼的关键。

案例 11-8

男女双方协议离婚,在离婚协议书中约定由男方给付女方 30 万元作为补偿款。离婚后,女方发现被告离婚时隐瞒了夫妻共同财产,经查询,在深圳有一套男方名下的房产,女方诉至法院请求依法分割。

男方辩称,离婚时女方就知道深圳房产的存在,并且"离婚协议"中被告给付女方几十万元的补偿款正是考虑到了深圳房产。双方协议离婚之日至本案起诉已超过了两年,故女方起诉已经超过法律规定的两年诉讼时效。

法院经审理认为,离婚协议书中注明房屋内家用电器及家具归男方所有,男方分期给付上诉人 30 万元作为补偿款,但该协议书中未注明双方存在其他财产。男方所提交之证据,均不足以证明补偿款与深圳房产有任何关联。同时,女方清楚深圳房产的时间是协议离婚之后一段时间,这可以从女方提交的房产机读资料中可以证明,女方提起诉讼没有超过诉讼时效。判决房屋归男方所有,由男方补偿给女方 50 万元。

本案中,夫妻一方不纠缠在具体财产的分割上,想通过诉讼时效这个程序问题来推翻实体问题,属于一种诉讼策略。

四、离婚后请求分割离婚时尚未处理的财产

案例 11-9

经查,婚后成立的物流公司法定代表人为男方,企业类型为一人有限责任公司(自然人独资),协议离婚时《资产负债表》显示,公司所有者权益合计由年初数 5 867 399.49 元增至期末数 25 992 174.08 元。双方协议离婚时,尚未就物流公司相关资产进行分割。协议离婚后,女方曾两次起诉要求分割尚未处理的财产(均未涉及公司财产部分),均被法院准许撤诉。女方在第三次诉讼中,正式对物流公司相关资产主张分割。

法院经审理认为,女方明知物流公司系被告所成立的一人公司,且曾担任过公司领导职务,对公司在其婚姻期间的增资情况应该是明知的。女方先后两次提起与男方离婚后财产纠纷诉讼,均未就婚姻期间物流公司财产部分提出诉讼请求,又不具备《婚姻法》第 47 条"离婚时,一方隐藏、转移、变卖、毁损夫妻共同财产,或伪造债务企图侵占另一方财产的,……离婚后,另一方发现有上述行为的,可以向人民法院提起诉讼,请求再次分割夫妻共同财产……"及《婚姻法司法解释(一)》第 31 条"当事人依据婚姻法第四十七条的规定向人民法院提起诉讼,请求再次分割夫妻共同财产的诉讼时效为两年,从当事人发现之次日起计算"规定的情形,根据《民法通则》第 135 条"向人民法院请求保护民事权利的诉讼时效期间为二年……"之规定,现女方诉请分割物流公司相应财产,已超过两年诉讼时效。同时,由于企业资产具有波动性和不确定性,女方仅提供了截止协议离婚之日前一年的资产所有者权益的证据,未能提供协议离婚时物流公司实有财产情况的证据,应承担举证不能的责任。判决驳回女方的诉讼请求。

本案中,以协议离婚之日起第二天作为起算点计算 2 年,作为离婚后计算分割离婚时尚未处理财产的诉讼时效。

第五节 司法鉴定

和商事经济案件一样,在离婚案件中,尤其是离婚后财产纠纷案件中,也出现了大量运用司法鉴定手段,达到消灭或实现诉讼请求的目的。

司法鉴定有多种,比如法医病理鉴定,主要运用在继承案件上,对被继承人的死亡时间进行鉴定,确定继承开始的标志;比如法医临床鉴定,主要运用在人身损伤程度鉴定、职工工伤与职业病致残程度评定、劳动能力评定等,以确定伤残等级,获得相应的赔偿;比如痕迹司法鉴定,主要运用在模拟交通事故撞击过程、刑事案件中对枪弹痕迹鉴定和爆炸痕迹鉴定等;同时还有声像资料司法鉴定、建筑工程造价司法鉴定、司法会计鉴定等类型。

与夫妻财产分割案件直接密切相关的司法鉴定类型,一是文书司法鉴定,二是法医精神病鉴定。

一、笔迹鉴定

笔迹鉴定的种类包括笔迹、印章印文是否属同一笔迹的鉴定;印章印文的形成时间鉴定;静电复印、电子打印文件、传真文件的鉴定;印刷文件所制成时间的鉴定等。在申请鉴定时不必要拘泥于表述的文字是否规范和专业,关键是要结合案情,清晰明确地将鉴定的要求和目的表达出来。

案例 11-10　一方伪造借据制造虚假债务

离婚诉讼中,男方称借其姐姐 15 万元用于做生意,并由姐姐出庭作证且出示了借条,声称借条是当天所写,最后有落款时间。女方对该借条予以否认。经司法鉴定中心鉴定,书写字迹形成时间晚于标称时间,这与男方与证人所称的是当日书写相矛盾。男方对鉴定结论不服,申请重新鉴定,因该鉴定结论在鉴定程序上和实体均符合法律规定,男方的申请不被法院准许。法院判决驳回男方的诉讼请求。

本案中，夫妻一方出示伪造的借据目的是要让对方背负债务，达到消减对方获得夫妻财产的目的。借据一般是打印出来，落款一方再签名和时间，而落款的时间要倒签回婚姻期间，因此会客观上产生签名、签署的日期的时间与打印时间不同步的现象。申请鉴定的事项应当表达为："落款日期、签名的时间与借据正文内容的打印形成的时间是否同步。"

案例 11-11　一方利用信函空间地方伪造借据

离婚诉讼中，男方提交了一份借据，落款写夫妻两个人的名字，并签署有借款日期。女方承认上面的签名是自己的，但不承认签署过借据。经司法鉴定，借据正文打印的内容形成时间锁定在某一时间段，比如某年某月，与借据落款打印的时间相比较并不相符，借据并不真实。法院经审理，判决不存在夫妻共同债务，并对伪造借据的男方提出口头训诫。

夫妻在生活期间总会共同签署一些文件，有些甚至签署了空白文件，基于信任签了名字就让对方拿着去办理其他事情，比如申请表、书信之类的文件，借据其实就是夫妻一方将在书信的签名部分裁剪下来，然后通过打印机在空白地方将借款内容打印上去。本案中，对这类借据，申请鉴定的事项应当表达为："A. 借据正文内容的字迹打印时间与落款日期的打印字迹，是否属同一型号打印机打印；B. 借据正文内容的字迹打印时间与落款日期的打印字迹，打印时间是否同步；C. 借据正文形成的时间与落款处双方的签名、日期及与打印所形成的时间是否一致。"

这也提醒我们在签署文书的时候，包括借条、书信、各类申请表格，在签名上面不要预留太大的空白，签名尽量往正文靠拢，杜绝伪造的空间。其他还有对借据涂改、擦刮、挖补、化学处理等伪造形式，需根据不同情形提出不同的鉴定申请要求。

案例 11-12 一方伪造笔迹将对方婚前的房屋过户到夫妻双方名下

婚后,男方伪造女方的笔迹,在向房管局提供的申请书和询问笔录上签字,提供其他虚假材料,向房管局进行虚假陈述,致使女方婚前登记在其个人名下的房屋变为登记在男女双方名下,企图将女方个人财产据为己有。离婚诉讼中,女方提出笔迹鉴定。

法院经审理认为,房屋已登记在男女双方名下,但司法鉴定意见表明,房屋所有权登记时,各种申请材料中的签名均不是女方本人所签,房屋的实际权属可能与房屋登记情况不符。法院行使明释权,告知女方可以向房产管理机关申请更正登记,也可通过行政诉讼方式撤销房屋登记后另行主张分割房屋。法院最终在离婚案中对房屋不予处理。

本案中,申请鉴定要求可以表达为:"《房屋所有权转移登记申请书》《房屋登记申请事项询问笔录》等材料上的签名是否为原告本人所签。"

案例 11-13 靠便笺记载内容一方诉讼取胜

婚后,男方自行算账后写有便笺,记载:"房屋首付款 5 万元、婚前孙某用个人财产投入房屋装修款 9.2 万元、车库 8 万元、办理房屋进户及各种费用明细:9 175.39……婚前所还贷款 12 986.82 元"等内容。离婚诉讼中,男方据此称其对上述财产共投资 22 万余元,要求女方补偿有关费用。女方对该便笺不认可,认为便笺不是男方所写。经笔迹鉴定,鉴定结论认为该便笺系男方本人书写。

法院经审理,判决房屋归女方所有,女方返还男方装修款 92 000 元、购买车库款 80 000 元、办理房屋进户等花销 9 175.39 元、男方婚前偿还贷款 12 986.82 元,共计 194 162.21 元,并由男方承担笔迹鉴定费 3 000 元。

申请鉴定要求可以表达为:"便笺上的签名是否为男方本人所签。"

案例 11-14　离婚协议签名经鉴定真实,据此依法分割财产

夫妻在婚姻期间签署协议书,约定房屋一套归女方所有。离婚诉讼中,男方以其在协议书中的签名虚假为由进行抗辩。经鉴定,协议书上签名为男方亲笔所签。男方提出重新鉴定申请,理由为没有对里面的指模进行鉴定,指模不是自己的,协议无效。但因男方不配合,鉴定机构也无法取得有关指模的样本,导致无法对指模进行鉴定。

法院经审理认为,指模鉴定无法进行责任在于男方不配合,同时男方在协议上签名是真实的,故协议书真实有效。判决房屋归女方所有。

本案中,申请鉴定的要求可以表达为:"协议书上的指模是否为男方本人的指模。"按手指模并非法律所规定的合同生效要件。能不能对指模进行鉴定,取决于能否取得检验素材(取样),如果当事人不肯提供或者委托方无法取得他的指模样本来对照协议上的指模,则鉴定机构无法做出指模鉴定。笔迹鉴定的取样相对容易,因为工作、生活、学习关系,总会在各种文件上留下字迹,比如可以到民政局档案中提取其在结婚申请书上的签字样本。

二、精神病鉴定

精神病鉴定主要是对当事人民事行为能力、监护能力、作证能力、精神损伤程度、智能障碍等问题进行鉴定。如果能鉴定出当事人在签署财产约定协议书时存在限制行为能力或者完全无行为能力的状态,协议书就会被推翻,达到否定约定内容的目的。

提出精神病鉴定申请,必须收集患者看病、治疗的单据和诊断证明、用药清单等证据,不然可能不准予鉴定。重新鉴定导致审理时间变长,法院一般都会裁定将案件中止审理,鉴定结论出来后再裁定恢复审理。

案例 11-15　一方签订离婚协议时患精神病,财产重新分割

婚后,女方经诊断患有抑郁症和脑器质性精神障碍。男女双方签订了离婚协议,涉及财产的内容为:"银行存款5万元归男方所有,目前款项全部在男方账户里,等理财产品到期后一个月之内全部划至男方账户内。双方均有完全民事行为能力,对上述协议无任何异议。"因女方存在精神障碍,未能在民政局办理协议离婚手续。离婚诉讼中,女方的法定代理人诉请对女方民事行为能力进行鉴定,鉴定意见显示:女方患有双相障碍(复发性抑郁症),办理离婚手续时处于抑郁发作状态,对离婚一事应评定为具有限制民事行为能力;女方目前为轻抑郁状态,对本案应评定为完全民事行为能力。

  法院经审理认为,不能完全辨认自己行为的精神病人是限制民事行为能力人,可以进行与其精神健康状况相适应的民事活动;其他民事活动由其法定代理人代理,或者征得法定代理人的同意。限制民事行为能力人依法不能独立实施的民事行为无效。女方主张签订离婚协议时系限制民事行为能力人,鉴定意见书确认女方签订离婚协议时处于抑郁发作状态,对离婚一事应评定为具有限制民事行为能力,故女方要求重新分割夫妻共同财产的主张,符合法律规定。判决男方名下的5万元存款属夫妻共同财产,男方补偿给女方2.5万元。

  通过本案可以看出,鉴定机构可以鉴定出某一时期当事人的精神状况,得出当事人的行为能力状况。本案中,鉴定出女方在签约时属限制行为能力人,签约是否属于当事人真实意思表示就受到了质疑,为保障其合法权益,只能否定掉协议合法性,依法对财产重新进行分割。如果男方对鉴定报告有异议怎么办?救济途径是请求补充鉴定或重新鉴定。最高人民法院《关于民事诉讼证据的若干规定》第27条规定:"当事人对人民法院委托的鉴定部门作出的鉴定结论有异议申请重新鉴定,提出证据证明存在下列情形之一的,人民法院应予准许:(一)鉴定机构或者鉴定人员不具备相关的鉴定资格的;(二)鉴定程序严重违法的;(三)鉴定结论明显依据不足的;(四)经过质证认定不能作为证据使用的其他情形。对有缺陷的鉴定结论,可以通过补充鉴定、重新质证或者补充质证等方法解决的,不予重新鉴定。"

第六节　确定财产价值

一、评估

《婚姻法司法解释(二)》第20条规定:"双方对夫妻共同财产中的房屋价值及归属无法达成协议时,人民法院按以下情形分别处理:(一)双方均主张房屋所有权并且同意竞价取得的,应当准许;(二)一方主张房屋所有权的,由评估机构按市场价格对房屋作出评估,取得房屋所有权的一方应当给予另一方相应的补偿;(三)双方均不主张房屋所有权的,根据当事人的申请拍卖房屋,就所得价款进行分割。"

上述规定确定房屋价值的方式为:竞价→评估→拍卖,可见确定房屋的价值不是必须要评估和拍卖,三个程序是有先后顺序的。当事人不竞价也不申请评估拍卖的,法院可以确认双方在房屋中占有各自的份额,将房屋属夫妻共同财产性质转化为按份共有性质。

离婚案中,房屋是最常见的评估对象,土地使用权、机械、设备、知识产权价值、虚拟财产、公司资产等都可以评估。

房屋司法评估的大致流程如下:

1. 法院在评估机构名单中,通过摇珠的方式确定评估机构。

2. 评估机构派出评估人员,与法院监督员、当事人到场(当事人拒不到场不影响评估工作)对房屋现场勘测拍照,按评估规程做出评估报告。

3. 法院收到评估报告5日内将报告寄送当事人,当事人有异议的,可以在收到评估报告之日起10日之内以书面形式向法院提出。

(一)评估报告实例

评估报告主要包含如下的文件:

1. 致委托方函。评估公司给法院出具的评估结论,包含估价对象信息、估价目的、估价时点、估价方法、估价结果等内容。

2. 估价师声明书。

3. 估价的假设和限制条件。假设条件，是指假定本次评估的所有资料都是合法有效的；限制条件，是指提出影响评估对象价值的各种因素。

4. 估价结果报告。

5. 估价对象个别区域因素表、估价技术报告、估价对象现场实测照片、司法委托评估书、评估通知书、房产产权证、评估公司营业执照、房地产价格评估机构资格证、房地产估价师资格证书等。

附：房地产估价结果报告示例

房地产估价结果报告

一、委托方

委托人：　　　　　　　　联系电话：

二、估价方

估价机构：　　　　　法定代表人：　　　　地址：

房地产价格评估机构资格等级：　　　　证书编号：

审批发证机关：　　　　组织机构代码证证号：

三、估价对象的状况

详见《估价对象个别、区域因素表》。

四、估价对象权益状况

根据委托方提供的相关资料，估价对象权属来源合法，权属清晰，至估价时点，由于杨某才与郭某影离婚纠纷案件，人民法院委托我公司对该房地产进行评估，以处置分割涉案房地产。

五、估价目的

为委托方处置涉案房地产而评估该房地产市场价值提供参考。

六、估价时点

以实地查勘日期2012年4月9日为估价时点。

七、价值定义

在假设限制条件和估价时点状态下市场价值。

八、估价依据

1. 估价委托书;2.《中华人民共和国城市房地产管理法》;3.《中华人民共和国土地管理法》;4.《城市房地产转让管理办法》;5. 中华人民共和国国家标准《房地产估价规范》(GB/T50291-1999);6.《最高人民法院关于人民法院委托评估、拍卖和变卖工作的若干规定》;7. 委托方提供的有关各种资料(详见附件);8. 估价人员现场勘测资料、收集房地产近期交易信息及建筑造价信息。

九、估价原则

结合估价对象的具体情况,本次估价过程中,遵循的主要原则有:

1. 独立客观公正原则;2. 合法原则;3. 最高最佳原则;4. 替代原则;5. 估价时点原则。

十、估价方法

房地产估价方法常用的有成本法、市场法、收益法等基本方法。根据估价目的及估价对象的状况,考虑到估价对象所在区域内有的市场成交案例,采用市场比较法能够获得较为客观的估价结果,而收益法、假设开发法(剩余法)、成本法等估价方法的估价结果可能会产生偏差。因此,本次采用市场比较法进行估价。

市场比较法是将估价对象与在估价时点近期交易的类似房地产进行比较、对这些类似房地产的已知价格作适当的修正,以此估算估价对象的客观合理价格或价值的方法。

十一、估价结果

估价对象在估价时点的房地产市场价值为 6 363 元/m^2,公开市场价值为¥105.12万元,大写人民币壹佰零伍万壹仟贰佰元整。

十二、估价人员

十三、估价作业日期

2013年4月9日至4月12日。

十四、估价报告应用的有效期

估价报告应用的有效期自出估价报告之日起原则上为一年。如在有效期内房地产市场价格发生重大变化，则本次估价结果需作相应调整或重新评估。

项目负责人： 校对：

时间：

（二）如何对评估报告提出异议

我们可以从如下角度对评估报告提出异议：

1. 评估报告是否有文字记载的错误，材料顺序是否装订错误等。

比如有些评估报告就出现将房产权属人登记在法院名下这类低级的错误。根据国家颁布的评估工作的相关规程，评估报告中一般也会明确提到诸如"本评估报告内的文字或数字，如因打印、校对及其他原因出现误差，请及时通知本公司更正"的申明，对该评估报告出现的形式上错误，法院应当将该报告退回给评估单位修正后并重新制作报告，并重新送达给当事人。

2. 评估程序是否存在违法之处。

（1）评估人员是否实地勘察现场。评估报告上记载事项与房屋实际情况完全不相符，可证明评估人员并没有实际到场勘测。比如评估报告记载内墙采用ICI来装修，实际上什么都没涂，只是毛坯；对窗记载为铝合金窗，实际是铁窗；报告提到通讯设备的状态是完备，实际上根本没有安装通讯设备等。

（2）是否附有现状照片。有些评估报告只是从网络上截取的房产位置地图，在报告中却被表述为"估价对象现场实勘照片"，这不符合规定。根据《中华人民共和国国家标准房地产估价规范》（GB/T50291—1999，1999年6月1日起施行，以下简称《房地产估价规范》）第4.0.5条规定："估价人员必须到估价对象现场,亲身感受估价对象的位置、周围环境、景观的优劣,查勘估价对象的外观、建筑结构、装修、设备等状况,并对事先收集的有关估价对象的坐落、四至、面积、产权等资料进行核实,同时搜集补充估价所需的其他资料,以及对估价对象及其周围环境或临路状况进行拍照等。"

(3) 法院是否通知异议人到场选择评估机构。根据最高人民法院《关于人民法院委托评估、拍卖和变卖工作的若干规定》第9条规定:"人民法院选择评估、拍卖机构,应当提前通知各方当事人到场;当事人不到场的,人民法院可将选择机构的情况,以书面形式送达当事人。"这是条单独列出的法律规定,可见对选择评估机构的时候通知当事人到场之重要性,这是监督评估机构产生是否合法、避免评估工作暗箱操作的重要举措。"当事人"的范围包括离婚双方当事人。

(4) 法院是否通知异议人与评估人员一起现场勘察。最高人民法院《关于人民法院委托评估、拍卖和变卖工作的若干规定》第12条规定:"评估机构在工作中需要对现场进行勘验的,人民法院应当提前通知审判、执行人员和当事人到场。当事人不到场的,不影响勘验的进行,但应当有见证人见证。评估机构勘验现场,应当制作现场勘验笔录。勘验现场人员、当事人或见证人应当在勘验笔录上签字或盖章确认。"

3. 评估报告是否严格遵循了法定的评估原则。

对房产一般是采用"市场比较法"来确定其价值,根据《房地产估价规范》第2.0.12条的规定,"市场比较法"指的是将估价对象与在估价时点近期有过交易的类似房地产进行比较,对这些类似房地产的已知价格作适当的修正,以此估算估价对象的客观合理价格或价值的方法。这表明运用市场比较法进行估价,也就是评估报告必须体现"比较"这个论证的过程。如何进行比较,《房地产估价规范》作了如下详细规定:

"5.2.1 运用市场比较法估价应按下列步骤进行:1. 搜集交易实例;2. 选取可比实例;3. 建立价格可比基础;4. 进行交易情况修正;5. 进行交易日期修正;6. 进行区域因素修正;7. 进行个别因素修正;8. 求出比准价格。

5.2.2 运用市场比较法估价,应准确搜集大量交易实例,掌握正常市场价格行情。搜集交易实例应包括下列内容:1.交易双方情况及交易目的;2.交易实例房地产状况;3.成交价格;4.成交日期;5.付款方式。"

5.2.3 根据估价对象状况和估价目的,应从搜集的交易实例中选取三个以上的可比实例。选取的可比实例应符合下列要求:1.是估价对象的类似房地产;2.成交日期与估价时点相近,不宜超过1年;3.成交价格为正常价格或可修正为正常价格。"

运用市场比较法,必须收集大量的交易实例,再从中确定几个实例进行比较来确定价格。如果报告中没有体现"比较"的过程就给评估对象下结论,则违背评估准则要求。

4. 评估价值是否严重背离市场价格。

这一项是重新鉴定最重要的理由。评估价是97万元,实际上周围的地段楼盘都在130万元到150万元幅度,属评估价值严重背离市场价值,可以申请重新鉴定。我们可以通过如下途径来证明房屋的实际市场价值:

(1)提供实际交易实例,用其他人房屋买卖合同的交易金额来与评估报告的评估价进行比较。

(2)向其他评估公司申请评估,将新的评估报告与原先的评估报告对比。

(3)调查房屋实际价值确有困难的,可以申请法院做实地调查了解。

5. 评估报告人员是否具备评估资质。

通过附在报告里面的评估师的执业证书来判断。

此外,还应仔细识别评估报告是否超过了估价报告应用的有效期(一般自出估价报告之日起原则上为一年)。

二、审计

审计,是审计机关依法独立检查被审计单位的会计凭证、会计账簿、会计报表以及其他与财政收支、财务收支有关的资料和资产,监督财政收支、财务收支真实、合法和效益的行为。

审计与评估的区别在于,审计是对企业财务状况和经营成果的真实性和公允性做出事实判断,有公证性特征;资产评估是为有关当事人的被评估资产做出价值判断,有咨询性特征。

各省市颁布的审计收费标准不同,比如按照2012年《广东省会计师事务所审计服务收费标准表》中涉及资本验证的,按如下标准对实收资本分档累进计费,如同时存在货币出资及其他出资情况,可分别计算后再相加计费:

50万元以下部分,收费2 000元;50—100万元部分,按标的的2‰收费;100—500万元部分,按标的的0.9‰收费;500—1 000万元部分,按标的的0.7‰收费;1 000—5 000万元部分,按标的的0.5‰收费;5 000万元—1亿元部分,按标的的0.3‰收费;1—5亿元部分,按标的的0.15‰收费;5—10亿元部分,按标的的0.1‰收费。

因此,在夫妻财产分割中,要尽量避免进行审计导致的高成本支出。

附:公司审计申请书

公司审计申请书

××人民法院:

贵院受理的原告周某诉被告陈某离婚纠纷一案,夫妻财产分割是本案的焦点之一。申请人(原告)在诉讼过程中已以证据保全为由申请贵院查封扣押了被告陈某经营管理的或属于其名下公司企业的账册。

由于被告一直没有诚意与申请人协商处理财产分割问题,就财产分割问题双方达不成一致意见。为明确公司企业在婚姻期间的经营收入以便分割夫妻共同财产,申请人特申请法院对已查封扣押的账册进行审计,具体请求如下:

1. 审计对象:被告与他人合股的有限责任公司、被告婚前成立或婚后成立的个人独资企业、个体工商户的账册(即《公司及分店分析表》第1到

第 10 项所指向的公司企业账册,见附件);

2. 审计内容:上述账册中关于公司企业的在婚姻关系存续期间的经营收入状况(自 2004 年 12 月至审计之日);

3. 由于申请人是 2007 年 1 月 22 日申请贵院查封扣押账册,因此对于 2007 年 2 月至审计之日的账册,请求贵院责令被告及时补充提供;被告拒不提供的,应按审计结果的月平均经营收入追加计算;

4. 审计过程中或审计结束后发现所查封扣押的账册中缺少《公司及分店分析表》第 1 到第 10 项所指向的公司企业账册,申请人亦请求贵院责令被告及时补充提交;被告拒不补充的,视为隐藏销毁证据或隐匿转移财产,应承担相应的法律责任。

申请人:
2007 年 4 月 3 日

附件:《公司及分店分析表》

序号	公司名称	公司类型	成立日期	备注
1	广州某某药业有限公司	有限责任公司	2003.12.24	两个股东
2	广州某区某药房	个人独资企业	2004.1.17	被告名下
3	广州某区某药房 A 分店	个人独资企业分支机构	2004.2.2	婚前是他人名下,婚姻期间才转到被告名下,由被告实际经营
4	广州某区某药房 B 分店		2004.2.2	
5	广州某区某药房 C 分店		2004.2.27	
6	广州某区某药房 D 分店		2004.2.2	
7	广州某区某某大药房	个体工商户	2004.9.30	被告是实际经营者
8	广州某区某药房 E 分店	个人独资企业分支机构	2005.2.23	在他人名义下,实际都由被告经营管理,并与上述公司及分店统一做账、统一管理
9	广州某区某药房 F 分店		2005.7.4	
10	广州某区某药房 H 分店		2006.7.9	
11	广州某区某药房 I 分店		2006.8.9	
12	广州某区某药房 J 分店		2006.10.9	
13	广州某区某药房 K 分店		2006.11.9	

三、拍卖

拍卖主要运用在执行程序中,对债务人的财产进行拍卖,将拍卖所得款清偿债权,如果拍卖不成功,在符合一定的条件下,允许将财产以物抵债。在夫妻财产分割中同样也涉及拍卖,比如夫妻双方均不主张对房屋的所有权,将房屋拍卖掉,分割所得拍卖款。拍卖主要流程如下:

1. 确定保留价。在拍卖情况下,评估成为前置程序,因为拍卖财产的保留价,将由法院运用评估价确定。保留价在第一次拍卖时,不低于评估价的80%;如果出现流拍再行拍卖时,可以酌情降低保留价,但每次降低的数额不得超过前次保留价的20%。

2. 公告。法院在拍卖前15日刊登公告,一般是公告在当地主要的报纸上,但有些法院直接贴在法院公告栏的橱窗上。公告环节注意如下问题:

其一,要仔细研究公告内容是否符合法律规定,《中华人民共和国拍卖法》第46条规定:"拍卖公告应当载明下列事项:(一)拍卖的时间、地点;(二)拍卖标的;(三)拍卖标的展示时间、地点;(四)参与竞买应当办理的手续;(五)需要公告的其他事项。"缺少任何其中一项,都会导致该拍卖无效。

其二,关于公告的刊登范围。为了让更多的人知道拍卖事实,取得更好的拍卖效果,可以申请法院扩大公告范围,即不限于刊登在本地的媒体上,可以申请刊登在本省范围甚至全国范围的媒体上。最高人民法院《关于人民法院民事执行中拍卖、变卖财产的规定》第12条第2款规定:"当事人申请在其他新闻媒体上公告或者要求扩大公告范围的,应当准许,但该部分的公告费用由其自行承担。"因此,只要申请人决定扩大该案的公告范围,法院就应当准许,只是申请人应当自行承担扩大公告范围的相关费用。

3. 通知。法院应在拍卖5日前以书面方式通知当事人。

4. 拍卖成交。拍卖成交后,买受人应当在拍卖公告确定的期限或者法院指定的期限内将价款交到执行法院或汇入法院指定的账户,法院应当作出裁定,并于价款全额支付后10日内,送达给买受人或者承受人,裁定送达后

15日内,将拍卖的财产移交给买受人或者承受人。

买受人逾期未支付价款而使拍卖、抵债目的难以实现的,法院可以裁定重新拍卖,重新拍卖的时候,原买受人不得参加竞买,重新拍卖价款低于原拍卖价款的差价、费用损失及原拍卖中的佣金,由原买受人承担。法院可以直接从其预交的保证金中扣除,扣除后保证金有剩余的,应退还给原买受人,保证金数额不足的,可以责令原买受人补交,拒不补交的,强制执行。

5.对于拍卖中出现流拍的处理。如果第一次拍卖失败,拍卖时无人竞买或者竞买人的最高应价低于保留价,应当在60日内再行拍卖。第二次拍卖仍流拍的,应在60日内进行第三次拍卖;如第三次拍卖流拍,法院于第三次拍卖终结之日起7日内发出变卖公告。

第七节 固定财产证据

一、自行收集、申请调查

(一) 自行收集财产证据

当事人在自己能力范围之内收集夫妻财产证据,这是民事诉讼中对举证责任的要求。

1.制作财产汇总表,由夫妻双方签字确认。汇总表包含财产名称、数量、特性、备注等信息,汇总表主要针对贵重的财产来进行,将盆盆罐罐都列进去也未尝不可,因为这些确实都属财产分割范围。

表11-1 夫妻财产收集实例表

序号	财产名称	数量	特性	备注
1	铂钻石戒	1	金重1.664g	货号11628330
2	婚戒	2	金重1.824g	货号11653863
3	千足金项链	1	金重5.526g	货号11506195
4	金发晶银戒	1	金重3.410g	货号12603523

(续表)

序号	财产名称	数量	特性	备注
5	千足金吊坠	2	金重3.000g	货号11607263
6	玉扣	1		货号15687252
7	金钻石耳环	1		货号13427025
8	玉镯	1		货号10675007

2. 将财产拍照、制成DVD，如有条件也可以去办理财产公证。

(二) 申请法院收集财产证据

根据民事诉讼法的相关规定，当事人及其代理人因为权限所限，可以申请法院进行调查取证。

注意申请法院收集证据的时间。根据最高人民法院《关于民事诉讼证据的若干规定》第19条规定，当事人及其诉讼代理人申请人民法院调查收集证据，不得迟于举证期限届满前7日。

申请书有两种写法，一是信函式，以致函的口吻请求法院调查；二是申请方式，列明申请人、被申请人、请求事项及事实理由等，格式与民事起诉状一致。均要明确被调查对象，被调查线索越具体越明确越好。为了节省篇幅，下面列出调查取证申请书的版本大部分都采用的信函方式：

1. 关于房屋

调查取证申请书(1)

_____人民法院：

原告诉被告离婚纠纷一案被贵院受理(案号：_____)2010年7月15日，朱某与××房地产有限公司签订商品房买卖合同，以按揭方式购买401房，首期房款310629元已支付，约定抵押贷款金额为70万元人民币，贷款期限为三年。

> 上述房屋系以朱某名义在婚姻关系存续期间购买，双方没有对房屋权属问题进行特别约定，该套房屋属夫妻共同财产。为更好分割房屋及确定因房屋产生的夫妻共同债务，由于申请人及代理人自身调查取证确有困难等原因，特申请法院向建设银行（地址：_____）对以下事项进行调查取证：
>
> （1）该套房屋已偿还贷款的具体金额；
> （2）该套房屋至法院调查之日止尚未偿还贷款的具体金额。
>
> 申请人：_____
> 2013 年 8 月 15 日

2. 关于银行存款及流水账清单

原则上提供被调查人的身份证号法院就可以从银行调取出账户流水账，但实际上法院普遍不接受这种调查申请，理由是"调查对象模糊"，因此还必须提供明确的银行账号。

> ## 调查取证申请书（2）
>
> _____人民法院：
>
> 因被告在离婚前转移藏匿了大量的银行存款，严重侵害了申请人的财产共有权，申请人已诉其至贵院（案号：_____）。但因申请人及其代理人自身调查取证权限有限、取证客观上确有困难等原因，根据民诉法相关规定，特申请贵院作如下的调查取证工作：
>
> 调查事项：以下账号自 2012 年 1 月 1 日到 2014 年 8 月 3 日的详细的资金进出入银行流水账清单：

(1) 中国农业银行账号：
开户行：＿＿＿＿＿　　户名：＿＿＿＿＿
身份证号：＿＿＿＿＿　　查询地址：＿＿＿＿＿
(2) 邮政储蓄银行账号：
开户行：＿＿＿＿＿　　户名：＿＿＿＿＿
身份证号：＿＿＿＿＿　　查询地址：＿＿＿＿＿
(3) 中国建设银行账号：
开户行：＿＿＿＿＿　　户名：＿＿＿＿＿
身份证号：＿＿＿＿＿　　查询地址：＿＿＿＿＿
以上调查事项要证明的问题：被告在离婚前转移藏匿夫妻共同财产。

申请人：＿＿＿＿＿
2014年8月19日

有时候得根据案件进展，可以做出个性化调查取证申请，请看下例：

调查取证申请书(3)

＿＿＿＿＿人民法院：

申请人刘某诉被告朱某离婚后财产纠纷案已被贵院受理（案号：＿＿＿＿＿），并进行了第一次庭审，庭上法院曾问及转移款项的具体去向问题，被告拒绝回答。

庭审后申请人了解到被告朱某将从香港转移夫妻共同财产160万港币至其在中国银行账户后，又通过转账方式陆续将款项转移至他人名下。如情况属实，他人与朱某构成对夫妻共同财产的侵害，共同实施了侵害行为，应与被告共同承担返还财产责任；程序上，他人在本案中应当列为第三人的诉讼地位追加至本案。

因此,为了核清事实,进一步掌握及确定被告所转移款项的具体去向,同时为了避免遗漏诉讼主体,因申请人及代理人代理权限所限,依据民事诉讼法相关规定,申请人特向贵院申请调查取证:

1. 调查内容:银行资金具体流向。
2. 调查地址:_____
3. 调查事项:_____

朱某在该行开设立的账户××,于2008年7月31日进入资金160万港币,该资金是否通过提取现金方式提取完毕?还是通过转账到他人名下的方式转走?如果是转账方式,是何时、分几次转到什么人的名下?或者是通过其他方式转走?

恳请法院支持原告的申请。

申请人:_____
2014年5月28日

法院从银行调回有关记录后,经研究你发现调查结果尚不完整,对你的举证尚不能起到足够的作用,那么还可以提交第二次申请,但是理由必须写得更加充分,请看如下两例:

调查取证申请书(4)

_____人民法院:

申请人刘某诉被告朱某离婚后财产纠纷案(案号:_____),申请人于2011年6月7日向贵院提交了第一份调查取证的申请,申请贵院对被告朱某擅自转移160万港币资金去向问题进行调查取证。据银行资料显示，被告朱某将38万8千港币转存入其母李某账下（为此申请人已申请追加李某为第三人），尚有100多万港币资金的具体去向不明。

申请人认为，为核清事实，避免遗漏诉讼主体，让程序更加合法，有必要继续对剩余资金的具体去向问题进行调查。因申请人及其代理人代理权限所限，根据民事诉讼法规定，结合起诉时的证据材料，特申请贵院作如下的调查取证工作：

调查地址：＿＿＿＿＿＿＿＿＿＿＿＿＿＿＿＿＿＿＿＿＿＿＿

调查内容：银行资金具体流向。即以下各项资金分别是什么时候提取完毕？是通过提取现金方式，还是通过转账到他人名下的方式转走？如果是转账方式，是何时、分几次转到什么人的名下？或者是通过其他方式转走？

一、朱某名下账户4756×××707

1. 2008年8月7日进入资金80万港币（见附件一）；

2. 2009年12月19日法院解除冻结的9267美元（见附件二）；

二、朱某名下账户4756×××421

1. 2008年8月21日清空30万元人民币（见附件三）；

2. 2009年2月7日清空567美元（见附件四）；

3. 2008年12月16日清空10万元人民币（见附件五）；

4. 2008年12月17日清空51027元人民币（见附件六）；

5. 2009年5月19日清空9255美元（见附件七）。

申请人：＿＿＿＿＿＿＿

2014年7月15日

3. 关于保险合同

调查取证申请书(5)

_____人民法院：

被申请人(身份证号：_____)在中国平安保险股份有限公司持续多年缴纳了多种保险,保险单号：_____,因申请人及其代理人权限所限,故请求法院对以上保险的情况查询,包括保险缴纳的年限、总共缴纳的保险费、受益人、被保险人等信息进行查询。

查询地址：_____

申请人：_____
2014 年 8 月 30 日

---

4. 关于工资、住房公积金

调查取证申请书(6)

申请人：_____,女,汉族,身份证号：_____,联系电话：_____

被申请人：_____,男,汉族,身份证号：_____,联系电话：_____

在申请人与被申请人离婚纠纷一案中,因申请人调查权限所限,根据民诉法相关规定,为了确定夫妻共同财产的范围及价值,特向贵院提出调查申请。

请 求 事 项

请求法院派员或去函调查如下事项：

一、被申请人自结婚登记之日起(1999 年 10 月 18 日)至今的住房公积金、住房补贴的情况;

二、被申请人自结婚登记之日起(1999年10月18日)至今的养老保险费缴纳情况；

三、被申请人自2014年8月1日至今工资、奖金的收入情况。

事实与理由

一、关于调查住房公积金、住房补贴

《婚姻法司法解释(二)》第11条规定:"婚姻关系存续期间,下列财产属婚姻法第十七条规定的'其他应当归共同所有的财产'：……(二)男女双方实际取得或者应当取得的住房补贴、住房公积金……"申请人与被申请人1999年10月18日登记结婚,故自1999年10月18日开始至今婚姻关系存续期间所取得住房补贴、住房公积金属夫妻共同财产。据悉,被申请人住房补贴、住房公积金分开两个账户发放,且两项费用都是逐月发放。

调查单位：＿＿＿＿＿＿＿＿

调查地址：＿＿＿＿＿＿, 联系电话：＿＿＿＿＿＿＿＿

被调查人：＿＿＿＿＿＿, 身份证号：＿＿＿＿＿＿＿＿

二、关于调查养老保险费

《婚姻法解释(二)》第11条规定:"婚姻关系存续期间,下列财产属婚姻法第十七条规定的'其他应当归共同所有的财产'：……(三)男女双方实际取得或者应当取得的养老保险金、破产安置补偿费……"申请人与被申请人1999年10月18日登记结婚,故自1999年10月18日开始至今婚姻关系存续期间所取得养老保险金属夫妻共同财产。

同时《婚姻法司法解释(三)》第13条规定:"离婚时夫妻一方尚未退休、不符合领取养老保险金条件,另一方请求按照夫妻财产分割养老保险金的,人民法院不予支持;婚后以夫妻共同财产缴付养老保险费,离婚时一方主张将养老金账户中婚姻关系存续期间个人实际缴付部分作为夫妻财产分割的,人民法院应予支持。"因此,申请人申请贵院将被申请人在婚姻期间的养老保险金的缴费明细打印出来,目的是为了确定养老保险金账户中婚姻期间个人实际缴付部分,作为夫妻财产分割依据。

调查单位：＿＿＿＿＿＿＿＿＿＿＿＿＿＿＿＿＿＿＿＿＿＿＿＿＿

调查地址：＿＿＿＿＿＿＿，　　联系电话：＿＿＿＿＿＿＿＿＿

被调查人：＿＿＿＿＿＿＿，　　身份证号：＿＿＿＿＿＿＿＿＿

三、关于调查工资、奖金的收入

《婚姻法》第17条规定："夫妻在婚姻关系存续期间所得的下列财产,归夫妻共同所有:(一) 工资、奖金……"申请人与被申请人1999年10月18日登记结婚,故自1999年10月18日开始至今,婚姻关系存续期间所取得工资、奖金属夫妻共同财产。考虑到结婚时间较长,部分收入已消耗,故只对双方正式分居、互不来往的近两年(从2014年8月1日开始计算)的工资奖金状况进行调查取证。原因在于,其一,近两年双方已正式分居,互不来往,大家各自掌控了各自名下的财产;其二,这两年被申请人均没有对家庭生活进行投入支出,被申请人自己掌握了大部分的夫妻共同财产;其三,近两年被申请人的工资待遇有了大幅度的提高,据悉,其工资、奖金收入也是分两个账户发放,一个账户每个月4 000多元,一个账户3 000多元,单是工资每个月收入为7 000多元,另外还有年终奖等,敬请法院注意这个情况。

调查单位：＿＿＿＿＿＿＿＿＿＿＿＿＿＿＿＿＿＿＿＿＿＿＿＿＿

调查地址：＿＿＿＿＿＿＿，　　联系电话：＿＿＿＿＿＿＿＿＿

被调查人：＿＿＿＿＿＿＿，　　身份证号：＿＿＿＿＿＿＿＿＿

此致

＿＿＿＿＿＿＿人民法院

申请人：＿＿＿＿＿＿＿
2014年7月24日

二、财产保全、证据保全

（一）保全分类

按照保全的对象，诉讼保全分为财产保全、证据保全。

财产保全，是指法院在当事人起诉前后，为保障将来的生效判决有可供执行的财产，采取限制当事人处分财产的强制措施；证据保全，是指在证据有可能毁损、灭失或以后难以取得的情况下，人民法院或公证机关对证据进行固定和保护。在离婚诉讼中，证据保全的终极目的也是为确定夫妻财产的数量和价值，故证据保全可视为是财产保全的变异。

财产保全根据实施时间的不同，又可分为诉前财产保全、诉讼财产保全。

诉讼财产保全，是指法院在诉讼过程中对当事人的财产或者争执标的物采取限制当事人处分的临时措施；诉前财产保全，是指在紧急情况下，利害关系人在起诉之前申请法院采取保全措施，诉前财产保全需要提供担保，并且在诉前保全做出之日起30天内不起诉的，按撤诉处理。

案例11-16 离婚诉讼中财产保全是否需要提供担保

离婚诉讼中，夫妻一方申请法院查封了对方的房产两套。负责跟进案件的书记员告知申请人，必须提供担保才能对财产进行查封。申请人说自己经济困难，无法提供担保。请问该如何解决这个问题？

如果要求申请人提供足额担保，可能由于申请人的经济原因使其无力提供担保，造成对方转移、恶意处分夫妻共同财产等现象发生，损害夫妻一方的合法权益。《婚姻法司法解释（二）》第28条规定："夫妻一方申请对配偶的个人财产或者夫妻共同财产采取保全措施的，人民法院可以在采取保全措施可能造成损失的范围内，根据实际情况，确定合理的财产担保数额。"可见离婚案件中对提供担保问题采取灵活宽松的做法。本案属离婚案，申请人经济困难，再无力提供额外财产作为担保，此种情况可以要求申请人提供适当担保（并非足额担保）。在有些个案中，甚至可以经申请免除担保。

（二）财产保全的方式

财产保全的方式有多种,主要包括查封、扣押、冻结三种。

查封,是指法院将标的物加贴封条就地封存,禁止财产转移处分的一种措施;扣押,是指法院将标的物运送到指定地点,使权利人不能占有、使用和处分的措施;冻结,是指将标的物限制其流转的一种措施。其中查封有如下两种特别方式:

1. 预查封

比如对夫妻一方购买的办理了商品房预售合同登记备案手续的房屋、夫妻一方已购买的已由房地产开发企业办理了房屋初始登记的房屋等均可以进行预查封,当房地产财产登记到原权利人名下时,预查封就自动转为查封。

2. 轮候查封

轮候查封,是指针对同一财产,不同案件的当事人先后对其提出的查封（预查封）行为,也就是同一财产被多次查封。

最高人民法院《关于人民法院民事执行中查封、扣押、冻结财产的规定》第28条第1款规定:"对已被人民法院查封、扣押、冻结的财产,其他人民法院可以进行轮候查封、扣押、冻结。查封、扣押、冻结解除的,登记在先的轮候查封、扣押、冻结即自动生效。"最高人民法院、国土资源部、建设部《关于依法规范人民法院执行和国土资源房地产管理部门协助执行若干问题的通知》第20条规定:"……查封法院依法解除查封的,排列在先的轮候查封自动转为查封;查封法院对查封的土地使用权、房屋全部处理的,排列在后的轮候查封自动失效;查封法院对查封的土地使用权、房屋部分处理的,对剩余部分,排列在后的轮候查封自动转为查封……"

（三）保全的具体做法及期限

1. 保全的具体做法

动产,法院可以实际控制该项财产,在该动产上张贴封条;不动产,法院通知有关登记机关比如房管局办理登记手续。建筑物和土地使用权的登记机关不是同一机关的,应分别到不同的行政机关办理查封登记。车辆,一般对车辆档案查封,实际不影响车辆的使用,也称"活封";资金,冻结资金账户,可以转入但不能取出;股票、债券、投资基金等有价证券,可以只冻结资金账户,允许资金账户进入资金但不允转出资金,同时可以允许有价证券账户交易。

2. 查封、冻结的期限

银行资金,不超过 6 个月;动产,不超过 1 年;不动产,不超过 2 年;上市公司国有股和社会法人股股权,不超过 1 年。

申请执行人申请延长期限的,续行查封期限不得超过前款规定期限的 1/2。冻结的需要办理续冻手续,每次续冻期限不超过 6 个月,预期不办理续冻手续的,视为自动撤销冻结。

附:保全法律文书

财产保全申请书

_____人民法院:

  申请人诉被申请人离婚纠纷一案,已由贵院受理(案号:_____),为了防止被申请人在诉讼期间转移财产损害申请人的合法权益,故向贵院提出申请查封属被申请人_____名下的房产(地址:_____)。恳请批准。

申请人:_____

____年____月____日

证据保全申请书

_____人民法院：

申请人诉_____离婚纠纷一案，为了确定被告_____所开办公司在婚姻期间的实际经营状况，分割共同财产，现申请将_____公司自_____年_____月开始至申请之日的账目及凭证给予查封扣押，特向贵院提出证据保全之申请，恳请贵院支持。

申请人：_____

____年____月____日

财产保全异议书

异议人：_____公司，办公地址：_____，法定代表人：_____，联系电话：_____

请 求 事 项

请求法院解除对药业公司的账目及其凭证的查封和扣押。

事实和理由

_____公司是张某与吴某作为股东共同出资成立的有限责任公司，是独立的公司法人，不是张某的个人财产，_____公司与张某是不同的民事诉讼主体，只能查封张某在_____公司的股份，现法院因张某与李某离婚纠纷案，裁定查封和扣押了_____公司的账目及其凭证，没有法律依据，严重影响了_____公司的经营，侵犯了公司的合法权益。为维护异议人的合法权益，特向法院提出异议，请求法院解除对_____公司的账目及其凭证的查封和扣押。

此致
_____人民法院

异议人：_____公司

____年____月____日

复议申请书

　　申请人(被告)：张某，男，年龄：____，汉族，居住：_____，身份证号：_____

　　被申请人(原告)：李某，女，汉族，年龄：____，汉族，居住：_____，身份证号：_____

　　申请人因与李某离婚纠纷一案，不服人民法院作出的关于"查封并扣押被告张某参与经营的药业有限公司账目及其凭证"的裁定，现申请复议。

请 求 事 项

　　解除对药业有限公司的账目及其凭证的查封和扣押。

事实和理由

　　一、申请人与原告于2004年12月24日登记结婚，而药业公司是申请人婚前与另一股东吴某在2003年12月24日共同出资成立的有限责任公司，申请人在该公司的股份属申请人的婚前财产，而且药业公司是独立的公司法人，与申请人是不同的民事诉讼主体。法院依原告申请裁定查封并扣押药业公司从2004年12月24日至原告申请之日的账目及其凭证，严重影响药业公司的经营，侵犯了药业公司及其另一股东和申请人的合法权益，显然错误。

　　二、原告向法院起诉只请求判决解除与申请人的婚姻关系、判决儿子由其抚养和请求抚养费，并没有请求分割财产。根据民事诉讼不告不理的原则，原告没权向法院申请查封药业公司的账目及其凭证。

　　依据《民事诉讼法》相关规定，只有在证据可能灭失或者以后难以取得的情况下，诉讼参加人才可以向人民法院申请证据保全。原告申请保全的是账目和凭证，而账目和凭证是绝不可能灭失的，而且法院有权要求申请人随时提供这些账目及凭证来查清婚姻存续期间的财产状况，也不存在以后难以取得的情况。

综上所述，药业公司是独立的公司法人，与申请人是不同的民事诉讼主体，而且原告没有请求分割财产，申请证据保全又不符合民事诉讼法规定，请法院解除对药业公司账目及其凭证的查封和扣押。

此致

_____人民法院

申请人：_____
____年____月____日

附录一 婚姻法及相关司法解释

中华人民共和国婚姻法

（1980年9月10日第五届全国人民代表大会第三次会议通过 根据2001年4月28日第九届全国人民代表大会常务委员会第二十一次会议《关于修改〈中华人民共和国婚姻法〉的决定》修正）

目 录

第一章 总则
第二章 结婚
第三章 家庭关系
第四章 离婚
第五章 救助措施与法律责任
第六章 附则

第一章 总 则

第一条 本法是婚姻家庭关系的基本准则。

第二条 实行婚姻自由、一夫一妻、男女平等的婚姻制度。

保护妇女、儿童和老人的合法权益。

实行计划生育。

第三条 禁止包办、买卖婚姻和其他干涉婚姻自由的行为。禁止借婚姻索取财物。

禁止重婚。禁止有配偶者与他人同居。禁止家庭暴力。禁止家庭成员间的虐待和遗弃。

第四条 夫妻应当互相忠实，互相尊重；家庭成员间应当敬老爱幼，互相帮助，维护平等、和睦、文明的婚姻家庭关系。

第二章 结 婚

第五条 结婚必须男女双方完全自愿，不许任何一方对他方加以强迫或任何第三者加以干涉。

第六条 结婚年龄，男不得早于二十二周岁，女不得早于二十周岁。晚婚晚育应予鼓励。

第七条 有下列情形之一的，禁止结婚：

（一）直系血亲和三代以内的旁系血亲；

（二）患有医学上认为不应当结婚的疾病。

第八条 要求结婚的男女双方必须亲自到婚姻登记机关进行结婚登记。符合本法规定的，予以登记，发给结婚证。取得结婚证，即确立夫妻关系。未办理结婚登记的，应当补办登记。

第九条 登记结婚后,根据男女双方约定,女方可以成为男方家庭的成员,男方可以成为女方家庭的成员。

第十条 有下列情形之一的,婚姻无效:
(一)重婚的;
(二)有禁止结婚的亲属关系的;
(三)婚前患有医学上认为不应当结婚的疾病,婚后尚未治愈的;
(四)未到法定婚龄的。

第十一条 因胁迫结婚的,受胁迫的一方可以向婚姻登记机关或人民法院请求撤销该婚姻。受胁迫的一方撤销婚姻的请求,应当自结婚登记之日起一年内提出。被非法限制人身自由的当事人请求撤销婚姻的,应当自恢复人身自由之日起一年内提出。

第十二条 无效或被撤销的婚姻,自始无效。当事人不具有夫妻的权利和义务。同居期间所得的财产,由当事人协议处理;协议不成时,由人民法院根据照顾无过错方的原则判决。对重婚导致的婚姻无效的财产处理,不得侵害合法婚姻当事人的财产权益。当事人所生的子女,适用本法有关父母子女的规定。

第三章 家庭关系

第十三条 夫妻在家庭中地位平等。

第十四条 夫妻双方都有各用自己姓名的权利。

第十五条 夫妻双方都有参加生产、工作、学习和社会活动的自由,一方不得对他方加以限制或干涉。

第十六条 夫妻双方都有实行计划生育的义务。

第十七条 夫妻在婚姻关系存续期间所得的下列财产,归夫妻共同所有:
(一)工资、奖金;
(二)生产、经营的收益;
(三)知识产权的收益;
(四)继承或赠与所得的财产,但本法第十八条第三项规定的除外;
(五)其他应当归共同所有的财产。

夫妻对共同所有的财产,有平等的处理权。

第十八条 有下列情形之一的,为夫妻一方的财产:
(一)一方的婚前财产;
(二)一方因身体受到伤害获得的医疗费、残疾人生活补助费等费用;
(三)遗嘱或赠与合同中确定只归夫或妻一方的财产;
(四)一方专用的生活用品;
(五)其他应当归一方的财产。

第十九条 夫妻可以约定婚姻关系存续期间所得的财产以及婚前财产归各自所有、共同所有或部分各自所有、部分共同所有。约定应当采用书面形式。没有约定或约定不明确的,适用本法第十七条、第十八条的规定。

夫妻对婚姻关系存续期间所得的财产以及婚前财产的约定,对双方具有约束力。

夫妻对婚姻关系存续期间所得的财产约定归各自所有的,夫或妻一方对外所负的债务,第三人知道该约定的,以夫或妻一方所有的财产清偿。

第二十条 夫妻有互相扶养的义务。

一方不履行扶养义务时,需要扶养

的一方,有要求对方付给扶养费的权利。

第二十一条 父母对子女有抚养教育的义务;子女对父母有赡养扶助的义务。

父母不履行抚养义务时,未成年的或不能独立生活的子女,有要求父母付给抚养费的权利。

子女不履行赡养义务时,无劳动能力的或生活困难的父母,有要求子女付给赡养费的权利。

禁止溺婴、弃婴和其他残害婴儿的行为。

第二十二条 子女可以随父姓,可以随母姓。

第二十三条 父母有保护和教育未成年子女的权利和义务。在未成年子女对国家、集体或他人造成损害时,父母有承担民事责任的义务。

第二十四条 夫妻有相互继承遗产的权利。

父母和子女有相互继承遗产的权利。

第二十五条 非婚生子女享有与婚生子女同等的权利,任何人不得加以危害和歧视。

不直接抚养非婚生子女的生父或生母,应当负担子女的生活费和教育费,直至子女能独立生活为止。

第二十六条 国家保护合法的收养关系。养父母和养子女间的权利和义务,适用本法对父母子女关系的有关规定。

养子女和生父母间的权利和义务,因收养关系的成立而消除。

第二十七条 继父母与继子女间,不得虐待或歧视。

继父或继母和受其抚养教育的继子女间的权利和义务,适用本法对父母子女关系的有关规定。

第二十八条 有负担能力的祖父母、外祖父母,对于父母已经死亡或父母无力抚养的未成年的孙子女、外孙子女,有抚养的义务。有负担能力的孙子女、外孙子女,对于子女已经死亡或子女无力赡养的祖父母、外祖父母,有赡养的义务。

第二十九条 有负担能力的兄、姐,对于父母已经死亡或父母无力抚养的未成年的弟、妹,有扶养的义务。由兄、姐扶养长大的有负担能力的弟、妹,对于缺乏劳动能力又缺乏生活来源的兄、姐,有扶养的义务。

第三十条 子女应当尊重父母的婚姻权利,不得干涉父母再婚以及婚后的生活。子女对父母的赡养义务,不因父母的婚姻关系变化而终止。

第四章 离　　婚

第三十一条 男女双方自愿离婚的,准予离婚。双方必须到婚姻登记机关申请离婚。婚姻登记机关查明双方确实是自愿并对子女和财产问题已有适当处理时,发给离婚证。

第三十二条 男女一方要求离婚的,可由有关部门进行调解或直接向人民法院提出离婚诉讼。

人民法院审理离婚案件,应当进行调解;如感情确已破裂,调解无效,应准予离婚。

有下列情形之一,调解无效的,应准予离婚:

(一)重婚或有配偶者与他人同居的;

（二）实施家庭暴力或虐待、遗弃家庭成员的；

（三）有赌博、吸毒等恶习屡教不改的；

（四）因感情不和分居满二年的；

（五）其他导致夫妻感情破裂的情形。

一方被宣告失踪，另一方提出离婚诉讼的，应准予离婚。

第三十三条 现役军人的配偶要求离婚，须得军人同意，但军人一方有重大过错的除外。

第三十四条 女方在怀孕期间、分娩后一年内或中止妊娠后六个月内，男方不得提出离婚。女方提出离婚的，或人民法院认为确有必要受理男方离婚请求的，不在此限。

第三十五条 离婚后，男女双方自愿恢复夫妻关系的，必须到婚姻登记机关进行复婚登记。

第三十六条 父母与子女间的关系，不因父母离婚而消除。离婚后，子女无论由父或母直接抚养，仍是父母双方的子女。

离婚后，父母对于子女仍有抚养和教育的权利和义务。

离婚后，哺乳期内的子女，以随哺乳的母亲抚养为原则。哺乳期后的子女，如双方因抚养问题发生争执不能达成协议时，由人民法院根据子女的权益和双方的具体情况判决。

第三十七条 离婚后，一方抚养的子女，另一方应负担必要的生活费和教育费的一部或全部，负担费用的多少和期限的长短，由双方协议；协议不成时，由人民法院判决。

关于子女生活费和教育费的协议或判决，不妨碍子女在必要时向父母任何一方提出超过协议或判决原定数额的合理要求。

第三十八条 离婚后，不直接抚养子女的父或母，有探望子女的权利，另一方有协助的义务。

行使探望权利的方式、时间由当事人协议；协议不成时，由人民法院判决。

父或母探望子女，不利于子女身心健康的，由人民法院依法中止探望的权利；中止的事由消失后，应当恢复探望的权利。

第三十九条 离婚时，夫妻的共同财产由双方协议处理；协议不成时，由人民法院根据财产的具体情况，照顾子女和女方权益的原则判决。

夫或妻在家庭土地承包经营中享有的权益等，应当依法予以保护。

第四十条 夫妻书面约定婚姻关系存续期间所得的财产归各自所有，一方因抚育子女、照料老人、协助另一方工作等付出较多义务的，离婚时有权向另一方请求补偿，另一方应当予以补偿。

第四十一条 离婚时，原为夫妻共同生活所负的债务，应当共同偿还。共同财产不足清偿的，或财产归各自所有的，由双方协议清偿；协议不成时，由人民法院判决。

第四十二条 离婚时，如一方生活困难，另一方应从其住房等个人财产中给予适当帮助。具体办法由双方协议；协议不成时，由人民法院判决。

第五章 救助措施与法律责任

第四十三条 实施家庭暴力或虐待家庭成员，受害人有权提出请求，居民委员会、村民委员会以及所在单位应当予以劝阻、调解。

对正在实施的家庭暴力,受害人有权提出请求,居民委员会、村民委员会应当予以劝阻;公安机关应当予以制止。

实施家庭暴力或虐待家庭成员,受害人提出请求的,公安机关应当依照治安管理处罚的法律规定予以行政处罚。

第四十四条 对遗弃家庭成员,受害人有权提出请求,居民委员会、村民委员会以及所在单位应当予以劝阻、调解。

对遗弃家庭成员,受害人提出请求的,人民法院应当依法作出支付扶养费、抚养费、赡养费的判决。

第四十五条 对重婚的,对实施家庭暴力或虐待、遗弃家庭成员构成犯罪的,依法追究刑事责任。受害人可以依照刑事诉讼法的有关规定,向人民法院自诉;公安机关应当依法侦查,人民检察院应当依法提起公诉。

第四十六条 有下列情形之一,导致离婚,无过错方有权请求损害赔偿:

(一)重婚的;
(二)有配偶者与他人同居的;
(三)实施家庭暴力的;
(四)虐待、遗弃家庭成员的。

第四十七条 离婚时,一方隐藏、转移、变卖、毁损夫妻共同财产,或伪造债务企图侵占另一方财产的,分割夫妻共同财产时,对隐藏、转移、变卖、毁损夫妻共同财产或伪造债务的一方,可以少分或不分。离婚后,另一方发现有上述行为的,可以向人民法院提起诉讼,请求再次分割夫妻共同财产。

人民法院对前款规定的妨害民事诉讼的行为,依照民事诉讼法的规定予以制裁。

第四十八条 对拒不执行有关扶养费、抚养费、赡养费、财产分割、遗产继承、探望子女等判决或裁定的,由人民法院依法强制执行。有关个人和单位应负协助执行的责任。

第四十九条 其他法律对有关婚姻家庭的违法行为和法律责任另有规定的,依照其规定。

第六章 附　则

第五十条 民族自治地方的人民代表大会有权结合当地民族婚姻家庭的具体情况,制定变通规定。自治州、自治县制定的变通规定,报省、自治区、直辖市人民代表大会常务委员会批准后生效。自治区制定的变通规定,报全国人民代表大会常务委员会批准后生效。

第五十一条 本法自1981年1月1日起施行。

1950年5月1日颁布的《中华人民共和国婚姻法》,自本法施行之日起废止。

最高人民法院关于适用《中华人民共和国婚姻法》若干问题的解释(一)

(法释〔2001〕30号)

为了正确审理婚姻家庭纠纷案件,根据《中华人民共和国婚姻法》(以下简称婚姻法)、《中华人民共和国民事诉讼法》等法律的规定,对人民法院适用婚姻法的有关问题作出如下解释:

第一条 婚姻法第三条、第三十二条、第四十三条、第四十五条、第四十六条所称的"家庭暴力",是指行为人以殴打、捆绑、残害、强行限制人身自由或者其他手段,给其家庭成员的身体、精神等方面造成一定伤害后果的行为。持续性、经常性的家庭暴力,构成虐待。

第二条 婚姻法第三条、第三十二条、第四十六条规定的"有配偶者与他人同居"的情形,是指有配偶者与婚外异性,不以夫妻名义,持续、稳定地共同居住。

第三条 当事人仅以婚姻法第四条为依据提起诉讼的,人民法院不予受理;已经受理的,裁定驳回起诉。

第四条 男女双方根据婚姻法第八条规定补办结婚登记的,婚姻关系的效力从双方均符合婚姻法所规定的结婚的实质要件时起算。

第五条 未按婚姻法第八条规定办理结婚登记而以夫妻名义共同生活的男女,起诉到人民法院要求离婚的,应当区别对待:

(一)1994年2月1日民政部《婚姻登记管理条例》公布实施以前,男女双方已经符合结婚实质要件的,按事实婚姻处理。

(二)1994年2月1日民政部《婚姻登记管理条例》公布实施以后,男女双方符合结婚实质要件的,人民法院应当告知其在案件受理前补办结婚登记;未补办结婚登记的,按解除同居关系处理。

第六条 未按婚姻法第八条规定办理结婚登记而以夫妻名义共同生活的男女,一方死亡,另一方以配偶身份主张享有继承权的,按照本解释第五条的原则处理。

第七条 有权依据婚姻法第十条规定向人民法院就已办理结婚登记的婚姻申请宣告婚姻无效的主体,包括婚姻当事人及利害关系人。利害关系人包括:

（一）以重婚为由申请宣告婚姻无效的，为当事人的近亲属及基层组织。

（二）以未到法定婚龄为由申请宣告婚姻无效的，为未达法定婚龄者的近亲属。

（三）以有禁止结婚的亲属关系为由申请宣告婚姻无效的，为当事人的近亲属。

（四）以婚前患有医学上认为不应当结婚的疾病，婚后尚未治愈为由申请宣告婚姻无效的，为与患病者共同生活的近亲属。

第八条 当事人依据婚姻法第十条规定向人民法院申请宣告婚姻无效的，申请时，法定的无效婚姻情形已经消失的，人民法院不予支持。

第九条 人民法院审理宣告婚姻无效案件，对婚姻效力的审理不适用调解，应当依法作出判决；有关婚姻效力的判决一经作出，即发生法律效力。

涉及财产分割和子女抚养的，可以调解。调解达成协议的，另行制作调解书。对财产分割和子女抚养问题的判决不服的，当事人可以上诉。

第十条 婚姻法第十一条所称的"胁迫"，是指行为人以给另一方当事人或者其近亲属的生命、身体健康、名誉、财产等方面造成损害为要挟，迫使另一方当事人违背真实意愿结婚的情况。

因受胁迫而请求撤销婚姻的，只能是受胁迫一方的婚姻关系当事人本人。

第十一条 人民法院审理婚姻当事人因受胁迫而请求撤销婚姻的案件，应当适用简易程序或者普通程序。

第十二条 婚姻法第十一条规定的"一年"，不适用诉讼时效中止、中断或者延长的规定。

第十三条 婚姻法第十二条所规定的自始无效，是指无效或者可撤销婚姻在依法被宣告无效或被撤销时，才确定该婚姻自始不受法律保护。

第十四条 人民法院根据当事人的申请，依法宣告婚姻无效或者撤销婚姻的，应当收缴双方的结婚证书并将生效的判决书寄送当地婚姻登记管理机关。

第十五条 被宣告无效或被撤销的婚姻，当事人同居期间所得的财产，按共同共有处理。但有证据证明为当事人一方所有的除外。

第十六条 人民法院审理重婚导致的无效婚姻案件时，涉及财产处理的，应当准许合法婚姻当事人作为有独立请求权的第三人参加诉讼。

第十七条 婚姻法第十七条关于"夫或妻对夫妻共同所有的财产，有平等的处理权"的规定，应当理解为：

（一）夫或妻在处理夫妻共同财产上的权利是平等的。因日常生活需要而处理夫妻共同财产的，任何一方均有权决定。

（二）夫或妻非因日常生活需要对夫妻共同财产做重要处理决定，夫妻双方应当平等协商，取得一致意见。他人有理由相信其为夫妻双方共同意思表示的，另一方不得以不同意或不知道为由对抗善意第三人。

第十八条 婚姻法第十九条所称"第三人知道该约定的"，夫妻一方对此负有举证责任。

第十九条 婚姻法第十八条规定为夫妻一方所有的财产，不因婚姻关系的延续而转化为夫妻共同财产。但当事人另有约定的除外。

第二十条　婚姻法第二十一条规定的"不能独立生活的子女"，是指尚在校接受高中及其以下学历教育，或者丧失或未完全丧失劳动能力等非因主观原因而无法维持正常生活的成年子女。

第二十一条　婚姻法第二十一条所称"抚养费"，包括子女生活费、教育费、医疗费等费用。

第二十二条　人民法院审理离婚案件，符合第三十二条第二款规定"应准予离婚"情形的，不应当因当事人有过错而判决不准离婚。

第二十三条　婚姻法第三十三条所称的"军人一方有重大过错"，可以依据婚姻法第三十二条第二款前三项规定及军人有其他重大过错导致夫妻感情破裂的情形予以判断。

第二十四条　人民法院作出的生效的离婚判决中未涉及探望权，当事人就探望权问题单独提起诉讼的，人民法院应予受理。

第二十五条　当事人在履行生效判决、裁定或者调解书的过程中，请求中止行使探望权的，人民法院在征询双方当事人意见后，认为需要中止行使探望权的，依法作出裁定。中止探望的情形消失后，人民法院应当根据当事人的申请通知其恢复探望权的行使。

第二十六条　未成年子女、直接抚养子女的父或母及其他对未成年子女负担抚养、教育义务的法定监护人，有权向人民法院提出中止探望权的请求。

第二十七条　婚姻法第四十二条所称"一方生活困难"，是指依靠个人财产和离婚时分得的财产无法维持当地基本生活水平。

一方离婚后没有住处的，属于生活困难。

离婚时，一方以个人财产中的住房对生活困难者进行帮助的形式，可以是房屋的居住权或者房屋的所有权。

第二十八条　婚姻法第四十六条规定的"损害赔偿"，包括物质损害赔偿和精神损害赔偿。涉及精神损害赔偿的，适用最高人民法院《关于确定民事侵权精神损害赔偿责任若干问题的解释》的有关规定。

第二十九条　承担婚姻法第四十六条规定的损害赔偿责任的主体，为离婚诉讼当事人中无过错方的配偶。

人民法院判决不准离婚的案件，对于当事人基于婚姻法第四十六条提出的损害赔偿请求，不予支持。

在婚姻关系存续期间，当事人不起诉离婚而单独依据该条规定提起损害赔偿请求的，人民法院不予受理。

第三十条　人民法院受理离婚案件时，应当将婚姻法第四十六条等规定中当事人的有关权利义务，书面告知当事人。在适用婚姻法第四十六条时，应当区分以下不同情况：

（一）符合婚姻法第四十六条规定的无过错方作为原告基于该条规定向人民法院提起损害赔偿请求的，必须在离婚诉讼的同时提出。

（二）符合婚姻法第四十六条规定的无过错方作为被告的离婚诉讼案件，如果被告不同意离婚也不基于该条规定提起损害赔偿请求的，可以在离婚后一年内就此单独提起诉讼。

（三）无过错方作为被告的离婚诉讼案件，一审时被告未基于婚姻法第四十六条规定提出损害赔偿请求，二审期间提出的，人民法院应当进行调解，调解不成的,告知当事人在离婚后一年内另行起诉。

第三十一条 当事人依据婚姻法第四十七条的规定向人民法院提起诉讼,请求再次分割夫妻共同财产的诉讼时效为两年,从当事人发现之次日起计算。

第三十二条 婚姻法第四十八条关于对拒不执行有关探望子女等判决和裁定的,由人民法院依法强制执行的规定,是指对拒不履行协助另一方行使探望权的有关个人和单位采取拘留、罚款等强制措施,不能对子女的人身、探望行为进行强制执行。

第三十三条 婚姻法修改后正在审理的一、二审婚姻家庭纠纷案件,一律适用修改后的婚姻法。此前最高人民法院作出的相关司法解释如与本解释相抵触,以本解释为准。

第三十四条 本解释自公布之日起施行。

最高人民法院关于适用《中华人民共和国婚姻法》若干问题的解释(二)

(法释[2003]19号)

为正确审理婚姻家庭纠纷案件,根据《中华人民共和国婚姻法》(以下简称婚姻法)、《中华人民共和国民事诉讼法》等相关法律规定,对人民法院适用婚姻法的有关问题作出如下解释:

第一条 当事人起诉请求解除同居关系的,人民法院不予受理。但当事人请求解除的同居关系,属于婚姻法第三条、第三十二条、第四十六条规定的"有配偶者与他人同居"的,人民法院应当受理并依法予以解除。

当事人因同居期间财产分割或者子女抚养纠纷提起诉讼的,人民法院应当受理。

第二条 人民法院受理申请宣告婚姻无效案件后,经审查确属无效婚姻的,应当依法作出宣告婚姻无效的判决。原告申请撤诉的,不予准许。

第三条 人民法院受理离婚案件后,经审查确属无效婚姻的,应当将婚姻无效的情形告知当事人,并依法作出宣告婚姻无效的判决。

第四条 人民法院审理无效婚姻案件,涉及财产分割和子女抚养的,应当对婚姻效力的认定和其他纠纷的处理分别制作裁判文书。

第五条 夫妻一方或者双方死亡后一年内,生存一方或者利害关系人依据婚姻法第十条的规定申请宣告婚姻无效的,人民法院应当受理。

第六条 利害关系人依据婚姻法第十条的规定,申请人民法院宣告婚姻无效的,利害关系人为申请人,婚姻关系当事人双方为被申请人。

夫妻一方死亡的,生存一方为被申请人。

夫妻双方均已死亡的,不列被申请人。

第七条 人民法院就同一婚姻关系分别受理了离婚和申请宣告婚姻无效案件的,对于离婚案件的审理,应当待申请宣告婚姻无效案件作出判决后进行。

前款所指的婚姻关系被宣告无效后,涉及财产分割和子女抚养的,应当继续审理。

第八条 离婚协议中关于财产分割的条款或者当事人因离婚就财产分

割达成的协议,对男女双方具有法律约束力。

当事人因履行上述财产分割协议发生纠纷提起诉讼的,人民法院应当受理。

第九条 男女双方协议离婚后一年内就财产分割问题反悔,请求变更或者撤销财产分割协议的,人民法院应当受理。

人民法院审理后,未发现订立财产分割协议时存在欺诈、胁迫等情形的,应当依法驳回当事人的诉讼请求。

第十条 当事人请求返还按照习俗给付的彩礼的,如果查明属于以下情形,人民法院应当予以支持:

(一)双方未办理结婚登记手续的;

(二)双方办理结婚登记手续但确未共同生活的;

(三)婚前给付并导致给付人生活困难的。

适用前款第(二)、(三)项的规定,应当以双方离婚为条件。

第十一条 婚姻关系存续期间,下列财产属于婚姻法第十七条规定的"其他应当归共同所有的财产":

(一)一方以个人财产投资取得的收益;

(二)男女双方实际取得或者应当取得的住房补贴、住房公积金;

(三)男女双方实际取得或者应当取得的养老保险金、破产安置补偿费。

第十二条 婚姻法第十七条第三项规定的"知识产权的收益",是指婚姻关系存续期间,实际取得或者已经明确可以取得的财产性收益。

第十三条 军人的伤亡保险金、伤残补助金、医药生活补助费属于个人财产。

第十四条 人民法院审理离婚案件,涉及分割发放到军人名下的复员费、自主择业费等一次性费用的,以夫妻婚姻关系存续年限乘以年平均值,所得数额为夫妻共同财产。

前款所称年平均值,是指将发放到军人名下的上述费用总额按具体年限均分得出的数额。其具体年限为人均寿命七十岁与军人入伍时实际年龄的差额。

第十五条 夫妻双方分割共同财产中的股票、债券、投资基金份额等有价证券以及未上市股份有限公司股份时,协商不成或者按市价分配有困难的,人民法院可以根据数量按比例分配。

第十六条 人民法院审理离婚案件,涉及分割夫妻共同财产中以一方名义在有限责任公司的出资额,另一方不是该公司股东的,按以下情形分别处理:

(一)夫妻双方协商一致将出资额部分或者全部转让给该股东的配偶,过半数股东同意、其他股东明确表示放弃优先购买权的,该股东的配偶可以成为该公司股东;

(二)夫妻双方就出资额转让份额和转让价格等事项协商一致后,过半数股东不同意转让,但愿意以同等价格购买该出资额的,人民法院可以对转让出资所得财产进行分割。过半数股东不同意转让,也不愿意以同等价格购买该出资额的,视为其同意转让,该股东的配偶可以成为该公司股东。

用于证明前款规定的过半数股东同意的证据,可以是股东会决议,也可以是当事人通过其他合法途径取得的股东的书面声明材料。

第十七条 人民法院审理离婚案件,涉及分割夫妻共同财产中以一方名义在合伙企业中的出资,另一方不是该企业合伙人的,当夫妻双方协商一致,将其合伙企业中的财产份额全部或者部分转让给对方时,按以下情形分别处理:

(一)其他合伙人一致同意的,该配偶依法取得合伙人地位;

(二)其他合伙人不同意转让,在同等条件下行使优先受让权的,可以对转让所得的财产进行分割;

(三)其他合伙人不同意转让,也不行使优先受让权,但同意该合伙人退伙或者退还部分财产份额的,可以对退还的财产进行分割;

(四)其他合伙人既不同意转让,也不行使优先受让权,又不同意该合伙人退伙或者退还部分财产份额的,视为全体合伙人同意转让,该配偶依法取得合伙人地位。

第十八条 夫妻以一方名义投资设立独资企业的,人民法院分割夫妻在该独资企业中的共同财产时,应当按照以下情形分别处理:

(一)一方主张经营该企业的,对企业资产进行评估后,由取得企业一方给予另一方相应的补偿;

(二)双方均主张经营该企业的,在双方竞价基础上,由取得企业的一方给予另一方相应的补偿;

(三)双方均不愿意经营该企业的,按照《中华人民共和国个人独资企业法》等有关规定办理。

第十九条 由一方婚前承租、婚后用共同财产购买的房屋,房屋权属证书登记在一方名下的,应当认定为夫妻共同财产。

第二十条 双方对夫妻共同财产中的房屋价值及归属无法达成协议时,人民法院按以下情形分别处理:

(一)双方均主张房屋所有权并且同意竞价取得的,应当准许;

(二)一方主张房屋所有权的,由评估机构按市场价格对房屋作出评估,取得房屋所有权的一方应当给予另一方相应的补偿;

(三)双方均不主张房屋所有权的,根据当事人的申请拍卖房屋,就所得价款进行分割。

第二十一条 离婚时双方对尚未取得所有权或者尚未取得完全所有权的房屋有争议且协商不成的,人民法院不宜判决房屋所有权的归属,应当根据实际情况判决由当事人使用。

当事人就前款规定的房屋取得完全所有权后,有争议的,可以另行向人民法院提起诉讼。

第二十二条 当事人结婚前,父母为双方购置房屋出资的,该出资应当认定为对自己子女的个人赠与,但父母明确表示赠与双方的除外。

当事人结婚后,父母为双方购置房屋出资的,该出资应当认定为对夫妻双方的赠与,但父母明确表示赠与一方的除外。

第二十三条 债权人就一方婚前所负个人债务向债务人的配偶主张权利的,人民法院不予支持。但债权人能够证明所负债务用于婚后家庭共同生活的除外。

第二十四条 债权人就婚姻关系存续期间夫妻一方以个人名义所负债务主张权利的,应当按夫妻共同债务处理。但夫妻一方能够证明债权人与债务人明确约定为个人债务，或者能够证明属于婚姻法第十九条第三款规定情形的除外。

第二十五条　当事人的离婚协议或者人民法院的判决书、裁定书、调解书已经对夫妻财产分割问题作出处理的，债权人仍有权就夫妻共同债务向男女双方主张权利。

一方就共同债务承担连带清偿责任后，基于离婚协议或者人民法院的法律文书向另一方主张追偿的，人民法院应当支持。

第二十六条　夫或妻一方死亡的，生存一方应当对婚姻关系存续期间的共同债务承担连带清偿责任。

第二十七条　当事人在婚姻登记机关办理离婚登记手续后，以婚姻法第四十六条规定为由向人民法院提出损害赔偿请求的，人民法院应当受理。但当事人在协议离婚时已经明确表示放弃该项请求，或者在办理离婚登记手续一年后提出的，不予支持。

第二十八条　夫妻一方申请对配偶的个人财产或者夫妻共同财产采取保全措施的，人民法院可以在采取保全措施可能造成损失的范围内，根据实际情况，确定合理的财产担保数额。

第二十九条　本解释自2004年4月1日起施行。

本解释施行后，人民法院新受理的一审婚姻家庭纠纷案件，适用本解释。

本解释施行后，此前最高人民法院作出的相关司法解释与本解释相抵触的，以本解释为准。

最高人民法院关于适用《中华人民共和国婚姻法》若干问题的解释(三)

(法释〔2011〕18号)

为正确审理婚姻家庭纠纷案件,根据《中华人民共和国婚姻法》、《中华人民共和国民事诉讼法》等相关法律规定,对人民法院适用婚姻法的有关问题作出如下解释:

第一条 当事人以婚姻法第十条规定以外的情形申请宣告婚姻无效的,人民法院应当判决驳回当事人的申请。

当事人以结婚登记程序存在瑕疵为由提起民事诉讼,主张撤销结婚登记的,告知其可以依法申请行政复议或者提起行政诉讼。

第二条 夫妻一方向人民法院起诉请求确认亲子关系不存在,并已提供必要证据予以证明,另一方没有相反证据又拒绝做亲子鉴定的,人民法院可以推定请求确认亲子关系不存在一方的主张成立。

当事人一方起诉请求确认亲子关系,并提供必要证据予以证明,另一方没有相反证据又拒绝做亲子鉴定的,人民法院可以推定请求确认亲子关系一方的主张成立。

第三条 婚姻关系存续期间,父母双方或者一方拒不履行抚养子女义务,未成年或者不能独立生活的子女请求支付抚养费的,人民法院应予支持。

第四条 婚姻关系存续期间,夫妻一方请求分割共同财产的,人民法院不予支持,但有下列重大理由且不损害债权人利益的除外:

(一)一方有隐藏、转移、变卖、毁损、挥霍夫妻共同财产或者伪造夫妻共同债务等严重损害夫妻共同财产利益行为的;

(二)一方负有法定扶养义务的人患重大疾病需要医治,另一方不同意支付相关医疗费用的。

第五条 夫妻一方个人财产在婚后产生的收益,除孳息和自然增值外,应认定为夫妻共同财产。

第六条 婚前或者婚姻关系存续期间,当事人约定将一方所有的房产赠与另一方,赠与方在赠与房产变更登记之前撤销赠与,另一方请求判令继续履行的,人民法院可以按照合同法第一百八十六条的规定处理。

第七条 婚后由一方父母出资为子女购买的不动产,产权登记在出资人子女名下的,可按照婚姻法第十八条第(三)项的规定,视为只对自己子女一方的赠与,该不动产应认定为夫妻一方的个人财产。

由双方父母出资购买的不动产,产权登记在一方子女名下的,该不动产可认定为双方按照各自父母的出资份额按份共有,但当事人另有约定的除外。

第八条 无民事行为能力人的配偶有虐待、遗弃等严重损害无民事行为能力一方的人身权利或者财产权益行为,其他有监护资格的人可以依照特别程序要求变更监护关系;变更后的监护人代理无民事行为能力一方提起离婚诉讼的,人民法院应予受理。

第九条 夫以妻擅自中止妊娠侵犯其生育权为由请求损害赔偿的,人民法院不予支持;夫妻双方因是否生育发生纠纷,致使感情确已破裂,一方请求离婚,人民法院经调解无效,应依照婚姻法第三十二条第三款第(五)项的规定处理。

第十条 夫妻一方婚前签订不动产买卖合同,以个人财产支付首付款并在银行贷款,婚后用夫妻共同财产还贷,不动产登记于首付款支付方名下的,离婚时该不动产由双方协议处理。

依前款规定不能达成协议的,人民法院可以判决该不动产归产权登记一方,尚未归还的贷款为产权登记一方的个人债务。双方婚后共同还贷支付的款项及其相对应财产增值部分,离婚时应根据婚姻法第三十九条第一款规定的原则,由产权登记一方对另一方进行补偿。

第十一条 一方未经另一方同意出售夫妻共同共有的房屋,第三人善意购买、支付合理对价并办理产权登记手续,另一方主张追回该房屋的,人民法院不予支持。

夫妻一方擅自处分共同共有的房屋造成另一方损失,离婚时另一方请求赔偿损失的,人民法院应予支持。

第十二条 婚姻关系存续期间,双方用夫妻共同财产出资购买以一方父母名义参加房改的房屋,产权登记在一方父母名下,离婚时另一方主张按照夫妻共同财产对该房屋进行分割的,人民法院不予支持。购买该房屋时的出资,可以作为债权处理。

第十三条 离婚时夫妻一方尚未退休、不符合领取养老保险金条件,另一方请求按照夫妻共同财产分割养老保险金的,人民法院不予支持;婚后以夫妻共同财产缴付养老保险费,离婚时一方主张将养老金账户中婚姻关系存续期间个人实际缴付部分作为夫妻共同财产分割的,人民法院应予支持。

第十四条 当事人达成的以登记离婚或者到人民法院协议离婚为条件的财产分割协议,如果双方协议离婚未成,一方在离婚诉讼中反悔的,人民法院应当认定该财产分割协议没有生效,并根据实际情况依法对夫妻共同财产进行分割。

第十五条 婚姻关系存续期间,夫妻一方作为继承人依法可以继承的遗产,在继承人之间尚未实际分割,起诉离婚时另一方请求分割的,人民法院应当告知当事人在继承人之间实际分割遗产后另行起诉。

第十六条 夫妻之间订立借款协议,以夫妻共同财产出借给一方从事个人经营活动或用于其他个人事务的,应视为双方约定处分夫妻共同财产的行为,离婚时可按照借款协议的约定处理。

第十七条 夫妻双方均有婚姻法第四十六条规定的过错情形,一方或者双方向对方提出离婚损害赔偿请求的,人民法院不予支持。

第十八条 离婚后,一方以尚有夫妻共同财产未处理为由向人民法院起诉请求分割的,经审查该财产确属离婚时未涉及的夫妻共同财产,人民法院应当依法予以分割。

第十九条 本解释施行后,最高人民法院此前作出的相关司法解释与本解释相抵触的,以本解释为准。

最高人民法院关于人民法院审理离婚案件处理财产分割问题的若干具体意见

(法发〔1993〕32号)

人民法院审理离婚案件对夫妻共同财产的处理,应当依照《中华人民共和国婚姻法》、《中华人民共和国妇女权益保障法》及有关法律规定,分清个人财产、夫妻共同财产和家庭共同财产,坚持男女平等,保护妇女、儿童的合法权益,照顾无过错方,尊重当事人意愿,有利生产、方便生活的原则,合情合理地予以解决。根据上述原则,结合审判实践,提出如下具体意见:

1. 夫妻双方对财产归谁所有以书面形式约定的,或以口头形式约定,双方无争议的,离婚时应按约定处理。但规避法律的约定无效。

2. 夫妻双方在婚姻关系存续期间所得的财产,为夫妻共同财产,包括:

(1) 一方或双方劳动所得的收入和购置的财产;

(2) 一方或双方继承、受赠的财产;

(3) 一方或双方由知识产权取得的经济利益;

(4) 一方或双方从事承包、租赁等生产、经营活动的收益;

(5) 一方或双方取得的债权;

(6) 一方或双方的其他合法所得。

3. 在婚姻关系存续期间,复员、转业军人所得的复员费、转业费,结婚时间10年以上的,应按夫妻共同财产进行分割。复员军人从部队带回的医药补助费和回乡生产补助费,应归本人所有。

4. 夫妻分居两地分别管理、使用的婚后所得财产,应认定为夫妻共同财产。在分割财产时,各自分别管理、使用的财产归各自所有。双方所分财产相差悬殊的,差额部分,由多得财产的一方以与差额相当的财产抵偿另一方。

5. 已登记结婚,尚未共同生活,一方或双方受赠的礼金、礼物应认定为夫妻共同财产,具体处理时应考虑财产来源、数量等情况合理分割。各自出资购置、各自使用的财物,原则上归各自所有。

6. 一方婚前个人所有的财产,婚后由双方共同使用、经营、管理的,房屋和其他价值较大的生产资料经过8年,贵重的生活资料经过4年,可视为夫妻共同财产。①

7. 对个人财产还是夫妻共同财产难以确定的,主张权利的一方有责任举证。当事人举不出有力证据,人民法院又无法查实的,按夫妻共同财产处理。

8. 夫妻共同财产,原则上均等分割。根据生产、生活的实际需要和财产的来源等情况,具体处理时也可以有所差别。属于个人专用的物品,一般归个人所有。

9. 一方以夫妻共同财产与他人合伙经营的,入伙的财产可分给一方所有,分得入伙财产的一方对另一方应给予相当于入伙财产一半价值的补偿。

10. 属于夫妻共同财产的生产资料,可分给有经营条件和能力的一方。分得该生产资料的一方对另一方应给予相当于该财产一半价值的补偿。

11. 对夫妻共同经营的当年无收益的养殖、种植业等,离婚时应从有利于发展生产、有利于经营管理考虑,予以合理分割或折价处理。

12. 婚后8年内双方对婚前一方所有的房屋进行过修缮、装修、原拆原建,离婚时未变更产权的,房屋仍归产权人所有,增值部分中属于另一方应得的份额,由房屋所有权人折价补偿另一方;进行过扩建的,扩建部分的房屋应按夫妻共同财产处理。

13. 对不宜分割使用的夫妻共有的房屋,应根据双方住房情况和照顾抚养子女方或无过错方等原则分给一方所有。分得房屋的一方对另一方应给予相当于该房屋一半价值的补偿。在双方条件等同的情况下,应照顾女方。

14. 婚姻存续期间居住的房屋属于一方所有,另一方以离婚后无房居住为由,要求暂住的,经查实可据情予以支持,但一般不超过两年。

无房一方租房居住经济上确有困难的,享有房屋产权的一方可给予一次性经济帮助。

15. 离婚时一方尚未取得经济利益的知识产权,归一方所有。在分割夫妻共同财产时,可根据具体情况,对另一方予以适当的照顾。

16. 婚前个人财产在婚后共同生活中自然毁损、消耗、灭失,离婚时一方要求以夫妻共同财产抵偿的,不予支持。

17. 夫妻为共同生活或为履行抚养、赡养义务等所负债务,应认定为夫妻共同债务,离婚时应当以夫妻共同财产清偿。

下列债务不能认定为夫妻共同债务,应由一方以个人财产清偿:

(1) 夫妻双方约定由个人负担的债务,但以逃避债务为目的的除外。

(2) 一方未经对方同意,擅自资助与其没有抚养义务的亲朋所负的债务。

(3) 一方未经对方同意,独自筹资从事经营活动,其收入确未用于共同生活所负的债务。

(4) 其他应由个人承担的债务。

18. 婚前一方借款购置的房屋等财物已转化为夫妻共同财产的,为购置财物借款所负债务,视为夫妻共同债务。

---

① 根据《婚姻法司法解释(一)》第19条的规定,为夫妻一方所有的财产,不同婚姻关系的延续而转化为夫妻共同财产。但当事人另有约定的除外。

19. 借婚姻关系索取的财物，离婚时，如结婚时间不长，或者因索要财物造成对方生活困难的，可酌情返还。

对取得财物的性质是索取还是赠与难以认定的，可按赠与处理。

20. 离婚时夫妻共同财产未从家庭共同财产中析出，一方要求析产的，可先就离婚和已查清的财产问题进行处理，对一时确实难以查清的财产的分割问题可告知当事人另案处理；或者中止离婚诉讼，待析产案件审结后再恢复离婚诉讼。

21. 一方将夫妻共同财产非法隐藏、转移拒不交出的，或非法变卖、毁损的，分割财产时，对隐藏、转移、变卖、毁损财产的一方，应予以少分或不分。具体处理时，应把隐藏、转移、变卖、毁损的财产作为隐藏、转移、变卖、毁损财产的一方分得的财产份额，对另一方的应得的份额应以其他夫妻共同财产折抵，不足折抵的，差额部分由隐藏、转移、变卖、毁损财产的一方折价补偿对方。

对非法隐藏、转移、变卖、毁损夫妻共同财产的一方，人民法院可依照《中华人民共和国民事诉讼法》第一百零二条的规定进行处理。

22. 属于事实婚姻的，其财产分割适用本意见。属于非法同居的，其财产分割按最高人民法院《关于人民法院审理未办结婚登记而以夫妻名义同居生活案件的若干意见》的有关规定处理。

1993 年 11 月 3 日

附录二　法律规范性文件简全称对照表

本书简称	全称
婚姻法	中华人民共和国婚姻法(1981.1.1 施行)
婚姻法司法解释(一)	最高人民法院关于适用《中华人民共和国婚姻法》若干问题的解释(一)(2001.12.27 施行)
婚姻法司法解释(二)	最高人民法院关于适用《中华人民共和国婚姻法》若干问题的解释(二)(2004.4.1 施行)
婚姻法司法解释(三)	最高人民法院关于适用《中华人民共和国婚姻法》若干问题的解释(三)(2011.8.13 施行)
财产分割意见	最高人民法院《关于人民法院审理离婚案件处理财产分割问题的若干具体意见》(1993.11.3 施行)
民法通则	中华人民共和国民法通则(1987.1.1 施行)
民法通则意见	最高人民法院关于贯彻执行《中华人民共和国民法通则》若干问题的意见(试行)(1988.4.2 施行)
民事诉讼法	中华人民共和国民事诉讼法(2013.1.1 施行)
民事诉讼法意见	最高人民法院关于适用《中华人民共和国民事诉讼法》的解释(2015.2.4 施行)
人身损害解释	最高人民法院《关于审理人身损害赔偿案件适用法律若干问题的解释》(2004.5.1 施行)
合同法	中华人民共和国合同法(1999.10.1 施行)
保险法	中华人民共和国保险法(2009.10.1 施行)
物权法	中华人民共和国物权法(2007.10.1 施行)
公司法	中华人民共和国公司法(2013 修正)
信托法	中华人民共和国信托法(2001.10.1 施行)
劳动法意见	劳动部关于印发《关于贯彻执行〈中华人民共和国劳动法〉若干问题的意见》的通知(1995.8.4 施行)

附录三　夫妻财产分割模式索引

序号	模式名称	所在章节	页码
1	婚后所得模式	第一章第一节第一小节	001
2	人身属性模式	第二章第一节第一小节	014
3	住房公积金模式	第三章第一节第二小节	029
4	养老保险模式	第三章第二节第一小节	035
5	父母出资购房模式	第四章第一节第三小节	070
6	婚后父母出资购买不动产模式	第四章第一节第四小节	075
7	个人独资企业模式	第五章第一节第一小节	107
8	合伙企业模式	第五章第一节第二小节	109
9	有限责任公司模式	第五章第二节第一小节	113
10	股份有限公司模式	第五章第二节第三小节	122
11	按揭房模式	第六章第一节第一小节	133
12	不完全产权模式	第六章第二节第一小节	140
13	婚后收益模式	第七章第二节第一小节	166
14	有价证券模式	第八章开头	194

附录四 财产类型主题词索引

A

AA 制　91,92
按揭房　133,134,136,137,141,145,
　　147,157,170,190
奥运火炬　160,162

B

被扶养人生活费　17

C

财产保险合同　210,211,213—215
彩礼　77—79
彩票　3
残疾辅助器具费　15
残疾赔偿金　15
仓单　192,197,198
车位车库　175,176
城市拆迁房　147
城镇居民养老保险　40
出租车营运收入　172
存款单　192,195—197,213

D

大学住房　140
担保债务　190
抵押权　165,190,191
地役权　165,183,188,189
典权　183,188—190
定期抚恤金　51

赌债　80

F

发现埋藏物或隐藏物　172—174
房改房　141—143,221
房屋租金　170,197,204
服装厂　108
抚恤金　19—21,34,35,37,43—45,51,
　　221—223

G

高尔夫球会员证　160,161
稿酬　218,229
个人储蓄养老保险　38
个人独资企业　107,108,111,112,116,
　　121,128,130,257
个体工商户　37,46,112,113,228,257
工龄买断款　31,33
工伤保险　40—45,50
工资　1,15,18,24—28,32,33,36,41—
　　44,47,48,50—52,59,61—65,87,88,
　　181,221—223,228,230,232,266,267
公车补贴　24,27,28
公房　138,141—143,150,158
公房承租使用权　143,144
股份分红　97,173
股份有限公司　122,123,128—130,
　　194,266
股票期权　202—205
广告收入　161

国家财产　35,174
国家机关工作人员、人民警察伤亡所获得的抚恤金　36

H

合伙企业　108—112,128—132
护理费　15,42,197
画家画作　160
婚姻保障金　69
婚姻期间的财产　1,20
伙食费　16,19

J

基金　2,38,39,41—43,45,94,123,131,132,134,192,194,195,271
集体财产　174,175
集资房　144—146
继承所得财产　219
家务补偿款　86—89
奖金　1,3,24,26,87,88,161,181,222,223,230,267
交通费　15,19,28,41
金牌奖牌　160
津贴补贴　24,27
经济帮助款　86,88,89,101
经济适用房　144—146
经营债务　9,84
精神损害抚慰金　14,16—19,23
捐款　161
军产房　159—162
军人残疾保险金　48
军人名下的复员费、自主择业费　33,34
军人死亡保险金　50
军人转业费　51

K

可撤销婚姻期间的财产　13

空床费　92

L

劳动经济补偿金　31,32,49
劳动赔偿金　31
劳动违约金　31
离婚过错赔偿金　6,22
两限房　144,147
烈士褒扬金　50
烈士遗属特别补助金　50,51
留薪　41,44

N

农村拆迁房　152
农村股份合作企业　130
农村自建房　153,154

P

票据　59,79,197,199
破产安置费　31—33

Q

期货　201,202
企业补充养老保险　37
企业年金　37,38
企业职工基本养老保险　36,37
青春损失费　92,93

R

人身保险合同　205—207,209,210,213
日用品店　112,113

S

丧事礼金　19,20
丧葬费　17,18,37,221—223
善意取得　170—172,182
尚未取得完全所有权的房屋　140

生产、经营、投资、收益 166
生育保险 40,44,47
失业保险 44—46
拾得漂流物 172—174
拾得遗失物 173,174
私立中学 126
私募股权基金 131,132
私人财产 174,175
死亡赔偿金 14,16—18
随军未就业的军人配偶保险补助费 49

T

淘宝网店 162,163
提成 24,26,29
提单 192,197,198
添附财产 173
同居期间的财产 8—12
土地承包经营权 165,183—185
退役金 34,49
退役养老保险补助费 48
退役医疗保险补助费 48,49

W

外资企业 127,129,130
无效婚姻期间的财产 12—13
误工费 15,21

X

新型农村社会养老保险 39,40
信托 131,199—201
虚拟财产 162,163,251

Y

养老保险费 35,37,39,48,49,105,267

养老保险金 32,33,35—39,105,221—223,267
一次性伤残补助金 43—44
一人有限责任公司 121,122,245
医疗保险 32,33,42,46,48,49
医疗费 1,4,14,15,21,41,46,47,59,177,197,201
遗属津贴 19,20
因公牺牲一次性抚恤金 50,51
银行存款 8,52,58,59,67,213,249,262
银行流水账单 25,53,56—59
营养费 15
有限责任公司 113—119,121,127,128,130,131,172,231,232,257,272

Z

赠送给"二奶"的财产 177
赠与财产 66—69,166,180—182,241,242
宅基地使用权 154,155,183,185—187
债券 2,123,192,194,197—199,201,271
占有财产 3,101—103,177
政府特殊津贴专家补贴 28
知识产权收益 216—218
质权 190,192
中外合资经营企业 127
中外合作经营企业 127,128
众筹 131,132
住房补贴 29,30,48,266,267
住房公积金 29,30,38,48,104,105,221,222,266,267
住宿费 16

后记

本书从构思到定稿,用了整整 7 年时间,我常常面对着浩瀚书海,感叹自己法律知识的肤浅,自己只能是躬身兰台,沉下心思,认认真真地笔耕每一页,尝试用一种全新的体系、全新的表述方式构建一本关于夫妻财产分割的全新文本,尽可能将婚姻法知识囊括,奉献在读者面前。

这本书,最多只能算是一次投石问路,肯定存在诸多不当、错误之处,请大家多多批评指正。

写作过程中,母亲黄少林女士去世,曾几度中断写稿,现在将它写完,是对母亲最好的纪念。母亲的眼神里常透出一种对儿女的殷殷期盼:明理、有为,这寄托着她全部的心愿,成为她生命的全部意义。

王俊凯
2016 年 3 月 8 日